Talane Miedaner

Coach dich selbst, sonst coacht dich keiner!

*Ich widme dieses Buch
in Liebe und Dankbarkeit Penelope –
der besten Mutter, die ich mir
vorstellen kann.*

Talane Miedaner

Coach dich selbst, sonst coacht dich keiner!

101 Tipps zur Verwirklichung Ihrer
beruflichen und privaten Ziele

Aus dem Amerikanischen
übersetzt von Susanne Helker

Die Deutsche Bibliothek – CIP-Einheitsaufnahme

Miedaner, Talane:
Coach dich selbst, sonst coacht dich keiner! : 101 Tipps zur Verwirklichung Ihrer beruflichen und privaten Ziele / Talane Miedaner. Aus dem Amerikan. übers. von Susanne Helker. – Landsberg ; München : mvg, 2002
Einheitssacht.: Coach yourself to success <dt.>
ISBN 3-478-73245-X

Copyright © 2000 by Talane Miedaner

Titel der amerikanischen Originalausgabe: „Coach Yourself To Success"
Aus dem Amerikanischen übersetzt von Susanne Helker.

Copyright © 2002 für die deutschsprachige Ausgabe bei mvg im verlag moderne industrie AG & Co. KG, Landsberg – München

Alle Rechte, insbesondere das Recht der Vervielfältigung und Verbreitung sowie der Übersetzung, vorbehalten. Kein Teil des Werkes darf in irgendeiner Form (durch Fotokopie, Mikrofilm oder ein anderes Verfahren) ohne schriftliche Genehmigung des Verlages reproduziert oder unter Verwendung elektronischer Systeme gespeichert, verarbeitet, vervielfältigt oder verbreitet werden.

Umschlaggestaltung: Atelier Seidel, Altötting
Satz: mi, J. Echter
Druck und Bindearbeiten: Himmer GmbH, Augsburg
Printed in Germany 73245/102402
ISBN 3-478-73245-X

Inhalt

Vorwort 9

Danksagung 11

Einleitung 13

Teil I: Steigern Sie Ihre natürliche Energie 21
  1. Beseitigen Sie die Unannehmlichkeiten 23
  2. Stopfen Sie die Energielöcher 26
  3. Schaffen Sie zehn tägliche Rituale 28
  4. Kein „sollte" mehr 30
  5. Ziehen Sie klare Grenzen 32
  6. Lassen Sie sich nichts gefallen 34
  7. Machen Sie den Mund auf 38
  8. Stellen Sie höhere Ansprüche an sich selbst 42
  9. Alles hat auch seine guten Seiten 44
  10. Gönnen Sie sich täglich eine Freude 46

Teil II: Schaffen Sie Ordnung 49
  11. Bringen Sie Ordnung in Ihr Leben 51
  12. Halten Sie Ordnung 53
  13. Vereinfachen! Vereinfachen! Vereinfachen! 55
  14. Nehmen Sie sich eine Putzfrau 57
  15. Nehmen Sie Hilfe in Anspruch 59
  16. Schaffen Sie die perfekte Gegenwart 60
  17. Nach dem Aufräumen: Organisation 61
  18. Sagen Sie einfach Nein 63
  19. Aktualisieren Sie Ihr Adressbuch 66
  20. Feng Shui für zu Hause und fürs Büro 67

Teil III: Lassen Sie Ihr Geld für sich arbeiten 71
  21. Ihre persönliche Einstellung zum Thema „Geld" 73
  22. Stellen Sie sich vor, Sie wären Milliardär 75
  23. Stopfen Sie die Geldlöcher 77
  24. Begleichen Sie Ihre Schulden 79

25. Machen Sie eine „Gelddiät" 81
26. Verdienen Sie das, was Sie verdienen? 83
27. Legen Sie einen Notgroschen zurück 86
28. Sparen Sie 20 Prozent Ihres Einkommens 88
29. Das Spiel mit der finanziellen Unabhängigkeit 90
30. Sorgen Sie für ausreichenden Versicherungsschutz 92

Teil IV: Nehmen Sie sich Zeit, auch wenn Sie keine haben 95
31. Was geschieht mit Ihrer Zeit? 98
32. Schalten Sie den Fernseher ab 100
33. Erscheinen Sie immer zehn Minuten zu früh 102
34. Erledigen Sie Ihre Arbeit in der Hälfte der Zeit 104
35. Was ist heute wichtig? 105
36. Konzentrieren Sie sich immer nur auf eine Sache 107
37. Tun Sie es jetzt! 108
38. Leisten Sie ganze Arbeit 109
39. Wenn es sinnvoll ist, zögern Sie 111
40. Gönnen Sie sich Ihren „heiligen" Abend 115

Teil V: Knüpfen Sie hilfreiche Beziehungen 117
41. Verzeihen Sie sich und anderen 119
42. Verzeihen Sie im Voraus 121
43. Machen Sie sich Ihre Bedürfnisse bewusst 123
44. Bitten Sie um das, was Sie wollen 125
45. Finden Sie Ihre Familie 129
46. Verabreden Sie sich mit Ihrem Partner 130
47. Knüpfen Sie ein starkes Netzwerk aus speziellen Freunden 132
48. Gründen Sie Ihren eigenen Beraterstab 134
49. Machen Sie großzügige Geschenke 136
50. Bedanken Sie sich fünfmal täglich 138

Teil VI: Gehen Sie der Arbeit nach, die Sie lieben 141
51. Machen Sie sich ein Bild von Ihrem idealen Leben 143
52. Orientieren Sie sich an Ihren persönlichen Idealen 146
53. Finden Sie fünf alternative Berufe 147
54. Erkennen Sie Ihre persönlichen Stärken 149
55. Tun Sie das, was Sie lieben 151
56. Widmen Sie sich einem bestimmten Projekt 154
57. Folgen Sie Ihrer Intuition 156
58. Finden Sie Ihren Lebensweg 158
59. Schaffen Sie sich neue Perspektiven 159
60. Nehmen Sie eine berufliche Auszeit 161

Teil VII: Arbeiten Sie effektiver, nicht härter ... 165
61. Perfektionieren Sie Ihre Stärken ... 167
62. Beherrschen Sie die Kunst des Delegierens? ... 169
63. Zurückhaltung bei Terminzusagen und Überpünktlichkeit ... 171
64. Trennen Sie sich von Ihrer To-do-Liste ... 173
65. Entspannen Sie sich ... 176
66. Tun Sie es oder lassen Sie es bleiben ... 177
67. Öffnen Sie sich für Veränderungen ... 179
68. Nehmen Sie drastische Veränderungen vor ... 181
69. Beachten Sie die Botschaften des Universums ... 184
70. Nutzen Sie das Telefon zu Ihrem Vorteil ... 186

Teil VIII: Kommunikation – überzeugend, charmant und mit Niveau ... 189
71. Kein Klatsch und Tratsch mehr ... 191
72. Tragen Sie Ihr Herz nicht auf der Zunge ... 192
73. Hören Sie aufmerksam zu ... 194
74. Machen Sie Beschwerden zu Vorschlägen ... 196
75. Halten Sie Ihre Zunge im Zaum ... 198
76. Sagen Sie, wie es ist – aber freundlich ... 199
77. Anerkennung anstelle von Komplimenten ... 201
78. Sagen Sie einfach Danke ... 202
79. Versuchen Sie nicht Menschen zu ändern ... 204
80. Sprechen Sie so, dass man Sie auch versteht ... 205

Teil IX: Pflegen Sie Ihren wichtigsten Aktivposten ... 207
81. Kleider machen Leute ... 210
82. Tanken Sie auf ... 212
83. Schluss mit dem lästigen Makel ... 213
84. Gönnen Sie sich regelmäßige Massagen ... 214
85. Werden Sie aktiv ... 216
86. Umgeben Sie sich mit Luxus ... 218
87. Denken Sie zuerst an sich selbst ... 220
88. Investieren Sie in Ihre Bildung ... 222
89. Ein freier Tag pro Woche ist Pflicht ... 225
90. Verwöhnprogramm mit minimalem Budget ... 227

Teil X: Müheloser Erfolg ... 229
91. Verwirklichen Sie Ihre Ziele – mühelos ... 231
92. Schreiben Sie Ihre Ziele täglich fünfzehnmal auf ... 233
93. Kein Platz für negative Gedanken ... 235
94. Behalten Sie immer ein Ass im Ärmel ... 237
95. Halten Sie sich möglichst viele Türen offen ... 239

96.	Heben Sie sich positiv von der Menge ab	240
97.	Besiegen Sie Ihre Angst	241
98.	Nehmen Sie sich Zeit zum Spielen	244
99.	Alles zu haben ist erst der Anfang	246
100.	Feiern Sie Ihren Erfolg	247
101.	Sie sind großartig!	248

Anhang A: Ist Coaching das Richtige für Sie? 251

Anhang B: Wie finde ich den richtigen Coach? 253

Anhang C: Wie werde ich Coach? 255

Anhang D: Lesenswerte Bücher und weitere Hinweise 257
I.	Steigern Sie Ihre natürliche Energie	257
II.	Schaffen Sie Ordnung	258
III.	Lassen Sie Ihr Geld für sich arbeiten	259
IV.	Nehmen Sie sich Zeit, auch wenn Sie keine haben	261
V.	Knüpfen Sie hilfreiche Beziehungen	262
VI.	Machen Sie die Arbeit, die Sie lieben	262
VII.	Arbeiten Sie effektiver, nicht härter	263
VIII.	Kommunikation – überzeugend, charmant und mit Niveau	263
IX.	Pflegen Sie Ihren wichtigsten Aktivposten	264
X.	Müheloser Erfolg	265
	Über die Autorin	265

Stichwortverzeichnis 267

Vorwort

In den vergangenen fünf Jahren haben mehr als 2.000 Personal Coaches das Coach-Training-Programm an der Coach University absolviert. Als Leiterin der Coach University und Personal Coach mit zehnjähriger Berufserfahrung hatte ich das Privileg, mit vielen dieser Absolventen zusammenzuarbeiten. Bei der Arbeit mit den künftigen Personal Coaches habe ich erkannt, dass wirklich erfolgreiche Coachs über einige wichtige Qualitäten verfügen.

Wirklich erfolgreiche Coachs besitzen ein besonders ausgeprägtes Einfühlungsvermögen. Ein Coach arbeitet in erster Linie an der Persönlichkeitsentwicklung seiner Klienten, wobei die Vermittlung von Informationen eine eher untergeordnete Rolle spielt. Der Erfolg des Coaching-Prozesses wird durch die Fähigkeiten des Coachs bestimmt. Sein Engagement für die Klienten, seine Unterstützung und Hilfe sind ausschlaggebend für den Erfolg des Coaching-Programms. Mit mäßigem Engagement lassen sich auch nur mittelmäßige Ergebnisse erzielen.

Wirklich erfolgreiche Coachs haben das gewisse Etwas. Sie haben nicht nur eine starke Persönlichkeit, sondern sind auch optimistisch und lebensbejahend. Sie lieben die Arbeit mit anderen Menschen und haben viel zu geben. Diese Menschen verstehen es, andere zu begeistern und zu motivieren.

Wirklich erfolgreiche Coachs sind besonders einfühlsam und der Coaching-Prozess setzt großes Einfühlungsvermögen seitens des Coachs voraus. Er muss sich in die Stimmungen seiner Klienten hineinversetzen. Er muss selbst kleinste Stimmungsschwankungen erspüren. Auch die Intuition spielt beim Coaching eine wichtige Rolle. Der Coach muss die eigentliche Aussage hinter dem Gesagten erkennen. Wer ein guter Coach werden will, muss vor allem seine Sensibilität und sein Wahrnehmungsvermögen trainieren.

Wirklich erfolgreiche Coachs betrachten die Kommunikation zwischen Coach und Klient als Tanz. Ein guter Coach ist in der Lage, diese Kommunikation im Fluss zu halten. Das Geben und Nehmen, der Austausch von Ideen, Konzepten, Gefühlen, Informationen, Wünschen, Werten und Prioritäten zwischen Coach und Klient geschieht vollkommen mühelos. Die Klienten benötigen einen Coach mit einer schnellen Auffassungsgabe, der ihnen Dinge entlockt, die sie zuvor niemals ausgesprochen haben. Ein Coach, dessen Arbeit in erster Linie auf der Vermittlung von Informationen beruht und der alle Äußerungen seines Klienten erst einmal gedanklich nachvollziehen muss, behindert den Entwicklungsprozess des Klienten.

Wirklich erfolgreiche Coachs haben in der Regel eine qualifizierte Ausbildung zum Coach absolviert. Das Coaching, und zwar gutes Coaching, erfordert ein mehrjähriges, intensives Training im Kreise von Gleichgesinnten. Auch Berater, Therapeuten, Lehrer und selbst Minister sind in gewisser Weise Coachs. Jeder Mensch ist auf irgendeine Weise auch Coach. Doch wer in seinem Beruf als solcher wirklich erfolgreich sein und seinen Klienten die bestmögliche Hilfestellung geben will, der kommt um eine qualifizierte Ausbildung nicht herum.

Jeder erfolgreiche Coach hat auch selbst einen persönlichen Coach. Denn er will sich nicht zuletzt auch seinen Klienten zuliebe weiterentwickeln und ist sich darüber im Klaren, dass dies nur mit einem erfahrenen Coach an seiner Seite möglich ist. Durch einen persönlichen Coach können auch Sie zu mehr Integrität gelangen. Ich persönlich habe drei Personal Coaches, die alle Aspekte meines Lebens bereichern.

Ein wirklich erfolgreicher Coach ist bereit, auch von seinen Klienten zu lernen. Auf diese Weise bleibt er offen für neue Anreize und ist immer bereit, den Bedürfnissen seines aktuellen Klienten zu entsprechen. Solange ein Coach bereit ist, von seinen Klienten zu lernen, kann er sehr viel effektiver arbeiten, da er nicht nur wichtige Informationen und Techniken vermittelt, sondern eine Synthese mit seinen Klienten eingeht.

Jeder Coach muss im Rahmen seiner Ausbildung an der Coach University mehr als 200 Techniken und über 1.000 verschiedene Strategien erlernen, mehr als 500 Situationen durchspielen sowie sich Hunderte von Fakten und Techniken aneignen. Ein wirklich guter Coach betrachtet seine Arbeit jedoch als Kunst, nicht als Handwerk. Ein qualifizierter Coach, der seine erlernten Fähigkeiten geschickt einsetzt, wird in seiner Arbeit weitaus erfolgreicher sein als ein Coach, der einfach nur seine Arbeit tut.

Wirklich erfolgreiche Coachs inspirieren ihre Klienten – sie müssen das, was sie lehren, auch leben. Viele Coachs haben erst dann Erfolg im Beruf, wenn sie sich das, was sie ihren Klienten vermitteln wollen, selbst angeeignet haben. Ihr Leben ist die „Botschaft" für ihre Klienten.

Wirklich erfolgreiche Coachs brauchen keine Werbung, die Klienten kommen zu ihnen. Sie folgen dem „Fluss des Lebens" und sind eine Bereicherung für die Menschen in ihrer Umgebung.

Talane zählt zu diesen „wirklich erfolgreichen" Coachs. Sie ist ein Naturtalent. Ihre Lebenslust überträgt sich auf alle Menschen in ihrer Umgebung. Talane ist ein geschätztes Mitglied unseres Teams und eine Bereicherung für unser Ausbildungsprogramm und unsere Studenten.

Die Menschen, die sich nicht darüber im Klaren sind, was sich durch Coaching erreichen lässt, wären überrascht, wenn sie wüssten, welch wunderbare Veränderungen sich im Leben von Talanes Klienten vollzogen haben. Für einen Coach sind diese Veränderungen allerdings eine Selbstverständlichkeit. Selbst kleinste Veränderungen können tief greifende Auswirkungen auf ihr Leben haben. Mithilfe dieses Buches können Sie das Leben gestalten, von dem Sie immer geträumt haben. Arbeiten Sie dieses Buch Schritt für Schritt durch – viel Spaß bei Ihrem Entwicklungsprozess!

Sandy Vilas
Leiterin der Coach University

Danksagung

Mein herzlichster Dank gilt:

Bonnie Solow, meinem Agenten. Danke, dass du immer für mich da warst. Deine Integrität, deine Beharrlichkeit und deine unermüdliche Unterstützung haben mir sehr geholfen. Judith McCarthy, meinem Herausgeber. Vielen Dank für deine Detailtreue, deine verständnisvollen Kommentare und dein Engagement. Kimberly Soenen, danke für deine Unterstützung bei der Öffentlichkeitsarbeit – du bist ein Schatz. Erica Lieberman, Blythe Smith und all den wunderbaren Mitarbeitern des Verlags Contemporary Books, die dieses Buch durch ihr Engagement erst zu dem gemacht haben, was es ist.

David Roth-Ey, vielen Dank für deine Freundschaft und deine hervorragenden Tipps. Scott Moyers dafür, dass er mein erstes Manuskript so begeistert angenommen hat. Beth Lieberman für das hervorragende Lektorat. John Gies, Joan Holmer und Roland Flint für ihre ausgezeichneten Leistungen als Ausbilder. Julia Cameron und Elaine St. James, die mir halfen, eine Muse zu finden. Victoria Moran für ihre Empfehlung an Patti Breitmann und Patti Breitmann für ihre Empfehlung an Bonnie. Thomas J. Leonard für die Gründung der Coach University und dafür, dass er das Coaching zu einem echten Beruf gemacht hat. Vielen Dank für deine Großzügigkeit und deine Kreativität. Viele Ideen aus diesem Buch stammen von dir. Sandy Vilas für ihre großzügige Unterstützung und ihre Inspiration. Meinem ersten Coach Thom Politico dafür, dass er mein Potenzial erkannt hat. Ohne dich wäre das alles nicht möglich gewesen. Ich werde dir ewig dankbar sein.

All meinen Kollegen an der Coach University für ihre Unterstützung und ihre hervorragenden Ideen. Mein besonderer Dank gilt: Leona Nunn, Harriett Salinger, Byron Van Arsdale, Lee Weinstein, Cheryl Richardson, Karen Whithworth, Don Edburg, Mimi Ty, Marlene Elliott, Laura Berman Fortgang, Harry Small, David Goldsmith, Margaret Lichtenberg, Katherine Halpern, Paulette Playce, Sandra Bandler, Cynthia Stringer, Kelly Tyler, Madeleine Homan, Elizabeth Carrington, Val Williams, Stephen Cluney, Katherine Minton, Edie Periera, Pam Richarde, Jeff Raim, Bob Sher, Shirley Anderson, Terry O'Neill und Bill Bennett. Weiterhin möchte ich der United Kingdom Coaching Community, und hier insbesondere Elizabeth Rowlands, Lesley McDonald, Bob Griffiths und Sara Litvinoff, danken. Vielen Dank, dass ihr mich so herzlich in eurem Land aufgenommen habt. Ihr wart wunderbare Gastgeber. Ich danke euch für eure Liebe und Unterstützung. Ich habe viel von euch gelernt.

Tom Atkinson für seine Freundschaft und all die herrlichen Abendessen im Tre Promodori. Danke, dass du für mich da warst. Amir DePaz für seine Freundschaft und großzügige Unterstützung. Du bist ein wunderbarer Mensch. Mario de Grossi für die hervorragenden Fotos. Du bist ein Genie. Dan Sokol für seine Freundschaft und seine

Unterstützung im EDV-Bereich. Raja Shaheen für all die wunderbaren Tipps, die Körper und Geist zusammenhalten. Vielen Dank für deine Liebe, dein Vertrauen und deine Anregungen. Sarkice Nedder, meinem Mentor, für die Liebe, die guten Ratschläge und seine wertvollen Geschäftstipps. Amy Gerdnic für ihre Freundschaft und die Unterstützung im Bereich Marketing. Meinen besten Freunden Tracey, John, Allegra, Erik, Kate, Ralph und Tom für ihre Liebe und Unterstützung.

Meiner Familie für ihre Liebe und Unterstützung. Mein besonderer Dank gilt meiner Großmutter Margaret für ihr unerschütterliches Vertrauen in mich und meine Fähigkeiten. Meiner Cousine Ann, die sich nie über all die Unterlagen beschwerte, die in ihrem Wohnzimmer herumlagen, und die mir einige wichtige Dinge über die Bedeutung von Raum beigebracht hat. Meiner Schwester Keralee, die mich darin unterstütze, an meinen Erfolg zu glauben. Vielen Dank für deine Hilfe und deine wertvollen Tipps. Meiner Schwester Sarelyn für ihre Unterstützung bei den Recherchen und bei der Korrektur. Meinem Vater Terrel für sein Vertrauen in mein Können und für seine Inspiration. Meiner Mutter Penelope, die mich von der ersten bis zur letzten Seite liebevoll unterstützt hat.

Ein ganz besonderer Dank gilt auch all meinen Klienten. Vielen Dank, dass Sie Ihre Hoffnungen, Träume und Ängste mit mir geteilt haben. Erst durch Ihre Geschichten wird dieses Buch lebendig.

Einleitung

Es gibt nur einen Erfolg – auf deine eigene Weise leben zu können.

Christopher Morley

Was ist Coaching?

Coaching ist die Brücke zwischen Ihrem jetzigen Leben und dem, was Sie erreichen wollen. Beim Coaching handelt es sich um eine professionelle Beziehung zu einem Menschen, der sich nur mit dem Besten für Sie zufrieden gibt. Jemand, der Sie berät, leitet und Sie darin unterstützt, Ihr volles Potenzial zu entwickeln, indem Sie die Grenzen, die Sie sich selbst gesetzt haben, hinter sich lassen. Denken Sie nur einmal an die Olympischen Spiele. Hier starten nur die besten und erfolgreichsten Sportler. Und ihren Erfolg haben sie ihren Trainern zu verdanken. Erst ihre Trainer machen sie zu Spitzensportlern. Ihre Trainer unterstützen sie und verleihen ihnen die notwendige Motivation.

Ein Trainer bzw. Coach, der Sie im Leben unterstützt, sieht Dinge, die Sie nicht erkennen können, und gibt Ihnen Anregungen zur Verwirklichung Ihrer Ziele. Gleichzeitig motiviert Sie dieser Coach, Ihr Bestes zu geben und Ihre persönlichen Grenzen hinter sich zu lassen. Ihr Coach öffnet Ihnen die Augen für Ihre einzigartigen Fähigkeiten und versetzt Sie in die Lage, sie mit der Welt zu teilen. Können Sie sich vorstellen, wie viel produktiver und erfolgreicher Sie mit einem persönlichen Coach an Ihrer Seite sein können? Mit diesem Buch halten Sie die Schlüsselelemente meines Coaching-Programms in den Händen. Sie erfahren, wie auch Sie erfolgreich werden und genau die Dinge erreichen können, die Sie sich schon immer gewünscht haben. Coaching war lange Zeit nur Topmanagern, Führungskräften und Spitzensportlern vorbehalten. Mittlerweile ist es jedoch für jeden möglich, der seine Träume verwirklichen will. Heute verfügen mehr als 100.000 Menschen über einen persönlichen Coach, der sie bei der Verwirklichung ihrer beruflichen und privaten Ziele unterstützt.

Viele Menschen glauben, dass Erfolg glücklich macht. Das ist jedoch nicht unbedingt immer so. Ich selbst war früher z. B. eine äußerst erfolgreiche Managerin. Meine Mitmenschen waren der Überzeugung, ich hätte das große Los gezogen. Ich verdiente mehr als 90 Prozent meiner Mitbürger und hatte die besten Aussichten auf einen weiteren beruflichen Aufstieg. Ich war zwar wirklich gut in meinem Job, aber ich habe ihn gehasst. Immer wieder wünschte ich mir, dass ich auf dem Weg zur Arbeit angefahren würde, nur damit ich nicht in mein Büro musste. Ich war mir bewusst, dass ich nur einen Bruchteil meines Potenzials nutzte.

Ich wünschte, ich könnte Ihnen erzählen, dass ich mir einen Coach gesucht habe, um mein Leben in den Griff zu bekommen. Ich muss jedoch gestehen, dass ich zu diesem Zeitpunkt noch nie von Coaching gehört hatte. Mein Coach hat mich gefunden. Er fragte mich, ob er mich coachen dürfte, und ich erklärte ihm, so freundlich es eben ging, dass er aus meinem Leben verschwinden sollte. Er blieb jedoch hartnäckig und dafür bin ich ihm heute äußerst dankbar, denn er hat mein Leben grundlegend verändert. Heute bin ich mit meinem Beruf mehr als zufrieden. Ich liebe es, in der ganzen Welt Seminare abzuhalten und meinen Klienten bei der Verwirklichung ihrer Ziele zu helfen. Ich leite ein Team der weltbesten Coachs. Ich habe all die Zeit für mich, die ich brauche. Ich habe den Mann meines Lebens gefunden und führe ein rundherum glückliches Leben. Und genau das ist Erfolg. Mittlerweile wünsche ich mir auch nicht mehr, von einem Auto angefahren zu werden, nur um nicht arbeiten zu müssen.

Sie gestalten Ihr Schicksal selbst. Vielleicht wissen Sie ganz genau, was Sie im Leben erreichen wollen. Vielleicht sind Sie sich Ihrer wirklichen Ziele aber auch gar nicht bewusst. Manchmal ist es sogar besser, wenn Sie keine konkreten Ziele haben. Denn dann besteht auch nicht die Gefahr, dass Sie sich unnötig einschränken. Vielleicht glauben Sie auch gar nicht daran, dass Coaching Ihnen helfen könnte. Probieren Sie es einfach aus. Eins ist sicher: Ein Coach ist nicht wirklich lebensnotwendig, sondern reiner Luxus. Wenn Sie jedoch wie ein Spitzensportler Ihr Bestes geben wollen, dann sollten Sie sich diesen Luxus gönnen.

Meine Klienten nehmen meine Dienste in der Regel aus folgendem Grund in Anspruch: Sie wollen nicht länger um ihren Erfolg kämpfen. Die meisten Menschen zäumen ihr Leben sozusagen von hinten auf: Wir investieren viel Zeit und Geld, um noch mehr zu arbeiten, noch mehr Geld zu verdienen und um uns Dinge leisten zu können, von denen wir glauben, dass sie uns glücklich machen. Das ist der steinige Weg zum Erfolg. Wenn Sie jedoch den leichteren Weg gehen wollen, müssen Sie sich zunächst entscheiden, wer Sie sein wollen, und dann entsprechend handeln. Wenn Sie so vorgehen, dann erreichen Sie all Ihre Ziele – und zwar mühelos. Und noch etwas sehr Merkwürdiges geschieht: Sie werden erkennen, was Sie wirklich wollen. Sie vergeuden nicht länger Zeit und Energie für Ziele, Projekte oder Beziehungen, die Ihnen keine Erfüllung bringen. Dieses Buch ebnet Ihnen den Weg zu einem besseren und erfolgreicheren Selbst. Wenn Sie glücklich und entspannt sind und genau das tun, was Sie tun wollen, werden Sie den Erfolg anziehen wie ein Magnet. Ihre Mitmenschen können gar nicht anders, sie fühlen sich zu Ihnen hingezogen und Ihnen eröffnen sich ungeahnte Möglichkeiten.

Zwei Möglichkeiten, wie Sie genau das bekommen, was Sie sich wünschen

Ganz egal was Sie sich vom Leben erhoffen – Geld, Liebe, beruflichen oder geschäftlichen Erfolg – Sie haben immer zwei Möglichkeiten, um Ihre Ziele zu verwirklichen: 1. Sie können Ihre Ziele festlegen und dafür arbeiten oder aber 2. sie mühelos erreichen. Wir alle haben gelernt, nach der ersten Methode vorzugehen. Doch leider klappt das nicht immer und wir kämpfen schließlich mit aller Kraft für die Verwirklichung unserer Ziele, ohne sie zu erreichen.

Die Anziehungskraft, die unsere Ziele Realität werden lässt, trägt die unterschiedlichsten Namen: Zufall, Glück, Synchronismus, Networking. Und genau das ist auch zutreffend, wenn es sich hierbei um ein zufälliges Ereignis handelt. Doch meine Klienten und ich haben dieses Glück immer und überall. Eine meiner Klientinnen, Leiterin einer Marketingabteilung in einem Fortune-500-Unternehmen, verdiente zwar 125.000 Dollar im Jahr, war in ihrem Job jedoch alles andere als glücklich. Bei unserer Arbeit konzentrierten wir uns jedoch nicht auf das Verfassen neuer Bewerbungen, sondern beschäftigten uns mit ihrem Leben. Zunächst einmal musste sie all die Unannehmlichkeiten aus ihrem Leben beseitigen, die sie Energie kosteten. Also spielte sie an den Wochenenden Golf, um sich zu entspannen. Ich riet ihr, sich selbst mehr zu verwöhnen und sich einmal wöchentlich massieren zu lassen. Sie machte sich daran, sowohl ihr Büro als auch ihre Wohnung zu entrümpeln, und warf alle alten Unterlagen weg. Nachdem sie neun Monate damit verbracht hatte, ihr Leben in allen Bereichen „aufzuräumen", wurde sie von einem andern Unternehmen zu einem Vorstellungsgespräch eingeladen. Sie bekam den Job und verdoppelte damit gleichzeitig ihr Einkommen. Heute hat sie hervorragende Aufstiegsmöglichkeiten und arbeitet mit Menschen zusammen, mit denen ihr die Arbeit Spaß macht. Und für diese Chance musste sie nicht kämpfen. Sie hat sie angezogen. All meine Klienten machen häufig ähnliche Erfahrungen. Und ich sehe keinen Grund dafür, warum es Ihnen anders ergehen sollte. Auch Sie können sich systematisch ein Leben gestalten, in dem Glück und Erfolg eine Selbstverständlichkeit sind. Wenn Sie keine Energie mehr verschwenden und sich stattdessen auf Dinge konzentrieren, die Ihnen gut tun, schaffen Sie gleichzeitig Raum für neue Möglichkeiten.

Nur die wenigsten von uns betrachten ihren Erfolg als eigene Leistung. Wir schreiben ihn in der Regel einem glücklichen Zufall oder dem Schicksal zu. Was wir nicht wissen, ist, dass wir den Erfolg anziehen, wenn wir unser Bestes geben, glücklich sind und Freude am Leben haben. Das Problem ist nur, dass viele Dinge uns daran hindern, unser Bestes zu geben. Und genau hier beginnt das Coaching.

Vertrauen Sie auf meine langjährige Erfahrung als Coach und Managerin. Ich habe für Sie in diesem Buch 101 effektive Coaching-Tipps in einem leicht zu befolgenden 10-Punkte-Programm zusammengestellt. Jeder einzelne Abschnitt enthält praktische und leicht nachvollziehbare Ratschläge sowie einige Beispiele aus meiner Erfahrung. Befolgen Sie diese Tipps und Sie werden genau das erhalten, was Sie sich wünschen.

Wie funktioniert Coaching?

Nachdem ich mehreren hundert Klienten dabei geholfen habe, ihre Ziele zu verwirklichen, habe ich erkannt, dass das Coaching relativ einfach funktioniert. Letztendlich lässt sich alles in einem einzigen Wort zusammenfassen: Energie. Schon Einstein hat erkannt, dass alles um uns herum reine Energie ist. Auch ein solider Mahagonitisch ist nichts anderes als leerer Raum, in dem sich zahlreiche Atome bewegen. Wir können uns mit Dingen beschäftigen, die uns Energie kosten, oder aber mit Dingen, die uns mit zusätzlicher Energie versorgen. Beim Coaching lernen Sie, wie Sie Dinge, die Sie Energie kosten, vermeiden und sich stattdessen zusätzliche Energiequellen erschließen können. Je mehr Energie Ihnen zur Verfügung steht, desto attraktiver und stärker sind Sie auch. Für energiegeladene und vitale Menschen, die genau das tun, was sie tun wollen, ist Erfolg selbstverständlich. Denken Sie nur an Gandhi, Eleanor Roosevelt und Oprah Winfrey. Sie alle verkörpern die Fähigkeit, genau das anzuziehen, was sie sich wünschen. Auch Sie haben diese Fähigkeit.

Die Arbeit mit diesem Buch

Dieses Buch ist in zehn aufeinander aufbauende Teile gegliedert. Jeder Teil umfasst zehn wertvolle Tipps, die Sie jedoch nicht zwangsläufig in der genannten Reihenfolge befolgen müssen. In Teil I lernen Sie, wie Sie die Energielöcher in Ihrem Leben stopfen und Ihr persönliches Energiepotenzial steigern können.

In Teil II erfahren Sie, wie Sie in Ihrem Leben Raum für die Dinge schaffen können, die Sie sich wünschen. Schließlich brauchen Sie Platz für Ihren Erfolg. Die Natur hat die Tendenz, leere Räume zu füllen, womit wir wieder bei der Physik wären. Wenn Sie also etwas Neues in Ihrem Leben begrüßen möchten, müssen Sie erst einmal den notwendigen Raum schaffen.

In Teil III wird das Thema Geld behandelt. Warum sollen wir für Geld arbeiten, wenn wir das Geld für uns arbeiten lassen können? Lassen Sie das Geld nicht länger ungehindert aus Ihrem Leben fließen. Legen Sie den Grundstein für Ihre finanzielle Unabhängigkeit und sorgen Sie dafür, dass Sie in zehn bis zwanzig Jahren nicht mehr arbeiten müssen. Viele Menschen haben zwar genug Geld – wenn Sie aber mühelos erfolgreich sein wollen, brauchen Sie mehr als nur genug Geld.

Wenn Sie den Umgang mit Geld erlernt haben, müssen Sie lernen, sich Zeit zu nehmen, auch wenn Sie keine Zeit haben. In Teil IV erfahren Sie, wie Sie sich auf die wirklich wichtigen Dinge konzentrieren und alle Formen der Zeitvergeudung umgehen können. Auf diese Weise erhalten Sie ein Gefühl der Ausgeglichenheit und bekommen Ihr Leben in den Griff.

In Teil V erfahren Sie, wie Sie sich ein hilfreiches Netzwerk aus Freunden, Kollegen und Mentoren zusammenstellen können. Das Knüpfen von Beziehungen kostet Zeit und nur wenige Menschen nehmen sich diese Zeit. Erfolgreiche Menschen werden Ihnen bestätigen, dass sie ihre Ziele nur durch die Unterstützung eines persönlichen Netzwerks erreicht haben. Weiterhin werden Sie lernen, Ihre emotionalen Bedürfnisse, die Sie in der Vergangenheit bei der Wahl Ihrer Freunde beeinflusst haben, zu erkennen und zu befriedigen.

In Teil VI werden Sie erfahren, was Ihnen wirklich wichtig ist. Sie werden lernen, wie Sie sich auf diese Aspekte konzentrieren können, ohne dabei finanzielle Risiken einzugehen. Wenn Sie Ihren Beruf lieben, werden Sie auch einflussreichen und erfolgreichen Menschen begegnen, die Sie nicht wahrgenommen hätten, wenn Sie in Ihrem Beruf unglücklich wären. Menschen, die ihren Beruf wirklich lieben, sind äußerst selten, sodass Sie sich schon allein aus diesem Grund von der Menge abheben und sich Ihnen zahlreiche interessante Möglichkeiten bieten werden.

In Teil VII lernen Sie, effizient und produktiv zu arbeiten. Sie werden erfahren, wie Sie sich aus festgefahrenen Gleisen befreien, Ihre Ziele in Rekordzeit erreichen und sich dann von diesen Zielen lösen können. Gleichzeitig werden Sie Freude an dem Arbeitsprozess entwickeln, ganz egal ob es sich dabei um berufliche oder private Ziele handelt.

In Teil VIII werden Sie etwas über die Kunst des Zuhörens erfahren, sodass Sie in der Lage sein werden, durch richtiges Zuhören Dinge an die Oberfläche zu bringen, deren sich der andere bislang nicht einmal bewusst war. Erfolgreiche Menschen haben alle eins gemeinsam: Sie beherrschen die hohe Kunst der Kommunikation. Und das kann jeder lernen. Die in diesem Kapitel angeführten Tipps zeigen Ihnen, wie Sie andere nicht nur dazu bringen, Ihnen zuzuhören, sondern genau das zu tun, was Sie wollen – und zwar ganz ohne Manipulation.

In Teil IX wollen wir uns dann mit Ihrem wichtigsten Kapital – *Ihnen* selbst – beschäftigen. Sie lernen, wie Sie unnötigen Stress vermeiden und sich mit Luxus umgeben können. Jetzt ist es an der Zeit, sich selbst zu verwöhnen und Ihren Körper in Form zu bringen. Das Ergebnis: ein erholtes und energiegeladenes Selbst! Ihnen werden immer wieder alle möglichen guten Dinge in den Schoß fallen. Jetzt müssen Sie lernen, mit all diesen Dingen zu leben. Denn die meisten Menschen sind der Überzeugung, sie hätten solch ein Leben nicht verdient, und betreiben, wenn auch unbewusst, Selbstsabotage. Aber keine Angst: Dagegen können Sie etwas unternehmen. Und der erste Schritt in diese Richtung liegt darin, dass Sie sich selbst verwöhnen.

In Teil X werden wir noch einmal die Schlüsselmerkmale des Erfolgs durchleuchten. Hier geht es aber nicht um eine bestimmte Form des Handelns, sondern um eine bestimmte Form des Seins. Mehr Zeit, mehr Geld, ein schönes Haus oder ein toller Körper – das sind nur Attribute des Erfolgs. Wir alle kennen Menschen, die auf den ersten Blick zwar erfolgreich wirken, bei denen man auf den zweiten Blick jedoch die Risse in der Fassade erkennt. Der Grund dafür ist, dass Erfolg sich nicht an Äußerlichkeiten festmachen lässt. In diesem Teil erfahren Sie, wie Sie zu einem Menschen werden, der den Erfolg magisch anzieht. Hierbei handelt es sich zwar eigentlich um den wichtigsten Schritt auf dem Weg zum Erfolg, doch diesen Erfolg können Sie nur aufrechterhalten, wenn Sie die Basis dafür geschaffen haben. Jetzt kann es Ihnen durchaus passieren, dass Sie nur eine ganz schwache Ahnung von dem haben, was Sie sich wünschen – und schon ist es passiert. Ich weiß, das hört sich an wie Magie, aber das ist es nicht. Schließlich haben Sie den Grundstock für Ihren Erfolg gelegt. Sie verfügen über so viel Energie und Vitalität, dass Ihre Gedanken zu mächtigen Werkzeugen werden. Und warum auch nicht? Ihr Leben ist frei von Unannehmlichkeiten und Ablenkungen. Sie haben sich ein energiegeladenes Umfeld geschaffen. Sie sind für den Erfolg einfach unwiderstehlich geworden.

Den Computerfachmann Frank langweilte sein beruflicher Alltag so sehr, dass er tatsächlich am Schreibtisch einschlief. Frank arbeitete seit sieben Jahren für dieselbe Bank und all seine Bemühungen um Beförderung verliefen ergebnislos. Er wurde sogar wegen seiner mangelnden Leistungen zur Rechenschaft gezogen. Doch so sehr er sich auch bemühte, ihm fehlte die Motivation, die für eine Verbesserung seiner beruflichen Leistungen nötig gewesen wäre. Nachdem er sich für das Coaching entschieden hatte und zunächst seine Wohnung von all den Möbeln und Gegenständen befreite, die ihm nicht mehr gefielen, wurde ihm schließlich eine Stellung bei einer renommierten Bank angeboten. Jetzt verdiente er nicht nur 20.000 Dollar mehr pro Jahr, sondern hatte auch einen Job, der ihn herausforderte, und einen Vorgesetzten, der seine Arbeit schätzte.

Frank war nun mit sich und seinem Leben so zufrieden, dass er eine attraktive Frau anzog, die ganz verrückt nach ihm war! Überflüssig zu erwähnen, dass Frank überglücklich war. Coaching funktioniert bei jedem, der bereit ist, die notwendigen Schritte zu unternehmen. Zwar kommt auch hier einiges an Arbeit auf Sie zu, doch Sie müssen nicht um Ihre Ziele kämpfen. Sie müssen sich lediglich darauf konzentrieren, der beste Mensch zu sein, der Sie heute sein können. Das Coaching-Programm wird Ihnen helfen, Ihre persönlichen Stärken zu erkennen und zu fördern und so genau das zu erreichen, was Sie sich wünschen. Die Arbeit am eigenen Leben ist eine äußerst lohnende Investition. Der Coaching-Prozess gibt Ihnen dabei den erforderlichen Antrieb, sodass Sie sich nicht selbst motivieren müssen. Wenn Sie erst einmal mit der Arbeit an einem Bereich Ihres Lebens beginnen, setzt sich die Entwicklung ganz automatisch auch in anderen Lebensbereichen fort. Und sobald Sie gelernt haben, den Erfolg anzuziehen, werden Sie nie wieder zu Ihren alten Verhaltensmustern zurückkehren wollen.

Dieses Programm erfordert Ihre Mitarbeit. Aus diesem Grund sollten Sie sich ein persönliches Notizbuch für Ihre Aufzeichnungen zulegen. Ich möchte Ihnen auch vorschlagen, ein Tagebuch zu führen. Schreiben Sie jeden Tag wenigstens ein paar Sätze nieder. Anhand Ihrer Aufzeichnungen können Sie dann verfolgen, was Sie im Rahmen des Coaching-Programms gelernt haben und welche Fortschritte Sie im Umgang mit Ihren Chancen machen. Bevor Sie mit dem Coaching beginnen, sollten Sie zunächst den Test in Anhang A (Ist Coaching das Richtige für Sie?) machen.

Seien Sie sorgfältig

Die meisten Vorschläge in diesem Buch sind so einfach nachzuvollziehen, dass Sie vielleicht glauben, es reicht, wenn Sie sie lesen. Das wäre aber ein großer Fehler. Lesen und die Initiative ergreifen sind zwei völlig verschiedene Dinge. Wenn es wirklich ausreichen würde, eine Idee nur zu lesen, dann wären wir alle im Handumdrehen perfekt. Also suchen Sie sich einen der Tipps aus Teil I heraus und befolgen Sie ihn. Nehmen Sie sich jede Woche einen oder zwei Punkte vor. Einige Punkte können Sie direkt ausführen, während Sie für die Befolgung anderer Tipps etwas mehr Zeit benötigen. Einen Knopf können Sie z. B. in ein paar Minuten annähen, während es sogar ein ganzes Jahr dauern kann, bis Sie die Lebenshaltungskosten für ein halbes Jahr gespart haben. Machen Sie sich keine Gedanken darüber, wie lange Sie bis zur Verwirklichung Ihrer Ziele benötigen. Wichtig ist, dass Sie das Fundament für Ihren Erfolg legen.

Sie können es sich leisten, sich während dieses Prozesses von einem Personal Coach unterstützen zu lassen? Wunderbar. In Anhang B finden Sie verschiedene Fragen, die Sie sich bei der Suche nach einem Coach stellen sollten. In Anhang D finden Sie eine Auflistung verschiedener Bücher und Kassetten, die ich auch meinen Klienten empfehle. Weiterhin finden Sie dort Organisationen und Vereinigungen, in denen Sie Menschen treffen können, die dieselben Ziele verfolgen wie Sie. Wenn Sie sich keinen Personal Coach leisten können, so können Sie auch jemanden aus Ihrem Freundeskreis um Hilfe bitten. Telefonieren Sie zumindest einmal wöchentlich mit Ihrem Coach. Sie können das Coaching-Programm natürlich auch ohne fremde Hilfe durchführen, doch mit einem Freund oder Coach ist es nicht nur einfacher, es macht auch mehr Spaß.

Sie müssen zwar nicht zwangsläufig die in diesem Buch vorgegebene Reihenfolge befolgen. Wenn Sie jedoch feststellen sollten, dass Sie bei einem bestimmten Aspekt auf Probleme stoßen, oder wenn Sie das Gefühl haben, einen der genannten Vorschläge unmöglich nachvollziehen zu können, dann ist es gut möglich, dass Sie sich mit einem der vorhergehenden Punkte nicht gründlich genug auseinander gesetzt haben. So können Sie sich z. B. kaum einen Personal Coach leisten, wenn Sie verschuldet sind. Und wenn Sie nicht wissen, wie Sie Ihren Babysitter bezahlen sollen, erscheint die finanzielle Unabhängigkeit sicherlich unerreichbar. Die finanzielle Unabhängigkeit rückt jedoch in erreichbare Nähe, wenn Sie erst einmal all Ihre Schulden abgezahlt und obendrein noch die Lebenshaltungskosten für sechs Monate auf die hohe Kante gelegt haben. Es ist also wirklich am einfachsten, wenn Sie die vorgegebene Reihenfolge befolgen. Zwingend erforderlich ist das jedoch nicht. Denn das Wichtigste an diesem Prozess ist, dass er Ihnen Spaß macht.

Teil I

Steigern Sie Ihre natürliche Energie

Es gibt eine bestimmte Form der Vitalität, eine Lebenskraft, eine Energie, eine Bewegung,
die sich nur durch Sie in Aktion umsetzen lässt. Und da Sie ein
einzigartiges Wesen sind, ist auch dieser Ausdruck des Lebens einzigartig.
Wenn Sie diese Lebensenergie blockieren, wird Sie niemals durch einen anderen Menschen
lebendig und geht für immer verloren.

Martha Graham

Einflussreiche Menschen bekommen immer das, was Sie wollen. Sie ziehen einmalige Chancen, wunderbare Menschen und Reichtum magisch an und vergrößern so sowohl ihren Einfluss als auch ihren Einflussbereich. Wir alle sind auf die eine oder andere Weise einflussreich. Jeder von uns kann seinen Einfluss vergrößern und seine Energie steigern. Zu diesem Zweck müssen Sie einfach nur all die Dinge aus Ihrem Leben entfernen, die Sie unnötige Energie kosten, und stattdessen verschiedene Energiequellen in Ihr Leben integrieren. Im Rahmen dieses Coaching-Programms müssen Sie also zunächst einmal alle Unannehmlichkeiten, die Sie Energie kosten, aus Ihrem Leben entfernen und durch positive Energiequellen ersetzen. Bringen Sie Ihr Leben in Form, legen Sie schlechte Angewohnheiten ab und schützen Sie sich vor unangenehmen Menschen und Bemerkungen. Denn das ist das Fundament, das Sie benötigen, um Ihre persönliche Energie zu steigern und das zu erreichen, was Sie sich wünschen. Da die meisten Menschen so sehr mit der Verwirklichung ihrer Ziele beschäftigt sind, versäumen sie es, diese Grundlagen zu schaffen.

Wenn Sie Ihre großen Ziele verwirklichen wollen, ohne vorher ein Fundament zu legen, ist das mit einigen Gefahren verbunden. So könnten Sie z. B. Ihr Ziel nur kurzfristig erreichen. Bauen Sie Ihre Traumschlösser nicht auf Sand, sondern schaffen Sie zunächst eine solide Basis. Manche Menschen kämpfen mit allen Mitteln für die Verwirklichung ihres Ziels und erreichen es schließlich sogar. Doch das Glück ist nur von kurzer Dauer. Plötzlicher großer Erfolg kann Menschen ruinieren, denn ohne Fundament fällt die ganze Pracht nicht selten beim ersten Sturm in sich zusammen. Es ist nicht der Erfolg, der die Menschen ruiniert, sondern das fehlende Fundament. Wenn Sie die Tipps in diesem Kapitel befolgen, schaffen Sie sich die notwendige Basis und alle nachfolgenden Schritte werden um so leichter.

Weiterhin könnten Sie Ihre Ziele erreichen, nur um dann festzustellen, dass Sie mit dem Erreichten nicht wirklich glücklich sind. Eine Journalistin fragte mich einmal, ob ich ihr den Grund dafür nennen könnte, warum nur so wenige Menschen ihre Ziele erreichen. Meiner Meinung nach liegt das daran, dass die meisten von uns ihren Zielen falsche Prioritäten einräumen. Haben Sie es nicht auch schon einmal erlebt, dass sich Ihr Herzenswunsch endlich erfüllt hat, Sie mit dem Erreichten aber gar nicht glücklich waren? Entweder war Ihr Ziel gar nicht so wünschenswert, wie Sie es sich in Ihrer Fantasie ausgemalt haben, oder Sie haben das Erreichte nur kurze Zeit genossen und sich dann direkt auf die Verwirklichung Ihres nächsten Ziels konzentriert. Das geschieht nur zu häufig. Wir stehen alle so sehr unter dem Einfluss der Medien und der Werbung, dass wir uns gar nicht darüber im Klaren sind, was wir wirklich wollen, sondern uns bei unseren Wünschen an den vorherrschenden Idealen orientieren. Wir haben also gar nicht unsere wahren Ziele erreicht, sondern Ziele, die uns suggeriert wurden. Bevor Sie sich also auf Ihre wahren Ziele konzentrieren, sollten Sie zunächst das Fundament für Ihren Erfolg legen.

Zunächst einmal müssen Sie Ihr Energiepotenzial erhöhen, indem Sie all die Dinge aus Ihrem Leben entfernen, die Sie unnötige Energie kosten. Ordnung in den Schränken schaffen oder Knöpfe annähen sind vielleicht keine Heldentaten, doch in der Regel sind dies die ersten Schritte auf dem Weg zur Verwirklichung Ihrer persönlichen Ziele. Schon meine Mutter sagte immer: „Nachtisch gibt es erst, wenn du dein Gemüse gegessen hast".

Kapitel 1

Beseitigen Sie die Unannehmlichkeiten

Wer die kleinen Dinge wirklich beherrscht und den Alltag vortrefflich meistert, der besitzt eine so seltene Tugend, dass er heilig gesprochen werden sollte.

Harriett Beecher Stowe

Wenn Sie wirklich erfolgreich sein wollen, dann müssen Sie sich zunächst von all den, wenn auch kleinen und unbedeutenden, Dingen trennen, die Sie bei Ihrem Weg zum Erfolg behindern. Verbannen Sie sie aus Ihrem Leben. Meistens handelt es sich nur um Kleinigkeiten, z. B. eine überquellende Ablage, die längst überfällige Steuererklärung oder einfach nur der Riss in Ihrem Bademantel, über den Sie sich jedes Mal ärgern, wenn Sie Ihr Bad betreten. Immer wieder denken Sie: „Ich muss das unbedingt nähen." Ein fehlender Knopf oder abgetragene Schuhe sind zwar nur Kleinigkeiten, aber häufig sind sie ein Indiz dafür, dass Sie weitaus schwerer wiegende Dinge in Ihrem Leben tolerieren. Vielleicht nehmen Sie den schlechten Atem Ihres Partners klaglos hin oder die Tatsache, dass Ihre Freundin permanent unangemeldet bei Ihnen hereinschneit. Vielleicht sind es auch Ihre eigenen schlechten Angewohnheiten, z. B. Fingernägelkauen oder die heillose Unordnung in Ihren Papieren; oder auch das Chaos in Ihrem Auto oder der lange Weg zur Arbeit.

Ganz egal was Sie hinnehmen, es kostet Sie unnötige Energie, lenkt Sie von Ihren Zielen ab und schlägt Ihnen auf die Stimmung. In diesem Fall ist es schwer, erfolgreich zu sein. Aus meiner langjährigen Erfahrung als Coach weiß ich, dass die meisten Menschen zwischen 60 und 100 dieser Unannehmlichkeiten in Ihrem Leben tolerieren. Wenn Sie künftig ohne diese lästigen Ärgernisse leben wollen, notieren Sie zunächst einmal 60 bis 100 dieser Punkte. Es reicht nicht, wenn Sie sich diese Dinge nur ins Gedächtnis rufen. Schreiben Sie sie auf. Suchen Sie sich dann einen Freund oder eine Freundin als Helfer. Reservieren Sie sich wöchentlich einen Tag (am besten einen Samstag oder Sonntag) zum Großreinemachen und nehmen Sie sich einen oder mehrere Punkte auf Ihrer Liste vor, die Sie an einem Tag erledigen können. Sofern Sie sich nicht aufraffen können, rufen Sie Ihren Freund an und motivieren Sie sich gegenseitig. Gönnen Sie sich nach dem Großreinemachen eine Freude: Laden Sie sich selbst zum Essen oder ins Kino ein.

Einige der Punkte werden sich nicht an einem einzigen Tag erledigen lassen. Also lassen Sie sich für das Aufräumen einen bis drei Monate Zeit. Vergleichen Sie danach die Liste mit der Ihres Freundes. Wer die meisten Punkte abgehakt hat, wird von dem anderen zum Essen eingeladen. Diese Unannehmlichkeiten kosten Sie unnötige Energie und schmälern Ihre natürliche Fähigkeit, erfolgreich zu sein. Entfernen Sie sie aus Ihrem Leben. Notieren

Sie auch die Punkte, von denen Sie glauben, dass Sie keinen Einfluss auf sie haben, z. B. Ihr Chef, der lange Weg zur Arbeit oder der schlechte Atem Ihres Partners, und denken Sie nicht weiter darüber nach. Die passende Lösung wird früher oder später in Ihr Leben treten.

Jason, ein erfolgreicher Vermögensverwalter an der Wall Street, liebte zwar die Finanzwelt, seinen Job empfand er jedoch als frustrierend. Er arbeitete seit sieben Jahren für denselben Arbeitgeber, seine Leistungen wurden jedoch nicht anerkannt und sein Gehalt ließ auch zu wünschen übrig. Jason erklärte mir: „Ich fühle mich wie ein Hamster im Laufrad. Ich laufe schneller und schneller, arbeite härter und härter – alles umsonst. Was soll ich tun?" Ich forderte ihn auf, eine Liste mit all den kleinen Unannehmlichkeiten in seinem beruflichen und privaten Leben zu erstellen. Seine Liste schien endlos und umfasste Punkte wie z. B. kein Privatleben, allein essen, keine Anerkennung seiner Arbeit, ein Riss in seiner Lieblingsjacke, eine überquellende Ablage, eine schlecht ausgebildete Assistentin, unbezahlte Rechnungen und eine undichte Badewanne. So wie die meisten unglücklichen Menschen steckte er ganz einfach in einer Sackgasse. Ich erklärte ihm: „Jason, es wird höchste Zeit, dass Sie sich besser um sich selbst kümmern." Ich schlug ihm vor, sich nach der Arbeit zu belohnen, selbst wenn er nicht alle Tagesaufgaben erledigt haben sollte. Er musste also nicht noch härter arbeiten, nur um sich einmal eine kleine Freude zu gönnen. So nahm er sich endlich einmal wieder die Zeit, den Sonnenuntergang im Central Park zu beobachten. Er erfüllte sich auch einen lang gehegten Wunsch und erlernte endlich eine Kampfsportart. Auf diese Weise hatte er jeden Tag etwas, auf das er sich freuen konnte. Schließlich arbeitete er sogar effektiver, damit er pünktlich zum Training gehen konnte. Er erledigte nach und nach den ganzen Schreibkram, der sich auf seinem Schreibtisch angesammelt hatte, und dichtete sogar seine Badewanne ab. Daraufhin wendete sich das Blatt. Jason wurde zu einem Vorstellungsgespräch bei einer anderen Investmentbank eingeladen und zwei Monate später hatte er einen neuen Job. Hier wurde seine Arbeit endlich gewürdigt und sein Gehalt war beträchtlich höher als früher. Auch sein Privatleben entwickelte sich positiv.

Bei einem meiner Seminare forderte ich die Teilnehmer auf, eine Liste mit den lästigen Ärgernissen in ihrem Leben zu erstellen und das größte Problem sofort aus ihrem Leben zu entfernen. In der Woche darauf sprühte einer der Teilnehmer nur so vor Energie. Er hatte erkannt, dass er mit seinem Therapeuten nicht zufrieden war, und hatte ihn daraufhin sofort gewechselt. Immerhin hatte er diese unbefriedigende Beziehung neun Monate lang toleriert.

Viele Menschen wissen nicht, womit sie beim Erstellen ihrer Liste beginnen sollen. In 99 Prozent der Fälle liegt das jedoch nicht daran, dass ihr Leben reibungslos verläuft, sondern daran, dass sie mittlerweile so abgestumpft sind, dass ihnen diese Dinge gar nicht mehr bewusst sind. Wenn Sie erst einmal einen Punkt abgehakt haben, fällt Ihnen bestimmt direkt der nächste ein, den Sie bis dahin vielleicht verdrängt haben. Versuchen Sie Ihre Liste in verschiedene Kategorien zu unterteilen. Was tolerieren Sie im Berufsleben, zu Hause, bei Ihren Freunden und Ihrer Familie, bei Ihren Haustieren, Ihrem Körper? Welche schlechten Angewohnheiten lassen Sie bei sich selbst durchgehen?

Ein weiterer Tipp: Versuchen Sie gleich mehrere Punkte auf einmal zu streichen. John nahm z. B. hin, dass er nicht genug Geld verdiente, auf seinem Schreibtisch Chaos herrschte, sein Arbeitgeber seine Leistung nicht anerkannte und ihm zu wenig Verantwortung übertragen wurde. Ihm wurde klar, dass er mit einem neuen Arbeitsbereich mehrere Probleme auf einmal lösen konnte. Also räumte er seinen Schreibtisch auf und informierte sich bei seinem Chef über die Möglichkeiten der Versetzung in eine andere Abteilung. Er wurde tatsächlich versetzt und einige Monate darauf erhielt er aufgrund seines verantwortungsvolleren Postens auch eine Gehaltserhöhung.

Es ist auch gut möglich, dass Sie sich aus gutem Grund mit bestimmten Dingen abfinden. Jessica arbeitete z. B. mit Feuereifer daran, die Punkte auf ihrer Liste aus ihrem Leben zu entfernen. Nachdem sie die immerhin 81 Punkte abgehakt hatte, sah sie sich mit ihrem größten Problem konfrontiert: In ihrer Ehe, immerhin war sie schon 27 Jahre lang verheiratet, kriselte es. Bislang hatte Jessica diese Tatsache verdrängt. Jetzt musste sie jedoch erkennen, dass sie sich mit ihrer gescheiterten Beziehung auseinander setzen musste, wenn sie geschäftlichen Erfolg haben und ein glückliches Leben führen wollte. Sie hatte sich von all den lästigen Kleinigkeiten, die sie in ihrem Leben tolerierte, von den wirklich wichtigen Dingen ablenken lassen.

Nachdem Sie Ihre Liste fertig gestellt haben, werden Sie zunächst wahrscheinlich denken, dass Sie auf zahlreiche Punkte keinen Einfluss haben. Notieren Sie sie trotzdem und wenden Sie sich zunächst den Punkten zu, die Sie ändern können. Diesen Rat gab ich auch meiner Schwester, musste dann jedoch einsehen, dass es keine gute Idee ist, ein Familienmitglied zu coachen. Als ich ihr erklärte, dass ich sie nicht weiter coachen könnte, hat sie sich leider nie wieder um einen Coach bemüht. Einer der Punkte auf ihrer Liste war ihre Arbeitskollegin, die im selben Büro arbeitete wie sie und ihr schrecklich auf die Nerven ging. Und ohne dass sie irgendetwas unternahm, bekam sie einen Monat darauf eine neue Büropartnerin zugeteilt. Selbst wenn Sie einfach nur Ihre Liste erstellen und sie im Schreibtisch deponieren, werden Sie feststellen, dass Sie innerhalb eines Monats so manchen Punkt von der Liste streichen können, ohne dass Sie irgendetwas dafür getan haben. Ganz egal wie Sie vorgehen wollen, schreiben Sie diese Liste!

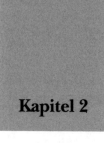

Kapitel 2

Stopfen Sie die Energielöcher

Kokain macht süchtig? Natürlich nicht. Ich muss es schließlich wissen.
Ich habe jahrelang Kokain genommen.

Tallulah Bankhaed

Wenn Sie erst einmal damit begonnen haben, Ihr Leben von all den lästigen Kleinigkeiten zu befreien, werden Sie erkennen, wie viel Energie Sie diese Unannehmlichkeiten gekostet haben. Das ist ungefähr so wie mit dem Geräusch einer Klimaanlage: Die eigentliche Lautstärke bemerken wir erst, wenn wir die Anlage abstellen. So ist es auch mit den Unannehmlichkeiten: Sie kosten Sie unendlich viel Energie, ohne dass es Ihnen bewusst ist. Nehmen wir z. B. den Fernseher. Wann haben Sie sich nach einem Fernsehabend das letzte Mal frisch und ausgeruht gefühlt? In der Boulevardpresse wimmelt es nur so von negativen Nachrichten, die Ihnen ebenfalls Energie rauben. Auch unbefriedigende Beziehungen kosten Sie nur unnötig viel Zeit und Energie. Alle Formen der Abhängigkeit, z. B. Alkohol, Zucker, Einkaufen, Computerspiele, Koffein, Spielsucht, Rauchen und TV, kosten Sie Energie. Das soll nicht heißen, dass Sie nie wieder Kaffee trinken dürfen. Aber sobald es mehr als drei Tassen wöchentlich sind, sind Sie abhängig.

Ich war mir meiner Kaffeesucht früher auch nicht bewusst. Ich mochte Kaffee nicht einmal besonders gerne und trank nie mehr als eine Tasse pro Tag. Als ich mich entschloss, keinen Kaffee mehr zu trinken, war ich sicher, dass mir das leicht fallen würde. Nach drei Tagen mit bohrenden Kopfschmerzen (und das obwohl ich sonst nie Kopfschmerzen habe) wurde mir jedoch klar, dass Kaffe eine Droge ist. Probieren Sie es einmal aus. Auch wenn Sie abnehmen wollen, empfiehlt es sich, künftig auf Kaffee zu verzichten. Denn wissenschaftliche Studien belegen, dass Kaffeegenuss die Insulinproduktion und somit die Bildung von Fettpölsterchen fördert. Seitdem ich keinen Kaffee mehr trinke, ist mein Energiepegel den ganzen Tag konstant und ich renne morgens nicht mehr wie ein aufgescheuchtes Huhn durch die Gegend und bilde mir ein, ich würde unglaublich viel schaffen. Leiden Sie unter Stress? Dann sollten Sie erst recht keinen Kaffee mehr trinken. Wenn Sie künftig auf Kaffee verzichten wollen, rechnen Sie damit, dass Sie zunächst an Kopfschmerzen leiden werden. Einer meiner Klienten, ein ehemaliger Kaffeejunkie, schwört auf folgenden Trick: Lassen Sie den Kaffee weg, trinken Sie dafür einen Monat lang so viel schwarzen Tee, wie Sie möchten, und steigen Sie dann auf Kräutertee um. Heute ist auch dieser Mann energiegeladen und fühlt sich ausgeglichener denn je.

Wohin fließt die Energie aus Ihrem Leben? Scheuen Sie sich nicht davor, Hilfe in Anspruch zu nehmen. Treten Sie wenn nötig einer entsprechenden Selbsthilfegruppe bei. Suchen Sie sich Unterstützung, wenn Sie die Energielöcher endgültig stopfen wollen. Erstellen Sie auch hier eine Liste und nehmen Sie sich jeden Monat einen neuen Punkt vor, bis sie suchtfrei sind.

Durch die Abhängigkeit verlieren Sie mehr und mehr die Kontrolle über Ihr Leben. Und es ist wirklich alles andere als einfach, sich ohne Hilfe von einer Sucht zu befreien. Verzweifeln Sie also nicht, wenn Sie es auf eigene Faust nicht schaffen sollten. Denn das bedeutet nicht, dass es Ihnen an der nötigen Disziplin mangelt. Bestrafen Sie sich nicht selbst. Sie sind süchtig und was Ihnen fehlt, ist ein entsprechendes System, das Sie bei Ihrem Kampf gegen die Sucht unterstützt. Ein Tipp aus der Naturheilkunde: Die meisten Suchterkrankungen sind eng mit persönlichen Ritualen verknüpft. Zum Marihuanarauchen gehört z. B. auch das Drehen des Joints. Wenn Sie also künftig auf Marihuana verzichten wollen, ersetzen Sie dieses Ritual durch ein anderes, gesundes Ritual, das Ihnen Freude bereitet. Coaching ist nur möglich, wenn Sie sich von allen Süchten befreien. Denn andernfalls kontrollieren nicht Sie Ihr Leben, sondern die Sucht.

Kapitel 3

Schaffen Sie zehn tägliche Rituale

Durch gute Gewohnheiten, mit denen wir unsere Grundbedürfnisse befriedigen, machen wir unseren Geist frei für die wirklich wichtigen Dinge des Lebens. Nur zu viele von uns vergeuden ihre Zeit und Energie mit Gedanken an Dinge, die eine Selbstverständlichkeit sein sollten.

Ralph W. Sockman

Die meisten Menschen haben einige schlechte Angewohnheiten, die alles andere als gut für sie sind. Vielleicht wurde die schlechte Gewohnheit sogar schon zur Sucht, so wie z. B. die tägliche Tasse Kaffee. Verhaltensforschern zufolge lässt eine schlechte Angewohnheit sich nur durch eine andere, bessere Gewohnheit ersetzen. Also sollten Sie genau das tun. „Gut" bedeutet in diesem Zusammenhang, dass die neue Angewohnheit Sie im Gegensatz zur früheren Gewohnheit mit zusätzlicher Energie versorgt. Welche zehn Rituale, die Ihnen Freude bereiten, könnten Sie in Ihren Alltag integrieren? Vielleicht möchten Sie morgens 15 Minuten in aller Ruhe Ihren Tag planen. Oder wie wäre es mit zehn Minuten Stretching nach Feierabend? Vielleicht könnten Sie künftig auch mit dem Fahrrad zur Arbeit fahren. Setzen Sie sich in der Mittagspause in den Park. Oder verzichten Sie künftig auf Fastfood und nehmen Sie Ihr Essen von zu Hause mit. Versuchen Sie einmal, eine halbe Stunde früher schlafen zu gehen und dafür eine halbe Stunde eher aufzustehen. Es geht hier jedoch nicht darum, dass Sie Dinge in Ihren Alltag integrieren, die Sie tun *sollten*. Sie sollten diese Rituale lieben, sich eine persönliche Freude damit bereiten.

Jeder Mensch hat seine eigenen Vorlieben. Die meisten meiner Klienten sind zu Beginn des Coachings jedoch so gestresst, dass Ihnen nicht einmal zehn Dinge einfallen, die ihnen Spaß machen. Ich war früher nicht anders. Ich wusste gar nicht mehr, was ich wirklich gerne tat. (Das war zu der Zeit, als ich mir sehnlichst wünschte, angefahren zu werden.) Ich konnte nur noch in der Kategorie „sollen" denken, z. B. „Ich sollte täglich Sport treiben." oder „Ich sollte mehr Gemüse essen." Das half mir jedoch nicht weiter. Also musste ich mir ernsthafte Gedanken darüber machen, was mir Spaß macht. Meine Liste der zehn täglichen Rituale setzte sich schließlich aus Dingen zusammen, die ich gerne tat, und solchen, von denen ich wusste, dass ich sie in meinen Alltag aufnehmen sollte:

1. Morgens nicht mit der S-Bahn fahren, sondern zu Fuß ins Büro gehen. (Mit der Bahn brauchte ich für diesen Weg 40 Minuten, zu Fuß eine Stunde. Ich entschied mich trotzdem für den Spaziergang. So sparte ich das Geld für die Fahrkarte und nutzte den Weg zur Arbeit als Zeit der Meditation.)
2. Täglich Zahnseide benutzen.
3. Täglich eine Freundin anrufen oder mich bei jemandem bedanken.
4. Täglich frisches Obst essen (Himbeeren, Erdbeeren, eine Mango, eine Papaya oder eine saftige Birne).
5. Mich täglich verwöhnen (ein Schaumbad nehmen, zur Maniküre gehen, eine interessante Zeitschrift lesen, im Park spazieren gehen, ein Blumenstrauß fürs Büro).
6. Täglich eine Vitamin-C-Tablette und eine Multivitaminkapsel einnehmen (ein wirklich leicht zu integrierendes Ritual).
7. Tägliche Rückengymnastik.
8. Täglich jemandem sagen, wie viel er mir bedeutet.
9. Jeden Morgen 15 Minuten lang meinen Tagesablauf planen.
10. Täglich nach Feierabend meinen Schreibtisch aufräumen.

Wenn Sie Probleme haben sollten, eine schlechte Angewohnheit ab- oder sich eine gute Gewohnheit zuzulegen, schaffen Sie sich einen visuellen Anreiz, mit dem Sie Ihre Fortschritte aufzeichnen. Es ist vollkommen unwichtig, wie Sie das tun – entscheidend ist nur, dass Sie sich Ihr Ziel täglich ins Gedächtnis rufen. In ihrem Buch *In Einfachheit leben* empfiehlt Elaine St. James zu diesem Zweck die Goldsternmethode. Für jeden Tag, an dem Sie Ihre schlechte Angewohnheit erfolgreich bekämpft haben, erhalten Sie einen Goldstern. Wenn Sie sich z. B. das Fernsehen abgewöhnen wollen (Tipp 32), erhalten Sie für jeden Tag, an dem Sie den Fernseher nicht eingeschaltet haben, einen Goldstern. Kleben Sie die Sterne auf einen gut sichtbaren Wandkalender. Sie müssen ja nicht unbedingt jedem erzählen, was es mit diesen Sternen auf sich hat. Genau genommen ist es sogar besser, wenn Sie das für sich behalten – so ersparen Sie sich auch die spöttischen Bemerkungen Ihrer Mitmenschen. Wenn Sie einen ganzen Monat lang täglich einen Goldstern erhalten haben, ist es an der Zeit, sich zu belohnen – aber auf keinen Fall, indem Sie sich noch einmal den „Genuss" der alten Gewohnheit gönnen. Sie können Ihren Erfolg aber auch mithilfe eines Diagramms aufzeichnen. Viele Menschen erstellen auch Collagen mit entsprechenden Abbildungen, die sie an ihre Ziele erinnern sollen. Einer meiner Klienten ließ sich so lange täglich per E-Mail daran erinnern, dass er sich bei einem seiner Mitmenschen bedanken wollte, bis es ihm zur Gewohnheit wurde. Ihnen stehen die verschiedensten Möglichkeiten zur Verfügung, um sich täglich an die neue Gewohnheit zu erinnern. Und eines Tages wird sie für Sie so selbstverständlich sein wie das tägliche Zähneputzen. Sofern Ihnen zehn neue Gewohnheiten auf einmal als zu viel erscheinen, nehmen Sie sie sich eben einzeln vor.

Diese Methode funktioniert übrigens auch, wenn Sie eine neue Angewohnheit, z. B. den täglichen Spaziergang mit dem Hund oder das frische Obst zum Frühstück, in Ihren Alltag integrieren wollen. Erstellen Sie eine Liste mit zehn kleinen alltäglichen Freuden und verwöhnen Sie sich täglich ein bisschen.

Kapitel 4

Kein „sollte" mehr

> *Gut sein im herkömmlichen Sinne ist relativ einfach. Dazu braucht man nichts weiter als ein wenig Unglück, einen Mangel an Fantasie und einen gewissen Hang zu den Tugenden der Mittelklasse.*
>
> Oscar Wilde

„Sollte", das steht für all die Dinge, von denen wir glauben, dass wir sie tun müssen, die wir aber eigentlich gar nicht tun wollen. Ich sollte abnehmen. Ich sollte Sport treiben. Ich sollte Kleidergröße 38 tragen. Ich sollte mehr verdienen. Ich sollte dies tun, ich sollte das tun. All diese „Solltes" führen zu unnötigen Frustrationen und lenken Sie nur von den wirklich wichtigen Dingen in Ihrem Leben ab. Ich bin sicher, dass Sie eine recht umfangreiche Liste Ihrer persönlichen „Solltes" erstellen könnten. Ich möchte Ihnen sogar raten, genau das zu tun. Und dann verbrennen Sie diese Liste. Befreien Sie sich von all diesen „Solltes". Sie helfen Ihnen nicht weiter und rauben Ihnen Ihre Energie. Erstellen Sie stattdessen eine Liste mit neuen Zielen, die Sie inspirieren, und vergessen Sie die „Solltes".

Und wie können Sie feststellen, ob so ein Ziel nun ein „Sollte-Ziel" ist oder nicht? Fragen Sie sich einfach, wie alt dieses Ziel ist. Wenn Sie es schon seit einem Jahr oder länger verfolgen, handelt es sich um ein „Sollte-Ziel". Dieses Ziel hat keine Substanz, vertrödeln Sie Ihre Zeit nicht länger mit einem hohlen Ziel. Lösen Sie sich davon! Und zwar jetzt sofort! Aber wenn ich mein Ziel, endlich abzunehmen, aufgebe, dann nehme ich doch nie ab? Da haben Sie vielleicht sogar Recht. Doch seit wie vielen Jahren wollen Sie schon abnehmen? Ich glaube nicht, dass Sie dieses Ziel je erreichen werden. Also können Sie es genauso gut aufgeben und durch ein Ziel ersetzen, an dessen Verwirklichung Sie wirklich interessiert sind. Einige meiner Klienten befolgen meinen Rat und geben diese Ziele erleichtert auf, doch die meisten von ihnen wollen sie beibehalten. Es ist wirklich erstaunlich, wie sehr wir an unseren „Solltes" hängen. Wenn Sie Ihr bisheriges Leben Konfektionsgröße 44 getragen haben, für wen sollte es dann wirklich wichtig sein, dass Ihnen Größe 38 passt? Wenn Sie bislang ohne Französischkenntnisse überlebt haben, dann kommen Sie wohl auch weiterhin ohne sie aus. Wenn meine Klienten sich aber trotz allem nicht von ihren alten Zielvorstellungen lösen wollen, fordere ich sie auf, dieses Ziel so zu verändern, dass es sie motiviert. Wie wäre es, wenn Sie nicht mehr unbedingt abnehmen wollen, sondern sich vornehmen, künftig besser auf Ihren Körper und Ihre Gesundheit zu achten? Dazu zählt dann auch der Besuch bei einem Ernährungsberater, regelmäßige Massagen, der Besuch bei der Kosmetikerin und der Tanzkurs, den Sie schon immer belegen wollten. Umgeben Sie sich mit Menschen, die sich so ernähren, wie Sie es gerne tun würden. Legen Sie sich gesunde Gewohnheiten zu und meiden Sie den Kontakt zu Menschen, deren Lebensweise nicht Ihren neuen Idealen entspricht. Das hört sich doch schon ganz anders an als „Ich sollte abnehmen."

Wenden Sie dieses Schema auch auf alle anderen Punkte auf Ihrer „Sollte-Liste" an. Wenn Sie einen dieser Punkte einfach nicht neu definieren können, dann versuchen Sie doch die Aufgabe zu delegieren. Wenn Sie z.B. wirklich Sport treiben müssen, sich dazu jedoch beim besten Willen nicht aufraffen können, dann treten Sie einem Lauftreff bei. Wichtig ist, dass Sie irgendetwas *unternehmen*. Egal wie – entfernen Sie dieses „Sollte" aus Ihrem Leben. Sie sollten sich um einen besseren Job bemühen, Ihnen fehlt jedoch die Motivation? Aktualisieren Sie Ihren Lebenslauf, übergeben Sie die Angelegenheit einer Arbeitsvermittlungsgesellschaft und überlassen Sie denen die Jobsuche. Oder knüpfen Sie entsprechende Kontakte, suchen Sie eine Personalagentur auf und führen Sie Bewerbungsgespräche. Werden Sie aktiv, streichen Sie den Punkt von der „Sollte-Liste" und Sie werden feststellen, dass Sie sich erleichtert fühlen.

Sandy, eine fünfundvierzigjährige Sozialarbeiterin, engagierte mich, weil sie nach ihrer Scheidung einen neuen Partner suchte. Sie wollte zwar täglich Sport treiben und ihr Gewicht reduzieren, fing jedoch nie damit an. Sandy ging zwar gelegentlich ins Fitnessstudio, doch das war einfach nicht genug. Schließlich machte sie sich Vorwürfe wegen ihrer mangelnden Willenskraft. Ich erklärte ihr jedoch, dass sie keine Disziplin benötigte, wenn sie sich um die entsprechende Unterstützung bemühte. Ich empfahl ihr, sich ein eigenes System zu erstellen, das ihr helfen sollte, regelmäßig Sport zu treiben. Also deponierte sie ihre Sporttasche in ihrem Auto, sodass sie direkt von der Arbeit zum Training fahren konnte. Denn sie wusste nur zu gut, dass sie sich nicht noch einmal auf den Weg machen würde, wenn sie erst einmal zu Hause war. Da sie äußerst gewissenhaft war und Verabredungen grundsätzlich einhielt, verabredete sie sich mit einer Freundin, die sich auch wieder in Form bringen wollte, und die beiden trafen sich regelmäßig zum Training. Sandy fühlte sich gut wie lange nicht mehr. Auch ihre Arbeitskollegen bemerkten ihren neuen Elan. Schließlich fragte sie sogar ein äußerst attraktiver Mann, ob sie nicht mit ihm gemeinsam joggen wollte. Und schon bald hatte Sandy vier Kilo abgenommen. Sie trainierte regelmäßig weiter und ist mittlerweile fit und durchtrainiert.

Und wie lauten Ihre überholten Ziele? Wenn Sie schon seit einem Jahr nichts für deren Verwirklichung getan haben, sollten Sie sie streichen oder neu definieren. Sie können sich diese Ziele ja jederzeit erneut setzen. Aber gönnen Sie sich eine Pause und befreien Sie sich zumindest für eine Weile von dieser Last. Howard, ein anderer meiner Klienten, gab sein Ziel abzunehmen nach langen Jahren endlich auf und belegte stattdessen einen Tai-Chi-Kurs. Ich traf ihn einige Wochen später und er hatte zwar nicht abgenommen, wirkte dafür aber wesentlich entspannter, zufriedener und attraktiver. Also warum sollten Sie sich quälen, wenn ein paar Kilo mehr oder weniger eigentlich gar keinen Unterschied machen?

Jim, ein dynamischer Hypothekenmakler, war ein Meister im Listenerstellen. Als er mir seine aktuelle Liste zeigte, bat ich ihn, sie noch einmal durchzugehen und alle Ziele, die älter als ein Jahr waren, sowie alle „Solltes" zu streichen. So reduzierten sich die ursprünglich 25 Punkte auf vier gute Vorsätze, die er wirklich gerne in Angriff nehmen wollte. Jim war sichtlich erleichtert.

Kapitel 5

Ziehen Sie klare Grenzen

> *Menschen verlieren ihre natürliche Güte ebenso wie ein Baum, der mit der Axt bearbeitet wird, seine natürliche Schönheit und schließlich sein Leben verliert. Wenn Tag für Tag ein Stück abgehackt wird, wie sollen der Baum oder der menschliche Geist dann überleben?*
>
> Mencius, 4. Jahrhundert vor Christus

Ohne klare und feste Grenzen ist Erfolg nahezu unmöglich. Wir bringen Menschen, die klare Grenzen setzen, automatisch Respekt entgegen. Grenzen ziehen bedeutet, den Mitmenschen deutlich zu zeigen, was Sie sich von ihnen gefallen lassen und was nicht. Diese Grenzen ermöglichen Ihnen, Ihr Bestes zu geben. Viele Menschen akzeptieren es z. B. nicht, wenn sie geschlagen werden. Auch hier gibt es Ausnahmen. Wir alle haben schon von Beziehungen gehört, in denen einer der Partner misshandelt wird und das hinnimmt. Diesen Menschen fehlt die natürliche Grenze: „Ich lasse mich nicht schlagen." Ich setze jetzt einmal voraus, dass Sie über diese Grenze verfügen und sich nicht schlagen lassen. Aber lassen Sie sich vielleicht anschreien? Vom Schreien zum Schlagen ist es nur ein kleiner Schritt. Sie müssen Ihre Grenzen ausdehnen. Aus „Ich lasse mich nicht schlagen." muss „Ich lasse mich nicht anschreien." werden. Nicht einmal Ihr Chef darf Sie anschreien, und schon gar nicht Ihr Partner.

Susan, Verkäuferin in einem Einzelhandelsgeschäft, ließ regelmäßig die Schimpfkanonaden ihrer Arbeitgeberin über sich ergehen. Doch nicht nur das, Susan ließ es sich auch gefallen, dass ihre Kollegen sie wegen ihres Dialekts hänselten. Einer ihrer Freunde nutzte sie ebenfalls schamlos aus und fiel immer bei ihr ein, wenn er keine Lust hatte, nach Hause zu gehen. Susans Grenzen waren einfach unzureichend. Als Susan es schließlich nicht länger hinnahm, dass andere sie anschrien, sich über sie lustig machten oder sie ausnutzten, wendete sich das Blatt. Die Sticheleien ihrer Kollegen hörten auf und auch ihre Freunde nutzten sie nicht länger aus. Da sowohl ihre Chefin als auch ihre Kollegen und die Kunden sie respektierten, wurde sie sogar zur Abteilungsleiterin befördert. Und wie hat sie das gemacht? Ganz einfach: Sie hat das 4-Schritte-Kommunikationsmodell (Tipp 6) angewendet.

Auch im Privatleben müssen Sie Grenzen ziehen. Der Partner einer meiner Klientinnen war ziemlich temperamentvoll und schrie sie häufig an. Bislang hatte sie dieses Verhalten toleriert, doch ich forderte sie auf, ihre Grenzen zu erweitern. Ihr Freund hatte kein Recht, sie anzuschreien. Also erklärte sie ihm, dass sie ihn liebte und ihn niemals absichtlich verletzen würde. Und nur wenn sie das würde, hätte er das Recht, sie anzuschreien. Wenn sie künftig zu spät bei einer Verabredung erscheinen würde, könne er ihr gerne sagen, dass ihm das nicht gefalle, aber anschreien solle er sie aus diesem Grund nie wieder. Er konnte sich natürlich nicht von heute auf morgen von seinen alten Verhaltensweisen lösen und schrie sie immer wieder an. Sie fragte ihn dann ganz ruhig, wie lange er brauchen würde, um sich zu beruhigen. Fünf Minuten? Dreißig Minuten? Sie würde zurückkommen, sobald er sich abgeregt habe. Er erkannte, wie lächerlich das Ganze war, und brach in schallendes Gelächter aus.

Wenn Sie diese Grenze etabliert haben und ihre Mitmenschen Sie nicht länger anschreien, sollten Sie versuchen, die Grenze erneut ein wenig auszuweiten, sodass andere Sie künftig mit ungebetener Kritik verschonen, keine abfälligen Bemerkungen mehr über Sie machen oder sich nicht mehr auf Ihre Kosten amüsieren. Selbst wenn diese Bemerkungen im Scherz geäußert werden, sie sind nicht witzig. Sie sind verletzend und somit inakzeptabel. Abfällige Äußerungen oder Witze auf Ihre Kosten rauben Ihnen Energie und hindern Sie daran, Ihre Ziele zu verwirklichen. Lassen Sie das nicht zu!

Jetzt denken Sie vielleicht: „Das hört sich ja toll an. Aber was soll ich tun, wenn mich jemand anschreit, mich zu unmöglichen Tages- und Nachtzeiten besucht oder mich ausnutzt?" Sie sind sich zwar bewusst, dass jemand Ihre neue Grenze überschreitet, aber woher sollen die anderen das wissen? Das ist ganz einfach. Sie müssen nur lernen, sich freundlich, aber bestimmt vor den Übergriffen anderer zu wehren. Lesen Sie weiter.

Kapitel 6

Lassen Sie sich nichts gefallen

> *Niemand kann dich ohne dein Einverständnis dazu bringen,*
> *dich minderwertig zu fühlen.*
>
> Eleanor Roosevelt

Sie können sich durch ein einfach anzuwendendes 4-Schritte-Kommunikationsmodell, das ich an der Coach University erlernt habe, vor abwertenden Kommentaren schützen. Wann immer jemand etwas tut oder äußert, das Sie verletzt oder aufregt, geschieht das mit Ihrer Zustimmung. Die folgenden Punkte zeigen Ihnen, wie Sie dieses Verhalten freundlich und wirkungsvoll stoppen können.

1. *Informieren Sie den Betreffenden.*
   „Ist Ihnen eigentlich bewusst, dass Sie schreien?" oder „Ist Ihnen klar, dass Sie mich mit dieser Bemerkung verletzt haben?" oder „Ich habe Sie nicht um Ihre Meinung gebeten." Sollte der Betreffende sein Verhalten nicht einstellen, gehen Sie zu Schritt 2 über (aber wirklich nur, wenn Sie es zuvor mit Schritt 1 versucht haben).
2. *Bitten Sie den Betreffenden aufzuhören.*
   „Ich möchte Sie bitten, mich nicht länger anzuschreien." oder „Wenn Sie mich schon kritisieren müssen, dann möchte ich Sie bitten, dies in konstruktiver Form zu tun." Wenn auch das nicht hilft, versuchen Sie es mit Schritt 3.
3. *Bleiben Sie beharrlich.*
   „Ich möchte Sie nochmals bitten, mich nicht länger anzuschreien." Wenn der Betreffende Sie trotzdem weiter anschreit, wechseln Sie zu Schritt 4.
4. *Gehen Sie (und bleiben Sie ruhig).*
   „Ich kann mich nicht mit Ihnen unterhalten, wenn Sie mich anschreien. Ich werde jetzt gehen." Sofern Sie in einer Beziehung leben und Sie dieses Modell wiederholt angewendet haben, Ihr Partner sein Verhalten aber nicht ändert, sollten Sie die Beziehung beenden und/oder einen Paartherapeuten aufsuchen. Menschen, die Sie wirklich lieben, respektieren Ihre Grenzen.

Um dieses Modell erfolgreich anzuwenden müssen Sie bei jedem einzelnen Schritt ruhig und objektiv bleiben. Sie sollten Ihre Stimme weder heben noch senken. Denken Sie immer daran: Sie informieren den Betreffenden. Das ist nichts anderes, als wenn Sie zu jemandem sagen: „Der Himmel ist blau." Keine Emotionen, keine Aufregung, ein ganz neutraler Tonfall. Sie können zu anderen Menschen so ziemlich alles sagen, solange Sie sachlich bleiben.

Jetzt wusste Susan (siehe Tipp 5), wie sie reagieren musste, wenn ihre Chefin sie wieder einmal anschreien sollte. Doch seien Sie vorsichtig! Sofern Sie den neutralen Tonfall noch nicht beherrschen, könnte Sie das Ihren Job kosten. Wenden Sie das 4-Schritte-Modell zunächst nur bei Freunden und Bekannten an. Als Susans Chefin sie wieder einmal anschrie, erwiderte Susan absolut ruhig und ohne den leisesten Hauch von Sarkasmus: „Ist Ihnen eigentlich klar, dass Sie mich anschreien? Ich möchte hier bei der Arbeit wirklich mein Bestes geben. Und ich bin sicher, dass ich bessere Arbeit leiste, wenn Sie mich ruhig und sachlich auf meine Fehler hinweisen." Nachdem sie ihre Vorgesetzte in ihre Schranken verwiesen hatte, beruhigte sie sich augenblicklich und entschuldigte sich bei Susan. Bei diesem Modell handelt es sich wirklich um eine äußerst wirkungsvolle und freundliche Form der Kommunikation.

Jetzt denken Sie vielleicht: „Ja, bei dieser Susan hat das vielleicht geklappt, aber ich könnte nie so mit meinem Chef sprechen." Diese Antwort erhalte ich von all meinen Klienten. Keine Sorge, so schwer ist das gar nicht. Sprechen Sie mit absolut neutraler Stimme und gehen Sie äußerst taktvoll vor. Das ist der Trick für ein solches Gespräch. Korrigieren Sie Ihren Arbeitgeber oder jemand anderen niemals in dieser Form, wenn andere Menschen anwesend sind. Versuchen Sie nicht krampfhaft, das Gespräch herbeizuführen, und drängen Sie sich niemandem auf. Sie wollen ja schließlich keine große Sache daraus machen.

Lee fühlte sich von seiner Vorgesetzten gemaßregelt. Außerdem hatte seine Chefin eine Besprechung mit einem Mitarbeiter auf einen anderen Termin verlegt, ohne mit ihm als Filialleiter Rücksprache zu halten. Lee wollte seine Vorgesetzte auf keinen Fall vor den Kopf stoßen. Als Abteilungsleiterin bestimmte sie schließlich die Höhe seiner Provision. Gleichzeitig verletzte ihn aber die Ignoranz, die sie seiner Arbeit entgegenbrachte. Als sie ihn am nächsten Tag wegen eines Geschäftsberichts anrief, brachte Lee seine Kritik an. Er erklärte: „Mein Kassierer sagte, Sie hätten ein Treffen mit ihm verschoben. Die Terminplanung wäre für mich wesentlich leichter, wenn Sie mich künftig über solche Änderungen informieren würden." Das war alles. Lee hatte seine Vorgesetzte in neutralem Ton darüber informiert, dass sie eine Grenze überschritten hatte. Und glauben Sie mir, Lee hatte fürchterliche Angst vor diesem Gespräch. Aber es half. Bei der nächsten Terminänderung rief seine Vorgesetzte zunächst Lee an und übertrug ihm die Aufgabe, seine Angestellten darüber in Kenntnis zu setzen.

Ich riet Lee dazu, seine Chefin künftig regelmäßig über alle Geschäftsereignisse zu informieren. Selbst wenn sie keine Berichte anforderte, sollte er jede Woche ein kurzes Memo abfassen. Auf diese Weise wäre er dann immer in der Lage, sie über die aktuelle Geschäftslage zu informieren. Weiterhin sollte er ein wöchentliches Meeting mit seiner Vorgesetzten vereinbaren und sie über das aktuelle Geschehen informieren. Schon nach einem Monat teilte seine Vorgesetzte ihm mit, dass sie die monatlichen Meetings für ausreichend hielte und er künftig auf die wöchentlichen Berichte verzichten könnte. So gewann Lee schließlich das Vertrauen seiner Vorgesetzten und hatte endlich den Freiraum, den er sich wünschte.

Nachdem Marcia ihren Ganztagsjob als Ingenieurin aufgegeben hatte, war sie nicht länger Alleinverdienerin, sondern Hausfrau und Mutter von drei Kindern. Nach der Geburt ihres dritten Kindes hatte sie sich entschlossen, ihre Stellung zu kündigen und sich für ein paar Monate ausschließlich ihren Kindern zu widmen. Nach ihrem „Mutterurlaub" wollte sie dann den Schritt in die Selbstständigkeit wagen. Ihr Gehalt fehlte an allen Ecken und Enden und Marcia hatte ein schlechtes Gewissen, weil sie kein Geld mehr verdiente, sondern Geld ausgab. Zu allem Überfluss musste sie sich auch noch die Kommentare ihrer Mitmenschen anhören, z. B. „Du arbeitest doch jetzt nicht mehr, da hast du doch genug Zeit, um Kunden zu akquirieren." oder „Das ist doch bestimmt toll, sich den ganzen Tag nur um die Kinder zu kümmern, während dein Mann die Brötchen verdient." Ich erklärte ihr, dass sie auch hier eine Grenze ziehen müsse, sodass ihre Mitmenschen ihre Arbeit künftig nicht mehr abwerten konnten. Marcia beschloss, diesen Ratschlag sofort in die Tat umzusetzen. Am nächsten Tag begleitete ihr Mann sie zu einer Nachuntersuchung ins Krankenhaus. Als die Krankenschwester fragte, was sie beruflich machte, antwortete er: „Sie ist zu Hause." Marcia empfand diese Bemerkung als demütigend und erkannte, dass ihr Mann soeben eine Grenze überschritten hatte. Später sprach sie ihren Mann darauf an. Er versicherte ihr, dass er sie keinesfalls hatte verletzen wollen und er diese Antwort lediglich für die leichteste Lösung gehalten habe. Marcia bat ihn, künftig ihren Beruf mit Unternehmensberaterin anzugeben und ihre Büronummer zu hinterlassen, wozu ihr Mann sich gerne bereit erklärte.

Wenn Sie jemanden davon in Kenntnis setzen, dass er Ihre Grenzen überschritten hat, sollten Sie dem Betreffenden immer die Möglichkeit geben, die Angelegenheit zu klären. Wird dieser Punkt außer Acht gelassen, macht das den Erfolg dieses Kommunikationsmodells zunichte. Nehmen wir einmal das Beispiel von Marcia. Als ihr Mann erwiderte: „Entschuldige bitte. Ich wollte deine Leistung mit dieser Äußerung wirklich nicht abwerten.", hätte Sie antworten können: „Aber genau das hast du getan, du Fiesling!" Lachen Sie jetzt nicht – wir alle haben diesen Fehler schon einmal gemacht. Geben Sie dem anderen eine Chance. Entschuldigt sich der Betreffende nicht, können Sie ihn ruhig darum bitten. „Ich möchte, dass du dich dafür entschuldigst." Manchmal reicht eine Entschuldigung allein jedoch nicht aus. In diesem Fall sollten Sie von dem Betreffenden verlangen, dass er den Schaden wieder gutmacht. Wenn Ihnen z. B. jemand Rotwein über Ihr Lieblingskleid schüttet, können Sie ihn durchaus auffordern, die Reinigungskosten zu übernehmen. „Ich weiß deine Entschuldigung zu schätzen, möchte aber vorschlagen, dass du die Reinigung bezahlst."

Die meisten Menschen lassen Schritt 1 und 2 im Falle einer Konfrontation aus und gehen gleich zu Schritt 3 oder 4 über, wobei auch der neutrale Tonfall häufig auf der Strecke bleibt. Halten Sie sich einfach an die Fakten (Tipp 7).

Und jetzt die gute Nachricht: Wenn Sie diese Grenzen erst einmal gezogen haben, werden Ihre Mitmenschen gar nicht mehr auf die Idee kommen, sich abschätzig über Sie zu äußern. Viele befürchten, dass ihre Mitmenschen sich wegen ihrer Grenzen von ihnen abwenden könnten. Doch genau das Gegenteil ist der Fall. Sobald Sie klare Grenzen gesetzt haben, wird man Sie endlich nicht mehr wie einen Fußabtreter behandeln. Ihre Grenzen machen Sie zu einer starken Persönlichkeit und Ihre Mitmenschen werden Ihnen endlich Respekt entgegenbringen.

Als ich in die erste Klasse ging wurde ich regelmäßig von einem Jungen aus der fünften Klasse (für mich war dieser Junge ein Riese) schikaniert. Ich beklagte mich bei meinem Vater darüber. Mein Vater brachte mir daraufhin bei, wie ich meine Fäuste einzusetzen hatte. Als der Junge und seine Freunde mich wieder einmal belästigten, setzte ich mein neu erworbenes Wissen ein. Zu meiner eigenen Überraschung ging er direkt zu Boden. Als ihr Held mit blutiger Nase auf dem Boden lag, verschlug es seinen Freunden die Sprache. Ich hatte schreckliche Angst, dass er mich nun windelweich prügeln würde, und machte mich schnell aus dem Staub. Auch am nächsten Tag war mir noch ein wenig mulmig zumute. Doch zu meinem größten Erstaunen begrüßte er mich sogar und behandelte mich mit großem Respekt. Von diesem Tag an ließ er mich in Ruhe und wir wurden schließlich sogar Freunde. Ich hatte mir seinen Respekt verschafft. Dieses Beispiel zeigt deutlich, wie wichtig Grenzen für uns sind.

In manchen Fällen sind sich die Betreffenden durchaus bewusst, dass sie Sie vor den Kopf stoßen, Sie beleidigen oder ausnutzen. Und genau genommen wollen sie nichts weiter, als von Ihnen in ihre Schranken verwiesen zu werden. Sofern Sie nicht einschreiten, werten Sie nicht nur sich selbst ab, sondern auch den anderen. Welche persönlichen Grenzen möchten Sie setzen? Erstellen Sie eine Liste mit mindestens fünf Punkten.

Kapitel 7

Machen Sie den Mund auf

Selbstvertrauen ist die Basis für alle großen Unternehmungen.

Samuel Johnson

Dieser Tipp wird Ihnen helfen, Ihr Selbstvertrauen zu stärken. Energie, Selbstvertrauen und Erfolg sind eng miteinander verbunden. Zunächst einmal ist es wichtig, dass Sie sich all die kleinen Sticheleien und Ungerechtigkeiten nicht länger gefallen lassen. Ihnen ist jemand zu nahe getreten? Dann machen Sie den Mund auf. Vielleicht sind auch Sie der Meinung, das Leben sei einfacher, wenn Sie diese Kleinigkeiten einfach an sich abprallen lassen und sich Ihre Energie für die wirklich wichtigen Dinge aufsparen. Das ist jedoch ein Irrtum. Denn auf lange Sicht untergraben Sie dadurch Ihr Selbstvertrauen, und das ist ein zu hoher Preis. Wehren Sie sich – und zwar sofort! „Du hast übrigens das dreckige Geschirr nicht abgeräumt." Machen Sie bitte nicht den Fehler, den ich gemacht habe. Räumen Sie nicht hinter dem Betreffenden her. Reden Sie sich nicht ein, dass Ihnen das ja nichts ausmacht, weil Sie ja ein so netter Mensch sind.

Wirklich starke Persönlichkeiten lassen es nicht zu, dass andere sie respektlos behandeln. Wenn Ihr Arbeitskollege Ihre Fehler z. B. mit einem „So blöd kann man doch gar nicht sein!" kommentiert, dann nehmen Sie es nicht hin. Machen Sie ihm klar, dass er Sie beleidigt: „Ist dir eigentlich klar, dass mich Bemerkungen dieser Art verletzen?" Oder: „Autsch! Das tat weh." oder „Der Kommentar war überflüssig." Ganz egal ob es sich um Freunde, Familienmitglieder oder auch Fremde handelt – es kostet Sie nicht viel, diesen Sticheleien ein Ende zu bereiten. Und Sie werden sehen: Wenn Sie das Kommunikationsmodell (Tipp 6) regelmäßig anwenden, werden Sie feststellen, dass Ihre Mitmenschen Ihnen mehr Respekt entgegenbringen. Sie müssen auch nicht länger den Märtyrer spielen. Ihre Beziehungen leiden nicht länger unter Ihrem „Großmut" und Ihr Selbstvertrauen wächst.

Sobald Sie diese neue Grenze ziehen, werden Sie erkennen, wie sehr Sie unter den schnippischen Kommentaren anderer wirklich gelitten haben. Die meisten von uns haben gelernt, dass „nette" Menschen solche Bemerkungen ignorieren. Folglich haben wir auch nie gelernt, diese Probleme direkt anzusprechen. Aus diesem Grund wird Ihnen gerade in der Anfangsphase häufig erst zu spät auffallen, dass Sie wieder einmal eine kleine Beleidigung geschluckt haben. Eine meiner Klientinnen hatte folgendes Erlebnis: June hatte einen Tanzkurs belegt und tanzte zunächst mit einem sehr guten Tänzer, dessen Schritten sie problemlos folgen konnte. Kurz darauf wurde sie von einem anderen

Teilnehmer aufgefordert und beide mussten erkennen, dass sie noch einiges zu lernen hatte. Ihr Tanzpartner war ziemlich frustriert und verließ sie mit den Worten: „Du hast ja zwei linke Füße." June war so perplex, dass es ihr die Sprache verschlug. Erst später erkannte sie, dass sie ihn in seine Schranken hätte verweisen können. „Das war jetzt aber unhöflich." Mehr wäre dazu nicht nötig gewesen. Heute bringt sie solche Dinge sofort zur Sprache. Und schon kurz darauf berichtete sie mir, wie sie an ihrem Arbeitsplatz eine neue Grenze gesteckt hatte. Ihr Chef hatte seinen Sohn während seines Urlaubs mit der Leitung des Betriebs beauftragt. Der jedoch nutzte seine Position schamlos aus und ließ immer wieder abfällige Bemerkungen gegenüber den Angestellten fallen. June war so empört über dieses unverschämte Verhalten, dass sie den jungen Mann freundlich, aber bestimmt zur Rede stellte. Sie forderte ihn auf, künftig Anspielungen, in denen er sie bezichtigte, Geld aus der Kasse zu stehlen, zu unterlassen, und bat ihn, ihr zu erklären, warum er sie in dieser Form beschuldigte. Er erklärte ihr, dass die Bemerkung nicht ernst gemeint war, und die Sache war aus der Welt. June hatte den stellvertretenden Chef in seine Schranken verwiesen und sie war stolz auf ihre prompte Reaktion.

Auch Sie werden von Zeit zu Zeit Ihren Einsatz verpassen. Sobald Sie erkennen, dass jemand Sie mit einer Bemerkung verletzt oder verärgert hat, sollten Sie ihn darauf ansprechen. Das ist auch im Nachhinein möglich: „Ist dir eigentlich klar, dass deine Bemerkung gestern ziemlich unhöflich war? Mir geht das einfach nicht aus dem Kopf. Ich möchte, dass du dich dafür entschuldigst." Viele Menschen lassen die Angelegenheit lieber auf sich beruhen. Wenn Sie die Sache wirklich vergessen können, dann können Sie getrost darüber hinwegsehen. Aber achten Sie darauf, dass Sie den Ärger nicht jahrelang mit sich herumschleppen. Die Tatsache, dass June sich auch heute noch an den Vorfall in der Tanzschule erinnert, zeigt deutlich, dass diese Bemerkung sie verletzt hatte. Ich bin der Meinung, dass sie sich gar nicht mehr an den Vorfall erinnern könnte, wenn sie diesen Kerl sofort zurechtgewiesen hätte. Was für eine Energieverschwendung! Gehen Sie lieber auf Nummer sicher. Schlucken Sie Ihren Ärger nicht länger hinunter.

Wenn Sie sich z. B. noch an eine Bemerkung Ihrer Cousine erinnern können, die bereits fünfzehn Jahre zurückliegt, dann sprechen Sie sie darauf an. Das ist immer noch besser, als sich weitere fünfzehn Jahre darüber zu ärgern. Sofern Sie sich noch an eine Beleidigung eines anderen erinnern können, haben Sie dem Betreffenden auch nicht verziehen. Schaffen Sie die Sache aus der Welt. Rufen Sie denjenigen an und erklären Sie ihm, dass Sie diese Angelegenheit endlich aus der Welt schaffen möchten. Bleiben Sie dabei objektiv. Der andere hat so die Möglichkeit, die Angelegenheit aus seiner Sicht zu schildern, sofern er sich überhaupt noch an den Vorfall erinnert. Und glauben Sie mir, in den meisten Fällen entschuldigen sich die Betreffenden. Vielleicht geht der andere aber auch in die Defensive, was häufig darauf zurückzuführen ist, dass Sie nicht wirklich objektiv waren. Letztendlich spielt das aber auch gar keine Rolle. Wichtig ist, dass Sie diesen Punkt, der all die Jahre an Ihnen nagte, endlich angesprochen und den anderen um Entschuldigung bzw. Wiedergutmachung gebeten haben. Denn erst dann können Sie dem Betreffenden verzeihen.

James konnte z. B. nicht vergessen, dass sein Chef und seine Kollegen ihm nicht ermöglicht hatten, eine Reise mit seiner Verlobten anzutreten. Sie hatte ihm eine zweiwöchige Reise nach Israel geschenkt, da sie ihm ihre Familie vorstellen wollte. Doch leider hatte sie es versäumt, den Termin mit seinem Arbeitgeber abzusprechen. Und zu dem geplanten Reisetermin hatte schon einer von James' Kollegen Urlaub beantragt. James erklärte ihm die Situation. Seinem Kollegen tat es zwar sehr Leid, aber er konnte und wollte seine Urlaubspläne nicht ändern. Auch die anderen waren nicht bereit, ihren Urlaub zu verlegen, sodass James seine Israelreise schließlich absagen musste. Auch drei Jahre nach diesem Vorfall nahm er seinen ehemaligen Kollegen (er war mittlerweile befördert worden und arbeitete in einer anderen Abteilung) ihr Verhalten noch übel. Ich forderte ihn auf, sie anzurufen, das Thema noch einmal zur Sprache zu bringen und sie zu fragen, warum sie ihre Urlaubspläne damals nicht geändert hatten. James sträubte sich dagegen, da diese Anrufe seiner Meinung nach zu nichts führen würden. Ich forderte ihn jedoch auf, es zumindest zu versuchen. Also rief er eine seiner ehemaligen Kolleginnen an und erklärte ihr, dass er etwas mit ihr klären müsse. James stellte den Sachverhalt noch einmal dar und fragte sie dann, warum sie ihren Urlaub damals nicht verschoben hatte. Es stellte sich heraus, dass sie nicht gewusst hatte, wie wichtig dieser Urlaub für ihn war. Und zu dem betreffenden Zeitpunkt standen ihre Urlaubspläne, die sie später allerdings doch noch geändert hatte, tatsächlich fest. James erkannte, dass er sich die ganze Zeit umsonst geärgert und somit unnötige Energie vergeudet hatte. Dieser Anruf führte ihm vor Augen, dass er die ganze Angelegenheit völlig zu Unrecht persönlich genommen hatte. Ein einziges Gespräch reichte aus, um die Sache endlich aus der Welt zu schaffen.

An dieser Stelle stellen meine Klienten mir immer wieder dieselbe Frage: „Halten die anderen mich dann nicht für überempfindlich?" Das ist schon möglich. Erklären Sie ihnen einfach, dass Sie empfindlich sind und künftig mit mehr Respekt behandelt werden wollen. Sensibilität ist doch keine Schande. Sensible Menschen sind sogar in der Lage, die unterschwelligen Gedanken und Gefühle anderer zu erkennen. Je sensibler Sie sind, desto deutlichere Grenzen benötigen Sie. Zögern Sie nicht und stecken Sie klare Grenzen ab (Tipp 5).

Einige meiner Klienten verwechseln Grenzen allerdings mit Mauern. Durch eine Grenze definieren Sie lediglich, was Sie sich von Ihren Mitmenschen gefallen lassen und was nicht, Sie hindern andere jedoch nicht daran, sich Ihnen zu nähern. Wenn Sie keine Grenzen setzen, besteht die Gefahr, dass andere Sie verletzen und Sie zum Schutz Mauern errichten müssen. Sobald Sie über solide Grenzen verfügen, werden Sie sich sicherer fühlen. Sie können sich den Menschen, die Ihre Grenzen respektieren, öffnen. Aber bedenken Sie bitte, dass einige Menschen nicht bereit sein werden, Ihre Grenzen zu respektieren. In diesem Fall sollten Sie den Kontakt zu den Betreffenden abbrechen. Vielleicht müssen Sie sogar Beziehungen beenden oder den Job wechseln.

Wenn Sie die Dinge, die Sie ärgern, deutlich und möglichst direkt zur Sprache bringen, können Sie künftig auch auf „Jammern und Wehklagen" verzichten. Nach einiger Zeit werden Ihre Mitmenschen sich Ihrer Grenzen bewusst und werden sie automatisch respektieren. Denken Sie nur einmal an die Menschen, die Ihnen und anderen schon allein durch ihre Anwesenheit Respekt einflößen. Und dann gibt es diejenigen, die einfach nicht ernst genommen werden. Was sie von den Autoritätspersonen unterscheidet, sind ihre fehlenden Grenzen. Wenn Sie sich all die kleinen Sticheleien gefallen lassen, besteht die Gefahr, dass der ganze Ärger schließlich aus Ihnen herausbricht und Sie die Fassung und somit Ihr Gesicht verlieren. Also bringen Sie diese Angelegenheiten freundlich, aber bestimmt sofort zur Sprache und Ihre Mitmenschen werden Sie respektieren.

Zu meiner Zeit als Bankangestellte arbeitete ich in einer Filiale, deren Kundschaft für ihre Unhöflichkeit berüchtigt war. Im Rahmen eines Managertrainings lernte ich, dass die Kunden zunächst „Dampf ablassen" müssten, bevor ich ihnen helfen konnte. Da ich diese Filiale leitete, landeten bei mir grundsätzlich die Kunden, mit denen das Bankpersonal überfordert war. Folglich verbrachte ich einen Großteil meiner Arbeitszeit damit, mir die Schimpfkanonaden anzuhören. Schließlich beschloss ich, auch in der Bank Grenzen zu setzen. Schon am nächsten Tag erschien ein leicht angetrunkener Kunde, der die Angestellten aufs Übelste beschimpfte. Sein Gezeter war bis in mein Büro zu hören. Also ging ich in die Schalterhalle, um mein neu erworbenes Wissen in die Tat umzusetzen. Als er mich sah, teilte er auch mir lautstark seinen Unmut mit. Ich erwiderte mit vollkommen neutraler Stimme: „Ist Ihnen eigentlich bewusst, dass Sie mich anschreien?" Er erwiderte, immer noch mit erhobener Stimme: „Ich rege mich ja nicht über Sie auf, sondern über die Bank." Worauf ich entgegnete: „Sie schreien mich aber trotzdem an. Ich möchte Sie bitten, Ihren Tonfall zu dämpfen." (Ich war also mittlerweile schon bei Schritt 2 – der Bitte.) Er kam augenblicklich auf den Boden der Tatsachen zurück, murmelte sich etwas Unverständliches in den Bart und löste seinen Scheck bei einem der Kassierer ein. Daraufhin ging er zum Informationsschalter und entschuldigte sich bei den Angestellten. Und zu meinem größten Erstaunen entschuldigte er sich auch bei mir. Die Sache mit den Grenzen funktionierte also auch in der Bank – und das sogar äußerst effektiv. Das eigentliche Problem wurde gelöst und der Kunde war zufrieden. Dieser Kunde würde in unserer Filiale nicht mehr herumschreien. Hätte ich es zugelassen, dass er zunächst Dampf ablässt, wäre er sicherlich unzufrieden geblieben und hätte auch künftig wieder „herumrandaliert". Für mich war das ein Schlüsselerlebnis. Ich weihte die Angestellten in die Geheimnisse des 4-Schritte-Kommunikationsmodells und des neutralen Tonfalls ein und forderte sie auf, diese Methode künftig ebenfalls anzuwenden. Und schon nach wenigen Wochen herrschte in der Bank eine völlig andere Atmosphäre. Die Kunden verhielten sich ruhig und höflich, so als wären sie in einer Bücherei – niemand brüllte mehr herum. Die Angestellten waren jetzt nicht nur für den Umgang mit unhöflichen Kunden gewappnet, sondern zuckten auch nicht mehr bei jedem Kunden aus Angst vor einer weiteren Schimpfkanonade zusammen. Diese einfach anzuwendende Methode ist wirklich außerordentlich effektiv und hat schon zahlreichen Organisationen geholfen, u. a. auch Krankenhäusern, die über Probleme im Umgang mit unzufriedenen Patienten klagten, oder Jurafakultäten, die den Studenten klarmachen mussten, dass sie unmöglich allen Absolventen einen Job anbieten konnten. Probieren Sie es aus und schauen Sie, was passiert.

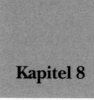

Kapitel 8

Stellen Sie höhere Ansprüche an sich selbst

Das Leben ist ein Entwicklungsprozess, eine Kombination verschiedener Phasen, die wir durchlaufen müssen. Wenn wir uns entscheiden, in einem dieser Stadien zu verharren, haben wir versagt und uns für einen kleinen Tod entschieden.

Anaïs Nin

Das Gegenstück zu unseren Grenzen sind unsere Ansprüche an uns selbst – die Verhaltensmuster, die wir befolgen. Es nützt Ihnen leider gar nichts, wenn Sie nicht wollen, dass andere sich abfällig über Sie äußern, Sie sich aber nicht scheuen, Ihre Mitmenschen vor den Kopf zu stoßen. Wenn Sie Grenzen ziehen, erhöhen Sie gleichzeitig Ihre Ansprüche an sich selbst. Sie können selbst entscheiden, in welchem Lebensbereich Sie höhere Ansprüche an sich selbst stellen wollen. Sie können sich z. B. vornehmen, nicht mehr zu lügen, nur noch konstruktive Kritik zu üben, sich gesund zu ernähren, niemals wieder zu schreien, immer pünktlich zu sein oder nur noch Ihre Meinung zu sagen, wenn Sie dazu aufgefordert werden. Konzentrieren Sie sich auf Ansprüche, denen Sie auch gerecht werden können. Vergessen Sie auch hier die „Solltes". Machen Sie eine Liste von all den Menschen, die Sie bewundern. Notieren Sie die Eigenschaften, die Sie an ihnen bewundern, und die Ansprüche, die diese Menschen an sich selbst stellen. Und dann machen Sie eine Liste von den Ansprüchen an sich selbst, denen Sie künftig gerecht werden wollen.

Paul, ein viel beschäftigter Verlagschef, kam grundsätzlich zu spät. Nicht einmal zu den Meetings mit seinen Mitarbeitern erschien er pünktlich. Seine Freunde hatten sich schon an seine permanente Unpünktlichkeit gewöhnt. Durch Unpünktlichkeit vermitteln Sie Ihren Mitmenschen allerdings nicht den Eindruck, Sie seien viel beschäftigt und erfolgreich. Wenn andere auf Sie warten müssen, kontrollieren Sie die Betreffenden sogar. Und genau das traf auf Paul zu. Er ließ die anderen warten, weil er so das Gefühl hatte, alles unter Kontrolle zu haben – eine ziemlich unschöne Angewohnheit. Ich forderte Paul auf, ab sofort bei allen Verabredungen und Meetings pünktlich zu erscheinen. Als er das erste Mal pünktlich zu seiner Mitarbeiterbesprechung erschien, waren seine Angestellten, die ohne Ausnahme mit Verspätung eintrudelten, überrascht, ihn anzutreffen. Es fiel sogar die eine oder andere spöttische Bemerkung. Es dauerte zwar einige Zeit, bis die Menschen in seiner Umgebung sich an seine Pünktlichkeit gewöhnten, aber seitdem begegnen sie ihm mit mehr Respekt.

Die Ansprüche an sich selbst spielen auch im Privatleben eine bedeutende Rolle. Margo, eine äußerst attraktive Frau, beklagte sich bei mir darüber, dass sie von Männern schlecht behandelt wurde – allen voran ihr Exfreund, der sie anrief und zu einem Videoabend einlud. Er sprach es zwar nicht aus, aber eigentlich wollte er Sex. Da sie nichts anderes vorhatte, nahm sie seine Einladung an. Am nächsten Tag fühlte sie sich schrecklich – benutzt, billig, wertlos. Ich erklärte ihr, dass dies nicht der Fall war. Margo war eine attraktive, sympathische und liebenswerte Blondine. Ihr Problem lag einzig und allein in ihren geringen Ansprüchen an sich selbst. Als ihr Exfreund das nächste Mal anrief, lehnte sie die Einladung ab und fügte scherzhaft hinzu: „Nein, danke. Ich stelle gewisse Ansprüche." Und in den kommenden Wochen lernte sie immer mehr Männer kennen, die sie respektvoll und höflich behandelten. Sie hatte ihre Ansprüche angehoben und sich vorgenommen: „Ich treffe mich nur noch mit Menschen, die mich gut behandeln." Mehr war gar nicht nötig.

Kapitel 9

Alles hat auch seine guten Seiten

Ich habe all meine persönlichen Feinde verloren. Sie sind alle gestorben.
Ich vermisse sie sehr, denn sie haben mir geholfen, mich selbst zu definieren.

Clare Boothe Luce

Eine positive Lebenseinstellung setzt voraus, dass wir dazu in der Lage sind, auch hinter schlechten Erfahrungen das Gute zu sehen. Wir können die schönen Dinge im Leben nur dann genießen, wenn wir auch ihr Gegenteil kennen. Denken Sie nur einmal an das Glück. Wenn Sie niemals unglücklich wären, wüssten Sie dann überhaupt, wie wunderbar es ist, glücklich zu sein? Sie können sich nicht für das Glück entscheiden, wenn Sie das Unglück nicht kennen. Eine meiner Kolleginnen sagt immer: „Ein Unglück widerfährt uns nicht einfach so. Wir ziehen es an, um daraus zu lernen."

Im Alter von fünf Jahren litt ich häufig an Ohrenschmerzen und musste regelmäßig das Bett hüten. Da ich ein ziemlicher Wildfang war, empfand ich die Bettruhe als Hölle auf Erden. Ich hasste es, im Bett zu liegen, und hatte starke Schmerzen. Ich erinnere mich noch daran, wie ich mir nichts sehnlicher wünschte, als draußen zu spielen. Eines Tages erkannte ich, dass die Tage im Bett auch ihre gute Seite hatten. Wenn ich nicht gezwungen gewesen wäre, krank im Bett zu liegen, hätte ich nie erfahren, wie schön es ist, gesund zu sein. Dieser Rückschluss lässt sich auf alle Lebenssituationen übertragen. Würde immer die Sonne scheinen, wäre Sonnenschein eine Selbstverständlichkeit. Erst der Regen zeigt uns, wie herrlich die sonnigen Tage doch sind. So lässt sich schließlich jeder Situation etwas Gutes abgewinnen. Wir müssen erst krank werden, um die Gesundheit schätzen zu lernen. Glück ist erst dann etwas Besonderes, wenn wir das Unglück kennen. Ohne Ärger keine Freude. Nachdem ich diese Lektion im Alter von fünf Jahren gelernt hatte, setzte ich voraus, dass alle Menschen sich dieser Tatsache bewusst waren. Ich musste jedoch feststellen, dass dies nicht der Fall ist. Eine positive Lebenseinstellung hat aber zahlreiche Vorteile:

- Anstatt sich zu beklagen können Sie das Beste aus Ihrer Situation machen.
- Sie können sich aus unangenehmen Situationen befreien, da Sie sich nicht gegen die Umstände wehren. Alles, gegen das Sie ankämpfen, dauert an.
- Sie können Ihre Gefühle intensiver wahrnehmen und ausleben. Wenn Sie traurig sind, sind Sie wirklich traurig. Wenn Sie wütend sind, dann aber richtig. Und wenn Sie glücklich sind, können Sie dieses Glück aus vollen Zügen genießen.
- Sie müssen das Geschehene nicht länger beurteilen. Das Leben ist so, wie es ist. Die Dinge geschehen eben. Was immer auch passiert, Sie können daraus etwas lernen. Das Leben ist eine wunderbare Erfahrung. In einer Welt ohne Krankheit wüsste niemand, wie wertvoll Gesundheit ist. Vielleicht müssen Sie ja schlechte Erfahrungen machen, um die schönen Seiten des Lebens schätzen zu lernen.

Optimisten sind nicht nur glücklicher, sondern auch erfolgreicher. Also geben Sie dem Optimismus eine Chance! Versuchen Sie hinter all den unangenehmen Dingen auch die guten Seiten zu erkennen. Betrachten Sie es einfach als Herausforderung.

Im *Wall Street Journal* habe ich kürzlich einen interessanten Artikel über die Flutkatastrophe von 1993 am Missouri gelesen. Der Titel lautete: „Der Wendepunkt: Flutkatastrophe führte zu Wirtschaftsaufschwung am Missouri. Unternehmer in Chesterfield nutzten die Verwüstungen als Chance für Expansionen." Die Stadt wurde durch das Hochwasser des Missouri fast völlig zerstört. Einige Einwohner versuchten zwar ihre Geschäfte zu retten, doch ohne Erfolg. Einer von ihnen war auch Herr Hoffman, der vergeblich sein Hab und Gut in Sicherheit zu bringen suchte, bis die Flut ihn zwang, durch ein Fenster im zweiten Stock seines Firmengebäudes vor den Wassermassen zu flüchten. Das Unternehmen erlitt einen Verlust von 33 Millionen Dollar, wovon die Versicherung nur ein Drittel übernahm. Neben Chesterfield waren auch weitere Teile des Mittelwestens betroffen. Die Überschwemmungen verursachten so immense Schäden, dass ein Drittel der in diesem Landesteil ansässigen Unternehmer abwanderte. Drei Jahre später berichteten die Geschäftsleute, die einen Neuanfang gewagt hatten, dass die Umsätze gerade wegen der Flut stiegen. „Die Überschwemmung war das Beste, was uns passieren konnte", erklärte auch Herr Hoffman, dessen Belegschaft mittlerweile von 125 Mitarbeitern auf 350 angewachsen ist.

Auch wenn Naturkatastrophen viele Opfer fordern, so zeigt das Beispiel Chesterfield, was geschehen kann, wenn Unternehmer ein solches Ereignis als Herausforderung und nicht als tragisches Ende ihrer Betriebe betrachten. Bei einigen Unternehmen führten die Aufbauarbeiten zu einem besseren Zusammenhalt unter den Mitarbeitern, während die weniger engagierten Angestellten das sinkende Schiff verließen. Andere Unternehmen gewannen durch die Tatsache, dass sie diese Krise gemeistert hatten, neues Selbstvertrauen, was sie wiederum zur Expansion veranlasste oder die Kunden so stark beeindruckte, dass sie ihnen größere Aufträge zukommen ließen. Im Rahmen der Aufbauarbeiten wurde so manches Unternehmen umstrukturiert. Andere Unternehmer investierten in moderne Ausrüstungen oder aber machten endlich die Investitionen, die sie immer wieder auf die lange Bank geschoben hatten. Dieses Beispiel zeigt deutlich, dass selbst große Katastrophen auch ihre guten Seiten haben. Ausschlaggebend ist allein die richtige Einstellung.

Kapitel 10

Gönnen Sie sich täglich eine Freude

Das Leben ist nicht nur eitel Sonnenschein. Aber eitel Sonnenschein sollte einen wichtigen Teil der Ausbildung eines jeden englischen Gentleman ausmachen.

Thomas Hughes,
Tom Brown's School Days

Wenn wir uns nicht täglich auf etwas freuen können, erscheint uns unser Leben schnell grau und trostlos. Der lang ersehnte Jahresurlaub allein reicht einfach nicht aus, jedenfalls nicht, wenn Sie wirklich erfolgreich sein wollen. Denn Erfolg bedeutet Überfluss. Sie müssen über eine regelrechte Schatzkammer an Dingen verfügen, auf die Sie sich freuen können. Das Minimum ist eine Freude täglich. Und denken Sie immer daran, dass auch Kleinigkeiten große Freude bereiten können.

Hier ein paar Anregungen: Gönnen Sie sich eine halbe Stunde Zeit für sich allein. Machen Sie einen Spaziergang mit Ihrem Partner. Kaufen Sie sich einen schönen Blumenstrauß. Veranstalten Sie eine Radtour. Laden Sie Ihre Freunde zu einem gemütlichen Videoabend ein. Nehmen Sie ein Schaumbad. Stoßen Sie mit einem Glas Champagner auf den Sonnenuntergang an. Basteln Sie an Ihrem Auto herum. Führen Sie Tagebuch. Bringen Sie Ihren Arbeitskollegen Pralinen mit. Spielen Sie eine Runde Golf. Rufen Sie einen alten Freund an. Laden Sie Ihren Assistenten zum Mittagessen ein. Laden Sie Ihren Chef zum Essen ein. Drehen Sie eine Runde auf Ihrer Harley. Kaufen Sie sich eine Zeitschrift, die Sie noch nicht kennen. Gönnen Sie sich Ihr Lieblingsgericht. Laden Sie einen Arbeitskollegen zu sich nach Hause ein. Gehen Sie in die Oper, ins Kino oder in ein Konzert. Gönnen Sie sich in der Mittagspause eine Maniküre. Nehmen Sie sich eine Putzfrau. Besuchen Sie den neuen Italiener.

Gönnen Sie sich täglich eine kleine Freude. Falls nötig, tragen Sie sie in Ihren Kalender ein. Wichtig ist, dass Sie sich jeden Tag auf etwas freuen können. Auf diese Weise erhalten auch die unangenehmen Tage einen kleinen Farbtupfer und Sie müssen nicht den ganzen Tag lang Trübsal blasen. Es gibt so viele schöne Dinge im Leben!

In manchen Fällen macht aber auch ein einziger, heiß ersehnter Wunsch den Unterschied. Byron, ein sechsundfünfzigjähriger Unternehmer, hatte den ganzen Tag über so viel zu tun, dass er einfach keine Zeit für sich und die kleinen Freuden des Lebens fand. Schließlich wurde er depressiv und suchte einen Psychiater auf. Ich erklärte ihm, dass er unbedingt einen Plan entwerfen müsste, der sein Leben wieder lebenswert machte. Byron war in diesem Punkt jedoch nicht besonders optimistisch. Doch schließlich entdeckte er wie durch ein Wunder ein Haus in den Bergen, in das er sich augenblicklich verliebte. Das Haus inspirierte ihn. Byron war überzeugt, dass er hier in den Bergen ein Buch schreiben könnte. Er kaufte das Haus und seine Einstellung zum Leben änderte sich grundlegend. Endlich hatte er ein Ziel, das sein Leben lebenswert machte. Byron hat auch heute noch mit vielen Problemen zu kämpfen. Aber jetzt, da er weiß, dass er sich jederzeit in sein Haus zurückziehen kann, kann er besser damit umgehen. Byron ist zwar ein besonders schwerer Fall, sein Beispiel zeigt jedoch deutlich, wie wichtig es ist, dass wir uns auf etwas freuen können.

Marjorie hingegen führte ein Leben, um das sie so mancher beneidete. Sie wohnte mit ihrem Partner in einer wunderschönen Wohnung. Sie hatte sich in ihrem Beruf, den sie sehr liebte, selbstständig gemacht und sie besuchte verschiedene Kurse, die sie sehr interessierten. Aber morgens kam sie einfach nicht aus dem Bett. Ich schlug ihr vor, ein Konzept für ihren idealen Morgen zu erstellen. Sie wollte um 8.00 Uhr aufstehen und dann zwanzig Minuten meditieren. Danach wollte sie zwanzig Minuten spazieren gehen, duschen, gemütlich frühstücken und dabei ihren Tagesablauf planen. Sie erkannte, dass sie morgens viel Zeit für sich brauchte, um ihre Gedanken zu ordnen und ihren Tagesablauf zu planen. Darüber hinaus stellte sie fest, dass sie alle Elemente ihres idealen Morgens in ihren Alltag integrieren konnte. Mittlerweile steht Marjorie gerne auf, weil sie sich auf ihren idealen Morgen freut.

Wie sieht Ihr idealer Morgen aus? Und was ist mit Ihrem idealen Abend? Wie würde Ihr Leben aussehen, wenn Sie jeden Tag mit Ihrem idealen Morgen beginnen und mit Ihrem idealen Abend ausklingen lassen würden? Integrieren Sie möglichst viele Elemente Ihres idealen Lebens in Ihren Alltag und Sie werden feststellen, dass Sie sich zufriedener und dynamischer fühlen. Nehmen Sie sich jetzt einige Minuten Zeit und schreiben Sie auf, wie Ihr idealer Tag aussehen sollte. Lassen Sie nichts aus. Und denken Sie daran: Sie sollen Ihren *idealen Tag* entwerfen, also schränken Sie sich nicht ein. (An meinem idealen Morgen klopft z. B. ein Zimmermädchen vorsichtig an die Tür und bringt mir frische Croissants, Obst und eine Kanne mit dampfendem Tee. Realität ist das allerdings nicht – noch nicht!)

Teil II

Schaffen Sie Ordnung

Raum kennt keine Grenzen. Und aus diesem Grund glauben wir auch, dass Raum keine Grenzen kennt.

Dan Quayle (für seine missglückten Formulierungen berüchtigter ehemaliger Vizepräsident der USA [Anm. d. Übers.])

In Teil I haben Sie gelernt, Ihre Energielöcher zu stopfen und sich zusätzliche Energiequellen zu erschließen. Jetzt ist es an der Zeit, dass Sie sich den Raum schaffen, den Sie benötigen. Je mehr Erfolg Sie haben, desto mehr Dinge werden in Ihr Leben treten. Also schaffen Sie Platz. Als ein viel beschäftigter Manager mir erklärte, dass er sich sehnlichst eine Frau an seiner Seite wünschte, fragte ich ihn, wann er sich denn um diese Frau kümmern wolle – sein Terminplan ließ einfach keinen Raum dafür.

Wenn Sie sich eine neue Beziehung wünschen, müssen Sie sich zunächst vielleicht aus einer bestehenden Beziehung lösen. Wenn Sie sich neue Kunden wünschen, ist es höchste Zeit, dass Sie alte Geschäftsunterlagen aussortieren. Wenn Sie sich neue Kleidung wünschen, müssen Sie erst einmal Ihren Kleiderschrank aussortieren. Sie wünschen sich etwas Neues? Dann schaffen Sie Platz. Wovon Sie sich zu diesem Zweck trennen, spielt keine Rolle. Wenn Sie sich neue Kunden wünschen, können Sie auch Ihre Garage entrümpeln. Haben Sie schon einmal darauf geachtet, wie gut Sie sich fühlen, nachdem Sie Ordnung in Ihren Schränken geschaffen haben? Das ist kein Hokuspokus. Ganz im Gegenteil, diese einfache Grundregel basiert auf den physikalischen Gesetzen: Die Natur füllt jedes Vakuum wieder auf. Schaffen Sie ein Vakuum, und das Universum wird es umgehend ausfüllen.

Kapitel 11

Bringen Sie Ordnung in Ihr Leben

Die einzige Freude, die uns unser Besitz wirklich bietet – egal ob es sich dabei um Schmuck, Nippes, Bücher, Schachfiguren oder auch Briefmarken handelt –, liegt einzig und allein darin, dass wir unsere Besitztümer anderen Menschen vorführen können, denen sie eigentlich gar nicht so wichtig sind.

Agnes Repplier

Sie wünschen sich, dass etwas Neues, Wunderbares in Ihr Leben tritt? Ein neuer Job, ein neuer Freund, eine Chance? Eine Partnerschaft? Dann schaffen Sie den erforderlichen Platz. Wenn Sie beruflich nicht weiterkommen, räumen Sie Ihren Arbeitsplatz auf. Sortieren Sie alte Memos, Berichte und Artikel aus. Stellen Sie sich einfach vor, Sie wären befördert worden und müssten in ein neues Büro umsiedeln. Als eine meiner ehemaligen Kolleginnen bei der Bank versetzt wurde, beobachtete ich mit Erstaunen, dass sie lediglich mit einem einzigen Ordner umzog. Ich fragte sie, wieso sie nur einen Ordner mitnahm, und sie erwiderte, dass die neue Abteilung ihr alle erforderlichen Informationen zur Verfügung stellen würde. Natürlich hatte sie vollkommen Recht, doch die meisten Menschen packen in einem solchen Fall Unmengen von Ordnern, Akten, Memos und persönlichen Gegenständen zusammen, die sie voraussichtlich niemals benötigen werden. Nehmen Sie sich jede Woche eine Stunde Zeit und sortieren Sie alle unnötigen Papiere aus. Sie werden sich wundern, wie viel Papierkram Sie angehäuft haben. Wenn Sie dann befördert werden, sind Sie bereit.

Sobald Sie Ordnung in Ihrem Büro geschaffen haben, nehmen Sie sich Ihre Wohnung vor. Ihre eigenen vier Wände sollten Ihnen heilig sein. Hier wollen Sie sich schließlich die wohlverdiente Ruhe und Entspannung gönnen und neue Energie tanken. In einem chaotischen Haushalt ist das unmöglich. Wenn Sie, wie ich, an dem „Hamster-Syndrom" leiden, sollten Sie daran arbeiten. Am besten stellen Sie sich die Frage: „Habe ich das in den letzten sechs Monaten benutzt?" Lautet die Antwort „Nein" und handelt es sich nicht um einen Saisonartikel wie z. B. Christbaumschmuck, dann trennen Sie sich davon. Am besten lassen Sie sich dabei von einem guten Freund unterstützen, der Ihnen die Trennung durch entsprechende Kommentare erleichtern kann. „Die Handtasche passt aber wirklich nicht mehr zu deinem Stil." oder „Was meinst du eigentlich, wie viele Kosmetiktaschen du brauchst?" oder „Ich wusste gar nicht, dass du Tennis spielst. Wann hast du den Schläger denn zum letzten Mal benutzt?" Schaffen Sie alles möglichst schnell aus dem Haus. Wenn Sie die Sachen im Keller deponieren, besteht die Gefahr, dass Sie sich nachts hinunterschleichen und die eine oder andere Kleinigkeit wieder aus den Kisten holen. Ich habe im Rahmen einer solchen Aufräumaktion einmal meine alten Liebesbriefe ausgemistet und bin noch in derselben Nacht zum Mülleimer geschlichen, um sie vor der Müllabfuhr zu retten. Ich bin eben ein bisschen sentimental. Sofern Sie sich von bestimmten Dingen absolut nicht trennen können, machen Sie es wie einer meiner Klienten und legen Sie sich einen „Erste-Hilfe-Kasten" zu. In diesem Kästchen können Sie dann all die Dinge aufbewahren, die Ihnen besonders viel bedeuten. Immer wenn Sie sich besonders erschöpft oder niedergeschlagen fühlen, nehmen Sie den Kasten zur Hand und schöpfen Sie daraus neue Energie. (Alte Liebesbriefe können Sie z. B. daran erinnern, dass Sie liebenswert sind und geliebt wurden.) Wenn Sie nicht wissen, wo Sie mit den Aufräumarbeiten beginnen sollen, fangen Sie einfach in der linken Ecke Ihres Schlafzimmers an und arbeiten Sie sich dann Raum für Raum weiter vor. So eine Entrümpelungsaktion hat eine große therapeutische Wirkung und verleiht Ihnen ungeheure Energie. Aus diesem Grund wollen wir mit dem Coaching auch hier beginnen, sodass Sie Ihre frisch gewonnene Energie zur Verwirklichung Ihrer wahren Ziele einsetzen können.

Wenn etwas in Ihr Leben tritt, das Sie eigentlich nicht wollen, lehnen Sie einfach dankend ab. Seien Sie vorsichtig, wenn Freunde oder Verwandte bei Ihnen etwas einlagern wollen. Setzen Sie eine Frist und überlegen Sie sich schon im Vorfeld, was aus den Sachen werden soll, falls sie nicht zum vereinbarten Termin abgeholt werden.

Schaffen Sie Platz und immer mehr schöne Dinge werden in Ihr Leben treten. Machen Sie ein Ritual daraus. Packen Sie Kleidungsstücke zusammen, die Ihnen nicht mehr gefallen oder passen, und geben Sie sie in die Altkleidersammlung. Wenn Sie diese Tasche abgeben, sagen Sie feierlich: „Ich trenne mich vom Alten, um Platz für Neues, Besseres in meinem Leben zu schaffen." Das hört sich vielleicht komisch an, doch jedes Mal, wenn ich gründlich aufräume, habe ich kurz darauf einen neuen Klienten. Sobald Sie sich von Ihren alten Besitztümern trennen, setzen Sie Energie frei und schaffen auf diese Weise Raum für Neues.

Kapitel 12

Halten Sie Ordnung

Unordnung hat tief greifende Auswirkungen auf Ihr Leben – unterschätzen Sie sie nicht.

Karen Kingston, *Heilige Orte erschaffen mit Feng Shui*

Wenn auch Sie zu den notorischen Sammlern gehören, dann können Sie weder Ihre Wohnung noch Ihr Büro in ein oder zwei Tagen ausmisten. Stellen Sie sich immer wieder die Frage: „Habe ich irgendetwas in meiner Wohnung, das ich nicht wirklich brauche?" Sie werden sich wundern, was ein einzelner Mensch in ein paar Jahren ansammeln kann. Aber bleiben Sie realistisch. Von heute auf morgen geht das nicht. Ordnung schaffen ist keine einmalige Angelegenheit, sondern ein fortlaufender Prozess. Und mit der nötigen Übung geht es irgendwann wie von selbst. Sobald Sie sich bei dem Gedanken „Das kann ich bestimmt später einmal gebrauchen ..." oder „Das erinnert mich an jemanden, der mir sehr viel bedeutet." ertappen, läuten bei Ihnen augenblicklich die Alarmglocken und Ihnen wird klar, dass der betreffende Gegenstand in den Müll gehört.

Irgendwann werden diese Aufräumarbeiten zur Selbstverständlichkeit. Wenn Sie erst einmal erkannt haben, dass Sie ohne Ihre „Schätze" leben können, können Sie auch einen zweiten und dritten Durchgang starten. Ed trennte sich im ersten Durchgang von allen Gegenständen, die er seit einem Jahr nicht mehr benutzt hatte. Danach sortierte er alles aus, was er seit sechs Monaten nicht mehr benutzt hatte. Schließlich schenkte er seiner Schwester den Grill und die Küchenmaschine, die er aus Platzgründen im Küchenschrank verstaut hatte. Im Rahmen seiner Aufräumarbeiten lernte er schließlich, den Raum mehr zu schätzen als seinen Besitz, der ja seinen Platz in Anspruch nahm.

Dies war der Wendepunkt in seinem Leben. In seinen Ordnern war endlich wieder Platz. Wenn er etwas suchte, hatte er es innerhalb weniger Minuten gefunden und musste sich nicht mehr stundenlang durch Ordner und überfüllte Schubladen kämpfen. In seiner Wohnung konnte er endlich die Schränke öffnen, ohne dass ihm etwas auf den Kopf fiel. Auch seine Gedanken konnte er besser ordnen und so bemerkte er Dinge, von denen er früher keine Notiz genommen hatte. Schließlich lernte er sogar eine äußerst sympathische Frau kennen und da er sich seiner Wohnung nicht mehr schämte, lud er sie zu sich nach Hause ein. Ihm war klar, dass Besitz nichts weiter ist als tote Materie. Das folgende chinesische Sprichwort wurde zu seinem neuen Lebensmotto: „Wenn wir versuchen unsere Wünsche durch Besitz zu befriedigen, ist das so, als wollten wir ein Feuer mit Reisig löschen."

Ich selbst trennte mich mit einem einfachen Trick von all meinen nutzlosen Besitztümern: Ich gestattete mir von allen Gebrauchsgegenständen lediglich zwei zusätzliche Ausführungen. Was für eine Erleichterung! Denn selbst nachdem ich alle offensichtlich wertlosen Gegenstände aus meiner Wohnung entfernt hatte, fühlte ich mich von der Masse meiner Besitztümer noch immer erdrückt. Auch wenn sie mir wirklich gefielen, letztendlich waren es ja doch nur Gegenstände. Wenn wir von allem zu viel haben, ist das auch nicht viel besser, als wenn wir von allem zu wenig haben. Es war also höchste Zeit für eine Veränderung. Auf meinem Bett hatte ich z. B. sechs Kissen. Gemäß dem Motto „nur zwei Extras" brauchte ich jedoch lediglich zwei Kissen für mich und zwei für meine Gäste. Das macht vier Kissen. Also verschenkte ich zwei Kissen an eine Freundin. Dasselbe Prinzip wendete ich auch auf meine Bettwäsche an. Ich habe nur ein Bett, darum brauche ich auch nicht mehr als drei Garnituren. Also wählte ich meine drei Lieblingsgarnituren aus und trennte mich von allen anderen. Plötzlich hatte ich auch wieder Platz in meinem Wäscheschrank. Es ist wirklich so einfach. Wenden Sie die „Nur zwei Extras"-Formel an und bringen Sie Ordnung in Ihren Haushalt. Fangen Sie in der Küche an – ich habe mich auf diese Weise von zahllosen und zumeist hässlichen Kaffeebechern getrennt. Mit dieser Formel können Sie zahlreiche Platzreserven schaffen. Gehen Sie in Ihrem Büro nach demselben Schema vor. Verschenken Sie den elektrischen Bleistiftspitzer, den Sie ohnehin nie benutzen. Verabschieden Sie sich von all den billigen Stiften und behalten Sie lediglich die drei, die Sie wirklich benutzen.

Weniger ist mehr: Je weniger Besitz Sie Ihr Eigen nennen, über desto mehr Energie verfügen Sie. Dieses Prinzip veranlasst auch die besonders hartgesottenen Esoteriker, in nichts als einem Lendenschurz durch die Lande zu ziehen. Ich persönlich mag eigentlich Besitz und kann Ihnen diese Lebensform nicht wirklich empfehlen. Ich möchte Ihnen jedoch raten, nur die Dinge zu behalten, die Ihnen wirklich etwas bedeuten. Trennen Sie sich von allem, das Ihnen weder besonders wichtig ist noch Ihr Leben in irgendeiner Form erleichtert. Die Vase ist vielleicht hübsch, aber lieben Sie sie? Eine einzelne Vase ist häufig schöner anzusehen als ein mit Vasen vollgestopfter Raum. Verschenken Sie all die überflüssigen Dinge an jemanden, der sie gebrauchen kann. Trennen Sie sich zunächst von eher unbedeutenden Dingen – Kleidung, Möbel, Bücher. Dann fällt es Ihnen später leichter, sich von den größeren Dingen – ein frustrierender Job oder auch eine unbefriedigende Partnerschaft – zu lösen.

Kapitel 13

Vereinfachen! Vereinfachen! Vereinfachen!

*Den Reichtum eines Menschen kann man an den Dingen erkennen,
die er entbehren kann, ohne seine gute Laune zu verlieren.*

Henry David Thoreau

Jetzt da Sie sich aller materiellen Lasten entledigt haben, sollten Sie auch andere Bereiche Ihres Lebens rationalisieren. Ihr Terminplan ist zum Bersten voll? Sie müssen hundert Sachen erledigen und unzählige Menschen treffen? Streichen Sie, so viel Sie können. Nicht nur die materiellen Dinge, sondern auch berufliche, soziale und familiäre Verpflichtungen kosten Energie. Je mehr Energie Ihnen zur Verfügung steht, desto erfolgreicher und attraktiver sind Sie auch. Viele Menschen glauben, zahlreiche Verpflichtungen und ein übervoller Terminplan seien ein Zeichen für Erfolg. Dabei lassen sie jedoch außer Acht, dass sie vor lauter Stress gar nicht mitbekommen, was in ihrer Umgebung geschieht, und ihnen so vielleicht wichtige Chancen entgehen. Aus diesem Grund sollten Sie sich genau überlegen, wie Sie Ihre Zeit und Ihre Energie nutzen wollen. Wirklich erfolgreiche Menschen halten sich für den Fall, dass die Dinge nicht wie geplant laufen (und das ist nun einmal fast immer der Fall), einen Zeitpuffer frei.

Das beste Buch, das ich zu diesem Thema je gelesen habe, ist *In Einfachheit leben* von Elaine St. James. Die Autorin gibt zahlreiche Tipps wie z. B. den Umzug in ein kleineres Haus oder das Anlegen eines weniger zeitintensiven Steingartens anstelle des Rasens, auf Vorrat einkaufen, nicht mehr auf Anrufe warten, auf Nagellack verzichten, eine Stunde früher aufstehen sowie viele andere, leicht nachzuvollziehende Ratschläge, durch die Sie Schritt für Schritt jeden einzelnen Aspekt Ihres Lebens vereinfachen können.

Sie können auch mithilfe moderner Technologie Zeit sparen – aber achten Sie darauf, dass das auch tatsächlich der Fall ist. Donald, ein erfolgreicher Immobilienmakler, war beruflich permanent unterwegs und musste regelmäßige Stopps einlegen, um seinen Anrufbeantworter abzuhören. Schließlich legte er sich ein Handy zu und spart viel Zeit, da er jetzt immer erreichbar ist. Für ihn war diese Investition eine große Erleichterung. Darüber hinaus lebt er jetzt nicht mehr in der ständigen Angst, einen wichtigen Anruf zu verpassen. Eine andere Klientin empfand ihr Handy jedoch als Verletzung ihrer Privatsphäre. Sie schaffte das Handy ab und benutzte stattdessen einen Anrufbeantworter. Achten Sie darauf, dass die moderne Technologie Ihr Leben wirklich erleichtert. Der neueste Schrei muss nicht unbedingt das Richtige für Sie sein.

Thomas, ein Unternehmensberater, erledigte die Buchführung selbst. Alle drei Monate opferte er einen ganzen Tag, um die Bücher in Ordnung zu bringen, Steuern zu berechnen usw. Er ärgerte sich immer wieder, weil er seine Zeit mit dieser ungeliebten Aufgabe vertrödelte. Ich riet ihm, Geld in eine entsprechende Buchhaltungssoftware zu investieren, sich ein paar Stunden Zeit zu nehmen und sich das Programm von einem Fachmann erklären zu lassen. Wenn Sie einen Experten engagieren können, lohnt es sich einfach nicht, sich in unermüdlicher Kleinarbeit durch die entsprechenden Handbücher zu arbeiten. Thomas war von dem Ergebnis begeistert. Heute muss er nur noch ein paar Tasten betätigen und schon weiß er, welche Steuern zu zahlen sind. Auch die Lohnsteuererklärung, die Buchführung sowie die Geschäftsbilanz sind kein Problem mehr. Weiterhin spart er das Geld für den Steuerberater.

Wie könnten Sie Ihr Leben vereinfachen? In welchem Bereich könnten Sie Ihr Leben mithilfe moderner Technik rationalisieren? Machen Sie eine Liste mit zehn Punkten, die Ihr Leben erleichtern könnten.

Kapitel 14

Nehmen Sie sich eine Putzfrau

Unsichtbar, eintönig, anstrengend, nicht kreativ – mit diesen vier Adjektiven lässt sich das Wesen der Hausarbeit am treffendsten beschreiben.

Angela Davis

Sie wollen Ihre Hausarbeit möglichst ohne großen Zeitaufwand erledigen? Dann nehmen Sie sich eine Putzfrau. Wenn Sie Hausarbeit lieben, ist das natürlich etwas anderes. Wenn Sie jedoch keinen Spaß daran haben, den Fußboden zu schrubben – auch wenn Sie die Zeit dazu haben –, engagieren Sie jemanden dafür. Ich dachte früher immer, ich könnte mir keine Putzfrau leisten. Nach meinem Studium lebte ich zunächst in einem winzigen Apartment in Manhattan und hatte zahlreiche Kredite zurückzuzahlen. In meinem Elternhaus musste ich regelmäßig im Haushalt helfen und da meine Mutter nie eine Putzfrau hatte, kam ich gar nicht auf die Idee, eine Putzhilfe zu engagieren. Irgendwann wurde mir jedoch klar, dass ich an den Wochenenden nicht putzen, sondern mich lieber erholen sollte. Darüber hinaus erkannte ich, dass ich ohnehin nicht genug Zeit hatte, um meine Wohnung auf Vordermann zu bringen. Also engagierte ich eine Putzfrau, die einmal monatlich gründlich bei mir putzte. Das war eine der besten Entscheidungen meines Lebens. Wenn ich von der Arbeit kam, war die Wohnung sauber und ich hatte wirklich frei! Schließlich räumte ich sogar schon grob auf, bevor die Putzfrau kam. Dabei erkannte ich auch, dass einfach zu viel Krimskrams herumlag, den ich zunächst in einem meiner Schränke verstaute. Das war der Startschuss für eine umfangreiche „Entrümpelungsaktion", die etwa ein Jahr andauerte (Tipp 11). Einige Monate darauf bat ich meine Putzfrau, zweimal monatlich bei mir Ordnung zu schaffen. Heute ist meine Wohnung immer ordentlich und ich kann jederzeit Besuch empfangen, ohne mir Gedanken wegen des Chaos' bei mir machen zu müssen. Ich habe beschlossen, dass ich es mir nicht leisten kann, mir keine Putzfrau zu leisten. Selbst wenn Sie glauben sollten, sich keine Putzfrau leisten zu können, sollten Sie bedenken, dass Sie auf diese Weise Zeit sparen, in der Sie vielleicht eine bessere Stelle finden oder ein Fortbildungsseminar belegen könnten, damit Sie endlich die lang ersehnte Beförderung erhalten.

Ich wundere mich immer wieder, dass so viele erfolgreiche Menschen ihre Hausarbeit selbst erledigen. Und dann kommen diese Menschen zu mir und beklagen sich darüber, dass sie keine Zeit haben. Was für eine Energieverschwendung! Ich kenne einen Kellner, der eine Putzfrau einstellte, obwohl er selbst nicht viel mehr verdient als sie. Er ist jedoch der Überzeugung, dass er eine Putzfrau verdient. Ein weiterer Klient nutzte die Zeit, in der seine Putzfrau bei ihm war, um wichtige Besorgungen zu machen und neue Kunden zu akquirieren. Und kurz darauf erhielt er auch einen gut bezahlten Auftrag. Die Investition hatte sich gelohnt.

Trennen Sie sich von der Vorstellung, alles selbst erledigen zu müssen, und delegieren Sie die Hausarbeit. Es lohnt sich. Einige Menschen wiederum putzen einfach gerne. Aber Vorsicht, die Hausarbeit vermittelt uns nur zu häufig die Illusion, wir täten etwas Sinnvolles. Dabei könnten wir diese Zeit besser zur Verwirklichung unserer Ziele und Träume nutzen. Sie können natürlich Ihr ganzes Leben lang putzen und aufräumen. Aber dann werden Sie nie die Zeit finden, um endlich das Buch zu schreiben, von dem Sie träumen, Segeln zu lernen oder sich regelmäßig mit Ihren Freunden und Ihrer Familie zu treffen.

Kapitel 15

Nehmen Sie Hilfe in Anspruch

Der Unterschied zwischen Arm und Reich liegt darin, dass die Armen die eigenen Hände benutzen, während die Reichen anderer Leute Hände benutzen.

Betty Smith

Scheuen Sie sich nicht davor, Hilfe in Anspruch zu nehmen. Das bedeutet auch, dass Sie einige Ihrer Aufgaben an andere Menschen übertragen sollten. Männer können in der Regel besser delegieren als Frauen. Männer fühlen sich in keinster Weise schuldig, wenn sie eine Putzfrau oder einen persönlichen Assistenten engagieren. Frauen dagegen sind häufig der Überzeugung, sie müssten alles selbst erledigen. Eine meiner Klientinnen befand sich z. B. in einer furchtbaren Zwickmühle, weil sie in ihrer Mittagspause einen Termin für eine Präsentation hatte, an der Verkaufspräsentation für eine neue Computersoftware teilnehmen sollte und gleichzeitig mit ihrer Katze zum Tierarzt musste. Ich fragte sie, warum die Katze zum Tierarzt müsste. Das Tier war nicht einmal ernsthaft krank, sondern musste lediglich geimpft werden, und ihr Mann hatte keine Zeit. Diese Frau hat einen führenden Posten inne und verfügt über ein Einkommen, von dem andere nur träumen. Neben ihrem Vollzeitjob arbeitet sie selbstständig, hat einen Mann und zwei kleine Kinder. Sie glaubte, all diese Rollen perfekt ausfüllen zu müssen. Das tat sie auch – auf ihre Kosten. Sie litt unter permanentem Stress, war häufig erkältet, fühlte sich frustriert und erschöpft.

Ich forderte sie auf, ihren Terminplan so zu organisieren, dass er für sie arbeitete, und wöchentlich zwei Punkte zu streichen. So vereinbarte sie einen neuen Tierarzttermin, verlegte die Verkaufspräsentation auf einen anderen Termin, und schon war ihr Leben um einiges leichter. Wenn Sie etwas besonders gut machen wollen, dann brauchen Sie dafür auch Zeit und Raum. Also nehmen Sie Hilfe in Anspruch: Engagieren Sie eine Putzfrau, einen Babysitter, bringen Sie Ihre Wäsche in die Wäscherei oder lassen Sie die neue Software von einem Fachmann installieren. Das alles ist zwar zunächst mit Kosten verbunden, auf lange Sicht zahlt es sich jedoch in jedem Fall aus.

Immer wenn Sie frustriert oder erschöpft sind, sollten Sie zumindest einige Aufgaben jemandem übertragen oder dafür sorgen, dass Sie sie perfekt beherrschen. Als ich versuchte, meine Steuererklärung selbst zu erledigen, wurde mir klar, dass ich diese Aufgabe lieber jemandem übergeben sollte, dem sie Spaß macht. (Es ist zwar unglaublich, aber manche Menschen lieben Steuererklärungen.) Also engagierte ich eine Buchhalterin und eine Steuerberaterin. Für jede Aufgabe, die Sie hassen oder nicht beherrschen, gibt es auch einen Fachmann.

Kapitel 16

Schaffen Sie die perfekte Gegenwart

Das Paradies ist da, wo ich bin.

Voltaire

Wenn Sie sich nicht oft genug unterhalten, nicht genug Geld, Zeit oder Platz haben, ist es an der Zeit, dass Sie Ihre Lektion lernen. Das Leben ist der beste Lehrmeister. Wenn Sie sich immer wieder sagen: „Ich habe nicht genug ... (hier können Sie eintragen, was Sie wollen)", ist Ihre gegenwärtige Situation nicht perfekt. Eine Grundregel des Coaching lautet allerdings, dass die Gegenwart immer perfekt sein sollte. Also stimmt etwas nicht mit Ihrer Gegenwart. Als ich z. B. bis zum Hals in Schulden steckte, dachte ich, ich hätte zu wenig Geld. Wenn das Problem „zu wenig Geld" lautete, musste ich eben mehr Geld verdienen. Tatsache war jedoch, dass ich mehr Geld ausgab, als ich verdiente. Schließlich wurde mir klar, dass auch die Schulden Vorteile hatten. Ich musste einfach lernen, besser mit Geld umzugehen. Ich musste sparen und aufhören, das Geld mit vollen Händen auszugeben. Wenn ich irgendwann zu Geld kommen sollte, könnte ich dann auch verantwortlich damit umgehen. Innerhalb von drei Jahren war ich nicht nur schuldenfrei, sondern hatte auch so viel Geld gespart, dass ich davon ein Jahr leben konnte (Tipp 24). Ich hatte meine Lektion in Sachen Geld gelernt.

Dann saß ich mit all meinen Besitztümern in meiner hübschen Dreizimmerwohnung und stand plötzlich vor einem neuen Problem – zu wenig Platz. Ich erkannte ein Muster. Wie kann das passieren, wenn die Gegenwart perfekt ist? Also musste ich lernen, mit weniger Eigentum zu leben. Und wie war das mit meinem Büro und den zahllosen Papierstapeln? Ich musste lernen, die Papiere in einem einzigen Arbeitsgang zu erledigen. So wurde das Problem zur Herausforderung. Und wenn wir die Herausforderung gemeistert haben, erhalten wir auch eine Belohnung. Nachdem ich gelernt hatte, mit weniger Eigentum zu leben, hatte ich dafür eine geräumige Wohnung. Warum ich diese Lektion lernen musste, weiß ich nicht. Aber anstatt mich zu beklagen, schaffte ich eine perfekte Gegenwart und räumte gründlich auf. Wovon haben Sie „nicht genug"? Welche Lektion müssen Sie lernen? Fangen Sie an und schaffen Sie sich eine perfekte Gegenwart.

Kapitel 17

Nach dem Aufräumen: Organisation

> Man sollte so leben, wie man denkt, oder es endet damit,
> dass man so denkt, wie man gelebt hat.
>
> Paul Bourget

Nehmen Sie sich die Zeit und überlegen Sie sich, wie Sie Ihr Leben vereinfachen können. Die meisten meiner Klienten finden keine Zeit zur Organisation. Das Ergebnis: Sie arbeiten im Chaos. Ein großer Fehler. Was diese Menschen nicht bedenken: Sie könnten doppelt so effektiv arbeiten, wenn sie ihren Arbeitsablauf organisieren würden. Die meisten Menschen verbringen heute fast die Hälfte ihrer Arbeitszeit mit Suchen. Eine Studie in vierzehn Unternehmen aus sieben verschiedenen Branchen belegt: Manager verbringen 46 Prozent ihrer Arbeitszeit mit unnützem Papierkram, Angestellte in leitenden Positionen verbringen 45 Prozent ihrer Arbeitszeit damit und Büropersonal sogar 51 Prozent. Was für eine Zeitvergeudung! Es ist höchste Zeit, das Chaos hinter sich zu lassen und den Büroalltag zu organisieren.

Nehmen Sie sich wöchentlich eine Stunde Zeit für die Organisation, Systematisierung und Automatisierung – keine Arbeit. Diese Stunde könnten Sie zur Entwicklung eines Systems für einen bestimmten Arbeitsprozess nutzen. Sie könnten z. B. Ihrer Sekretärin ein bestimmtes Tabellenkalkulationsprogramm erklären und so einen Arbeitsschritt delegieren. Lassen Sie Ihre regelmäßigen Ausgaben per Lastschriftverfahren abbuchen und sparen Sie so die Zeit für das Ausfüllen der Überweisungsaufträge. Die Zeit, die Sie in die Organisation investieren, zahlt sich in jedem Fall aus. Nehmen Sie sich eine Viertelstunde. Heften Sie Ihre Unterlagen ab, sortieren Sie alte Dokumente aus oder räumen Sie einfach nur Ihren Schreibtisch auf. Je mehr Sie organisieren, systematisieren und automatisieren, desto mehr Zeit bleibt Ihnen für interessantere Projekte.

Hier der Tipp einer Kollegin, die einfach nicht in der Lage war, Herr über den Papierkram zu werden: Sie schaffte kurzerhand ihre Ablage ab. Eine drastische, aber effektive Lösung. Ohne Ablage hatte sie auch keinen Platz, an dem sie ihre Unterlagen ablegen konnte, und musste die Eingänge augenblicklich bearbeiten. Sie wendete die so genannte TRAF-Methode an: Toss (wegwerfen), Refer (delegieren bzw. weiterleiten), Act (bearbeiten) oder File (abheften). Alles, was sie nicht noch am selben Tag erledigen konnte, heftete sie in einem speziellen Ordner für aktuelle Vorgänge oder aber in einem Ordner für das betreffende Projekt ab. Durch dieses System fand sie nun auch alles, was sie benötigte, binnen kürzester Zeit. Sie machte es sich zur Angewohnheit, täglich alle anfallenden Arbeiten zu erledigen und ihren Schreibtisch aufzuräumen. So hatte sie am Ende ihres Arbeitstages das Gefühl, etwas geleistet zu haben, und konnte am nächsten Morgen frisch und unbelastet mit der Arbeit beginnen. Der durchschnittliche Büromensch ist mit seiner Arbeit ca. vierzig Minuten im Rückstand und verbringt jeden Tag ungefähr zwanzig Minuten damit, in all den überfälligen Unterlagen zu stöbern. Wenn Sie Ihren Arbeitsablauf organisieren, gewinnen Sie pro Jahr etwa zehn volle Arbeitstage dazu.

Einer meiner Klienten nimmt sich z. B. jeden Morgen eine Stunde Zeit und geht mit seinem Assistenten den Tagesablauf durch. Und siehe da, es treten keine Probleme oder Unterbrechungen mehr auf. Auch Sie sollten sich diese Zeit nehmen und Sie werden staunen, wie sehr Ihnen diese Organisation den Arbeitstag erleichtert. Sie werden sich nicht nur besser fühlen, Sie können auch sehr viel effektiver arbeiten. Organisation ist ein Grundstein für den Erfolg.

Kapitel 18

Sagen Sie einfach Nein

Jeder Entscheidung, selbst wenn es die falsche sein sollte, folgt ein Gefühl des inneren Friedens.

Rita Mae Brown

Jetzt da Sie Ihr Leben „entrümpelt" und ein Vakuum geschaffen haben, verfügen Sie auch über mehr Zeit. Es werden zahlreiche Menschen, Einladungen und Chancen in Ihr Leben treten. Das bedeutet jedoch nicht, dass Sie zu allem Ja sagen müssen. Seien Sie wählerisch. Viele Menschen befürchten, dass ein „Nein danke!" den Fluss der neuen Möglichkeiten versiegen lässt. Aber genau das Gegenteil ist der Fall. Denn nur durch ein Nein zur rechten Zeit bleibt in Ihrem Leben genug Platz für die richtigen Beziehungen und Möglichkeiten.

Meine Klienten bürden sich grundsätzlich zu viele berufliche oder auch private Verpflichtungen auf. Und das nur, weil sie Ja sagen, obwohl sie Nein meinen. Grundsätzlich rate ich all diesen chronischen Ja-Sagern, für eine Woche zum anderen Extrem zu wechseln und zu allem Nein zu sagen. Wenn sie es sich später anders überlegen, können sie immer noch auf das Angebot zurückkommen. Aber die erste Antwort muss Nein lauten. „Nein, aber danke für das Angebot." Selbst äußerst erfolgreiche Menschen haben hier Probleme. Aber nur so können sie ihr Dasein als Ja-Sager beenden. Ihre Freunde brechen nicht mit ihnen und auch ihre Hunde lieben sie nach wie vor.

Wenn Sie absolut nicht in der Lage sein sollten, Nein zu sagen, schinden Sie Zeit. „Danke für die Einladung. Ich denke darüber nach und gebe dir morgen Bescheid, okay?" Häufig sind wir uns nicht darüber im Klaren, ob wir ein Angebot tatsächlich annehmen möchten. Da wir aber den anderen nicht vor den Kopf stoßen wollen, sagen wir Ja, und zwar selbst dann, wenn wir eigentlich Nein meinen. Nehmen Sie sich Bedenkzeit. Am nächsten Tag können Sie dann die Einladung annehmen, absagen oder einen anderen Vorschlag machen. Auch wenn Sie zu einer Hochzeit oder einem anderen besonderen Anlass eingeladen werden, bedeutet das nicht, dass Sie die Einladung automatisch annehmen müssen. Denken Sie ein oder zwei Tage darüber nach. Und wenn Sie wirklich gehen möchten, dann gehen Sie. Sollten Sie sich nichts sehnlicher wünschen, als zu dieser Hochzeit zu gehen, dann sagen Sie natürlich direkt Ja!

Janet war auch eine dieser typischen Ja-Sagerinnen. Wenn Ihr Vorgesetzter sie um etwas bat, sagte sie grundsätzlich Ja, da sie fürchtete, andernfalls bei ihrem Chef in Misskredit zu geraten. Das endete damit, dass sie mit viel zu vielen Projekten betraut wurde und in der Arbeit erstickte. Als sie mich schließlich engagierte, war es schon so weit, dass sie um ihren Job fürchten musste, da sie den Termin für ein wichtiges Projekt nicht eingehalten hatte. Ihr Vorgesetzter war ziemlich aufgebracht und legte ihr nahe, künftig alle Termine einzuhalten. Janet erklärte ihm, dass sie gleichzeitig an einem anderen Projekt arbeitete, das ihrer Meinung nach ebenso wichtig war. Ihr Chef erwiderte nur, sie solle sich gefälligst an die Arbeit machen und ihn mit ihren Ausflüchten verschonen. Janet war natürlich außer sich. Ich riet ihr, ihrem Vorgesetzten eine Liste aller Projekte vorzulegen, an denen sie zurzeit arbeitete, und ihn zu bitten, mit ihr gemeinsam Prioritäten zu setzen. Wenn sie jemand um Unterstützung bei einem weiteren Projekt bitten sollte, könnte sie entgegnen: „Nein, das schaffe ich leider nicht, weil ich im Moment am Projekt XYZ arbeite." Und wenn ihr Vorgesetzter ihr eine weitere Aufgabe übertragen wollte, könnte sie ihn fragen: „Hat das Priorität vor Projekt XYZ? Wenn ich das übernehmen soll, brauche ich aber eine Fristverlängerung für XYZ." Vielleicht weiß Ihr Chef gar nicht, an wie vielen Projekten Sie arbeiten. Also weisen Sie ihn darauf hin und bitten Sie ihn, Ihnen die Prioritäten zu nennen. Ihr Ehrgeiz in allen Ehren, aber der nützt Ihnen wenig, wenn Sie sich zu viel aufbürden und Ihre Leistungen darunter leiden.

Klienten, die im Berufsleben nicht Nein sagen können, haben im Privatleben in der Regel auch Probleme mit dem Wörtchen „Nein". Jean beklagte sich z. B. darüber, dass sie bis auf einige wenige Freunde so gut wie gar keine sozialen Kontakte hatte. Ich fragte sie, ob ihr denn Zeit für ein Privatleben blieb. Und erst da stellte sie fest, dass ihr diese Zeit fehlte. Also lehnte sie ab, wenn man sie um Hilfe oder ehrenamtliche Mitarbeit bat, hielt sich die Abende und Wochenenden frei und begann mit dem Aufbau ihres Privatlebens. Bislang war sie davon überzeugt, dass sie unmöglich Nein sagen konnte, wenn sie jemand um ihre Hilfe bat und sie Zeit hatte. Schon bald eilte ihr der Ruf voraus, besonders hilfsbereit und sympathisch zu sein. Nur leider war sie so sehr damit beschäftigt, anderen zu helfen, dass ihr keine Zeit für ihr eigenes Leben blieb. Auch Freunden oder Bekannten konnte sie keine Bitte abschlagen. Also überlegten wir uns gemeinsam eine passende Antwort, auf die Jean im Zweifelsfall zurückgreifen konnte. Wir entschieden uns für: „Das ist aber nett, dass Sie an mich gedacht haben. Ich fühle mich wirklich geehrt, dass Sie mich als Ehrenmitglied dabeihaben möchten (o. Ä.). Ich muss aber leider ablehnen. Fragen Sie doch ..." Jean war zwar der Meinung, sie benötigte eine Entschuldigung, wenn sie anderen eine Bitte abschlug, doch das ist wirklich nicht nötig. Sie müssen sich nicht rechtfertigen. Es reicht vollkommen, wenn Sie ablehnen. Jean könnte also einfach sagen: „Ich habe kein Interesse an dem Projekt." oder „Ich arbeite gerade an einem anderen Projekt."

Wir arbeiteten auch mit einer Methode, die Manuel J. Smith in seinem Buch *Sage Nein ohne Skrupel* vorschlägt. Ganz egal wie der andere reagiert, wiederholen Sie Ihre Aussage in neutralem Ton. „Wir brauchen dich wirklich. Und letztes Jahr hast du das so toll gemacht." Jean müsste in diesem Fall einfach ihre Aussage wiederholen: „Danke. Ich habe euch wirklich gerne geholfen. Doch in diesem Jahr muss ich leider absagen." – „Aber wie sollen wir das ohne dich schaffen?" (Ein Appell an Jeans Schuldgefühle.) „Danke für das Kompliment. Ich muss aber leider ablehnen." Diese Methode war genau das Richtige für Jean, die einerseits ihre Freunde nicht vor den Kopf stoßen, andererseits jedoch mehr Zeit für sich haben wollte. Am nächsten Tag rief eine Freundin an und bat Jean, ihr bei den Vorbereitungen für die Hochzeit ihrer Tochter zu helfen. Doch auch hier lehnte Jean dankend ab, was ihre Freundin ihr nicht im Geringsten übel nahm.

Kurz darauf meldeten sich zwei alte Bekannte, die sie fragten, ob sie nicht Lust und Zeit für ein Treffen hätte. Jean nahm an und schon hatte sie zwei neue Freunde gewonnen. Das mag Ihnen unheimlich erscheinen, aber es funktioniert. Probieren Sie es aus und warten Sie ab, wer in Ihr Leben tritt. Und wenn es nicht das ist, was Sie wollen, sagen Sie einfach: „Nein danke."

Verstehen Sie mich bitte nicht falsch: Ich will Ihnen keineswegs raten, zum Egozentriker zu werden. Ganz im Gegenteil: Vielen meiner Klienten rate ich sogar, sich sozial zu engagieren oder anderen zu helfen, weil ihnen das häufig die Befriedigung verschafft, die sie im Alltag und im Berufsleben vermissen. Anderen zu helfen ist eine wunderbare Sache, aber eben nur dann, wenn wir es wirklich gerne tun. Sie dürfen darüber jedoch nicht Ihr eigenes Leben aus den Augen verlieren.

Theresa war z. B. hauptberufliche „Helferin", während sie ihren Job nur noch nebenbei erledigte. Mittlerweile hatte ihr dieses Verhalten sogar schon über 10.000 Euro Schulden eingebracht. Ich erklärte ihr, dass sie sich erst einmal Zeit für sich selbst nehmen müsste, bevor sie sich für andere engagieren könnte. Schließlich benötigte sie erst einmal einen guten Nebenjob, um ihre Schulden abzuzahlen. Sobald sie ihre Schulden abgestottert und ihr eigenes Geschäft wieder auf Vordermann gebracht hätte, könnte sie sich auch wieder sozial engagieren. Durch das Coaching-Programm erhalten Sie so viel Zeit, Raum und Geld, dass es für Sie eine Freude sein wird, die Organisationen zu unterstützen, deren Ziele Ihren Vorstellungen entsprechen.

Kapitel 19

Aktualisieren Sie Ihr Adressbuch

Als ob wir die Zeit töten könnten, ohne die Ewigkeit zu verletzen.

Henry David Thoreau, *Writings*

Vergeuden Sie Ihre Zeit nicht mit Menschen, nur um die Zeit totzuschlagen oder weil es Ihre einzigen Freunde sind. Entweder Sie mögen diese Menschen von ganzem Herzen oder Sie halten sich von ihnen fern. Gehen Sie keine Kompromisse ein. Das bedeutet auch, dass Sie sich von dem einen oder anderen Freund oder Bekannten trennen müssen – selbst wenn es schwer fällt. Sie haben sich vielleicht verändert, während andere, die Ihnen früher viel bedeutet haben, die Alten geblieben sind. Häufig bleiben wir mit anderen nur aus Gewohnheit zusammen und beenden die Beziehung erst viel zu spät. Und das kostet Sie nicht nur Energie, sondern hält auch die Menschen, die besser zu Ihnen passen, von Ihnen fern. Sie müssen ja keine große Sache daraus machen. Distanzieren Sie sich einfach mehr und mehr von den Betreffenden, verbringen Sie weniger Zeit mit ihnen, auch wenn Sie dann öfter einmal allein sein sollten.

Joe hatte eine gute Freundin, mit der er immer gerne zusammen war. Doch seit einem Jahr war die Beziehung nicht mehr so wie früher. Seine Bekannte sagte Verabredungen in letzter Minute ab oder versetzte ihn. Joe kam zu dem Schluss, dass er auf solche Freunde verzichten konnte. Also erklärte er ihr mithilfe des 4-Schritte-Modells (Tipp 6), dass er ihr Verhalten nicht länger akzeptieren konnte. Da sie ihr Verhalten nicht änderte, brach Joe schließlich den Kontakt zu ihr ab. Sie laufen sich zwar noch manchmal zufällig über den Weg, aber das stört ihn nicht weiter. Joe ist aus dieser Freundschaft herausgewachsen. Wenige Monate später fand er eine neue Freundin und kurz darauf zogen zwei alte Kommilitonen in seine Stadt. Die Trennung hatte ihm also viele gute neue Freunde beschert.

Wenn Sie dieses Coaching-Programm befolgen, werden Sie sich zwangsläufig aus alten Beziehungen lösen und neue Menschen kennen lernen. Das Leben ist zu kurz, um es mit Menschen zu vertrödeln, die Sie nicht respektieren. Schaffen Sie Raum für neue Freunde und Bekannte, die gut für Sie sind.

Kapitel 20

Feng Shui für zu Hause und fürs Büro

*Kein Geld ist besser investiert als das, das wir verwenden,
um uns ein gemütliches Zuhause zu schaffen.*

Samuel Johnson

Feng Shui ist eine alte fernöstliche Kunst zur Harmonisierung und Optimierung des Energieflusses in unserer Umgebung. Ein optimaler Energiefluss trägt wiederum zu unserem physischen und finanziellen Wohlbefinden bei. Mittlerweile ist Feng Shui auch in den westlichen Breitengraden weit verbreitet. Ein Feng-Shui-Berater weiß, wie er eine harmonische Umgebung für Sie gestalten kann, die Sie mit Energie versorgt und zu Ihrem Erfolg beiträgt.

So lernte ich in einem Feng-Shui-Seminar, dass ich meinen Schreibtisch umstellen musste. Nachdem ich meinen Schreibtisch verrückt habe, floriert mein Geschäft wie nie zuvor. Doch nicht nur das, der Raum wirkt jetzt größer. Und genau das ist die Magie des Feng Shui.

Anne, eine Psychiaterin, machte sich ernsthafte Sorgen um den Fortbestand ihrer Praxis und kam finanziell einfach auf keinen grünen Zweig. Ich sollte ihr helfen, mehr Patienten zu finden und endlich ihre finanziellen Probleme zu bewältigen. Zunächst einmal empfahl ich ihr, einen Feng-Shui-Berater herbeizuziehen. Und schon eine Woche später berichtete sie mir begeistert von dem Erfolg. Sie hatte nur wenige relativ kostengünstige Veränderungen in ihrer Wohnung vorgenommen, aber gerade diese Kleinigkeiten führten dazu, dass sie sich rundherum wohl fühlte. Schon eine Woche darauf meldeten sich bei ihr drei neue Patienten, die um drei bis fünf Sitzungen pro Woche baten. Ihre Praxis war gerettet. Sie fühlte sich wohl, erfolgreich und war rundherum glücklich. So fand sie auch die nötige Motivation, um eine Marketingstrategie für ihre Praxis zu entwerfen.

Hier einige praktische Tipps für Feng Shui in den eigenen vier Wänden:

- Achten Sie darauf, dass sich alle Türen und Fenster problemlos öffnen und schließen lassen. Dazu zählen auch Schranktüren, die klemmen, weil der betreffende Schrank bis obenhin voll ist. (Nachdem ich ein Regal im Bad umgehängt habe, da ich die Tür wegen des Regals nicht ganz öffnen konnte, wirkt mein Badezimmer gleich viel geräumiger.)
- Wenn Sie durch die Fenster auf einen Friedhof oder eine Kirche blicken, sollten Sie vor den betreffenden Fenstern einen Vorhang anbringen.
- Sofern Ihr Bad kein Fenster hat, bringen Sie an der Wand, die sich gegenüber dem Badezimmerspiegel befindet, einen weiteren Spiegel an.
- Kaufen oder bauen Sie niemals ein Haus, bei dem das Badezimmer den Mittelpunkt bildet. Bildet das Bad das Zentrum, entweicht die gesamte Energie.
- Beim Eintreten durch die Eingangstür sollte man nicht direkt auf das Badezimmer blicken. Sollte das bei Ihnen der Fall sein, halten Sie die Badezimmertür immer geschlossen und bringen Sie außen an die Tür einen Spiegel an. Doch ganz egal, wo sich Ihre Badezimmertür befindet, halten Sie immer sowohl den Toilettendeckel als auch die Badezimmertür geschlossen.
- Achten Sie darauf, dass die Zimmerdecke über Ihrem Bett keine Risse hat. Schlafen Sie nicht unter unverkleideten Balken.
- Entrümpeln Sie Ihr Haus, Ihren Schreibtisch und Ihre Garage (Tipp 11). Sorgen Sie dafür, dass in Ihrem Leben und Ihrer Umgebung immer Platz für Neues ist. Schaffen Sie Platz in Ihrem Bücherregal, Ihrem Kleiderschrank, Ihrem Kühlschrank.
- Stellen Sie in Ihrem Haus und Ihrem Büro so viele Mülleimer auf, wie Sie benötigen. Leeren Sie sie einmal täglich.
- Reparieren bzw. ersetzen Sie alle beschädigten Gegenstände in Ihrem Umfeld. Vergeuden Sie Ihre Energie nicht mit zerrissenen Kleidungsstücken oder einem Faxgerät, in dem sich immer wieder das Papier staut.

Diese Tipps sind lediglich ein kleiner Auszug aus der Kunst des Feng Shui und können keinesfalls die Arbeit eines Feng-Shui-Beraters (siehe Anhang D) ersetzen. Das richtige Umfeld steigert Ihre Energie und unterstützt Sie bei der Verwirklichung Ihrer Ziele.

John, ein renommierter Vortragsredner, engagierte mich, weil er sich nicht auf die für ihn wichtigen Dinge konzentrieren konnte. Er wollte schon seit Jahren ein Buch schreiben, hatte aber – obwohl er zahlreiche Ideen für dieses Buch hatte – noch immer nicht mit der Arbeit begonnen. Zunächst einmal entfernte er all die lästigen Kleinigkeiten aus seinem Leben und schaffte Ordnung. Er entsorgte jede Woche mindestens einen Stapel Papier und trennte sich von alten Kleidungsstücken und Büchern. Im nächsten Schritt engagierte er einen Feng-Shui-Berater, der die Möbel in Johns Wohnung umstellte und ihm einige wertvolle Tipps gab. Das Ergebnis war beeindruckend. John fühlte sich in seinem Büro sehr viel wohler und da der Schreibtisch sich jetzt nicht nur an einer anderen Stelle befand, sondern darüber hinaus auch noch aufgeräumt war, nahm auch seine Konzentrationsfähigkeit zu. Zum ersten Mal seit Jahren konnte er sich wirklich auf sein Buch konzentrieren. Und schon nach sechs Monaten war es zur Hälfte fertig.

Eine andere Klientin, eine viel beschäftigte Unternehmensberaterin, betrieb ihre Firma in ihrer nicht besonders großen Wohnung. Als sie mich schließlich engagierte, wollte sie nicht nur ihr Unternehmen vergrößern, sondern auch endlich wieder Verabredungen mit Männern treffen. Meine Klientin war eine äußerst temperamentvolle und attraktive Frau, die eigentlich keine Probleme haben dürfte, Männer kennen zu lernen. Also fragte ich sie, was sich unter ihrem Bett befand. Und siehe da, aus Platzgründen hatte sie dort Briefumschläge und sonstiges Büromaterial gelagert. Sie nahm also ihren Beruf mit ins Bett. Sie räumte das Büromaterial umgehend in ihr Büro und schon in der Woche darauf hatte sie ihre erste Verabredung. Die unglaubliche Macht des Feng Shui – ich kann sie zwar nicht erklären, aber es funktioniert. Probieren Sie es aus und lassen Sie sich überraschen.

Teil III

Lassen Sie Ihr Geld für sich arbeiten

Es gibt Menschen mit Geld und es gibt Reiche.

Coco Chanel

Es ist nun einmal so: Das nötige Kleingeld ist auf dem Weg zum Erfolg äußerst hilfreich. Wichtig ist aber weniger, dass Sie dieses Geld besitzen, sondern die Tatsache, dass Sie sich keine Gedanken über Ihr nicht vorhandenes Geld machen müssen. Wenn Ihr Leben auf der Tatsache basiert, dass Sie zu wenig Geld haben, ist das weder hilfreich noch macht es Sie besonders attraktiv. Geld ist nur ein Aspekt unseres Lebens. Auch wenn das einfacher gesagt als getan ist, Ihr Leben sollte sich nicht nur um das liebe Geld drehen.

Geldmangel ist eine der häufigsten Entschuldigungen dafür, dass Menschen nicht glücklich sind oder nicht das tun, was sie wirklich wollen. Ich habe das schon so oft gehört: „Wenn ich mehr Geld hätte, könnte ich XYZ tun und wäre wirklich glücklich." Und ich habe erlebt, wie diese Menschen endlich zu Geld gekommen sind und eben doch nicht das gemacht haben, was sie unbedingt tun wollten. Folglich stimmt an dieser Behauptung etwas nicht. Der Schlüssel zum Glück liegt also nicht darin, mehr Geld zu haben. Weniger Geld zu haben macht aber auch nicht glücklich. Sie müssen also lernen, so mit Ihrem Geld umzugehen, dass Sie genug davon haben und sich keine Gedanken mehr darüber machen müssen.

Es gibt genau zwei Möglichkeiten, um zu mehr Geld zu kommen: weniger Geld ausgeben und mehr Geld verdienen. Wenn Sie die Tipps in diesem Kapitel befolgen, werden Sie schon sehr bald auf dem Weg in die finanzielle Unabhängigkeit sein (Tipp 29). Hier geht es nicht darum, dass Sie künftig Ihre Rechnungen bezahlen können, sondern dass Sie so viel Geld haben, dass Sie nicht mehr für Ihren Lebensunterhalt arbeiten müssen, sondern nur arbeiten, wenn Sie es wollen.

Wenn Sie auf einem Schuldenberg sitzen und nicht einmal wissen, wie Sie die nächsten Raten bezahlen sollen, mag sich das für Sie utopisch anhören. Trotzdem sollten Sie dieses Kapitel gründlich lesen und die genannten Tipps befolgen. Auch wenn die finanzielle Unabhängigkeit in weiter Ferne ist – mit kleinen Schritten können auch Sie dieses Ziel erreichen.

Kapitel 21

Ihre persönliche Einstellung zum Thema „Geld"

Geld, hatte sich herausgestellt, war genau wie Sex. Du hast an nichts anderes gedacht, wenn du es nicht gehabt hast, und hast an andere Dinge gedacht, wenn du es hattest.

James Baldwin

Geld ist kein Allheilmittel. Glück, Liebe und Gesundheit sind nicht käuflich. Auch wenn viele Menschen sich das nicht vorstellen können: Geld ist im Überfluss vorhanden. Geld ist auch kein Messwert für Ihre Fähigkeiten. Es gibt mehr als genug arme Genies und ebenso viele reiche Dummköpfe. Geld ist nichts weiter als ein Werkzeug, das sowohl für gute als auch für schlechte Zwecke eingesetzt werden kann. Das Thema „Geld" ruft bei den meisten Menschen starke Gefühle hervor. Über Geld spricht man nicht. Die Art und Weise, wie Sie mit Ihrem Geld umgehen, sagt viel über Sie aus. Wie und wofür Sie Geld ausgeben, zeigt, was Sie brauchen und was Sie wirklich schätzen.

Machen Sie sich zunächst einmal klar, wie Sie über Geld denken. Unsere Meinung zu einem Thema bestimmt unser Handeln und unser Handeln bestimmt wiederum unsere Resultate. Hier einige Aussagen zum Thema „Geld":

- Ich glaube, Geld ist …
- Mein größtes Problem mit Geld ist zurzeit …
- Wenn es um … geht, kann ich gut mit Geld umgehen.
- Finanzieller Erfolg ist …
- Wenn ich mein Verhältnis zum Geld ändern könnte, dann in folgendem Punkt: …
- Wenn ich so viel Geld hätte, wie ich wollte, würde ich …
- Ich will bei meinem Umgang mit Geld vor allem Folgendes ändern: …
- Meine Eltern haben immer gesagt, Geld ist …

Wenn Sie Ihren Glauben in Sachen Geld begrenzen, dann begrenzen Sie gleichzeitig Ihre finanziellen Möglichkeiten. Wenn Sie glauben, dass man für Geld hart arbeiten muss, dann müssen Sie hart arbeiten, um reich zu werden. Miranda z. B. betrachtete Geld als etwas Negatives. Auch wenn ihr das gar nicht bewusst war, verband sie mit Geld und Reichtum nur unangenehme Dinge – Gier, Korruption, Kapitalismus und rechte Politiker. Ich war nicht sonderlich erstaunt darüber, dass sie über keinerlei Ersparnisse verfügte und darüber hinaus auch noch beträchtliche Schulden angehäuft hatte. Da Geld für sie etwas Negatives war, wollte sie damit auch nichts zu tun haben. Als Miranda ihre negative Einstellung erkannte, war sie bereit, diese zu ändern. Sie betrachtete Geld künftig als Hilfsmittel, das sie sowohl zu guten als auch zu schlechten Zwecken einsetzen konnte. Und damit änderte sich auch ihr Verhalten im Umgang mit Geld. Sie zahlte nach und nach ihre Schulden zurück, eröffnete ein Sparbuch und schaffte es, ihr Konto dauerhaft auszugleichen.

Die üblichen Standpunkte zum Thema „Geld" äußern sich in Redensarten wie z. B. „Geld kommt zu Geld.", „Mit Geld kann man nicht alles kaufen." oder „Geld allein macht auch nicht glücklich." Schreiben Sie einmal auf, was Ihnen zum Thema „Geld" einfällt. Ersetzen Sie diese Glaubenssätze dann durch neue Aussagen, z. B.: „Ich mag mein Geld.", „Mit Geld kann ich meine Träume verwirklichen." oder „Ich habe genug Geld, um mit anderen zu teilen." Indem Sie Ihre Gedanken zum Thema „Geld" nicht weiter beschränken, haben Sie schon den ersten Schritt auf dem Weg in die finanzielle Unabhängigkeit getan.

Es ist nicht immer einfach, sich die eigene Meinung zu diesem Thema vor Augen zu führen. Aber anders geht es nun einmal nicht. Jeff, stellvertretender Leiter der Personalabteilung in einem großen Unternehmen, besuchte eines meiner Seminare zum Thema „Geld und finanzielle Unabhängigkeit". Wie so viele andere Menschen auch war er der Überzeugung, dass er mit mehr Geld nicht nur seine Schulden tilgen, sondern auch seine Probleme lösen könnte. Es stellte sich heraus, dass Jeff glaubte, er müsste seiner überaus anspruchsvollen Frau alle Wünsche erfüllen, unabhängig davon, ob er sich das leisten konnte oder nicht. Nun war es an der Zeit, seiner Frau offen und ehrlich zu sagen, wie es um ihre Finanzen bestellt war, und mit ihr gemeinsam die Zukunft zu planen. Die beiden stellten fest, dass sie weit über ihre Verhältnisse lebten und monatlich etwa 2.000 bis 4.000 Euro mehr ausgaben, als Jeff verdiente – also fast 50.000 Euro pro Jahr.

Sie ließen sich von einem Finanzexperten beraten, der sich bereit erklärte, die beiden in einem Programm aufzunehmen, durch das verschuldeten Paaren der Weg zurück in die schwarzen Zahlen geebnet werden sollte. Die beiden rangierten alle Kreditkarten aus, aßen nicht mehr außer Haus, wuschen ihre Wäsche wieder selbst, verzichteten auf teure Reisen und zahlten nur noch in bar. Erstaunlicherweise machten diese Einschränkungen den beiden gar nichts aus. Jeden Tag setzten sie sich zusammen und besprachen ihre Ausgaben. Dabei unterschieden sie zwischen drei Kategorien: 1. Notwendigkeit, 2. Ermessenssache, 3. Wir hätten das Geld besser gespart. Die verschwenderische Mindy wandelte sich zu einer begeisterten Sparerin. Sie sammelt Gutscheine und kauft in verschiedenen Geschäften ein, um Geld zu sparen. Darüber hinaus hat sie ihre Begeisterung für das Kochen wiederentdeckt und die beiden genießen ihre Mahlzeiten in den eigenen vier Wänden. Manchmal gönnen Sie sich aber auch ein wenig Luxus. Doch im Gegensatz zu früher bezahlen sie bar.

Kurz darauf erbten sie völlig überraschend 2.000 Euro. Sie hatten es geschafft, das Geld bahnte sich seinen Weg in ihr Leben. Sie widerstanden der Versuchung, ihrem Finanzberater den unerwarteten Geldsegen zu verschweigen und das Geld auszugeben. Stattdessen zahlten sie mit dem Geld einen Teil ihrer Kreditkartenschulden zurück. Die beiden sind so begeistert bei der Sache, dass sie ihre Schulden schon sehr bald hinter sich lassen und finanziell unabhängig sein werden.

Kapitel 22

Stellen Sie sich vor, Sie wären Milliardär

Nach einiger Zeit werden Sie erkennen, dass das Besitzen sehr viel weniger Spaß macht als das Wünschen. Das ist zwar nicht logisch, aber in den meisten Fällen zutreffend.

Spock, *Star Trek*

Stellen Sie sich vor, Sie wären Milliardär. Fragen Sie Freunde und Verwandte, was sie mit einer Milliarde machen würden. Ich möchte Ihnen vorschlagen, jetzt einen Zettel und einen Stift zur Hand zu nehmen und 100 Dinge zu notieren, die Sie mit einer Milliarde machen würden. Lassen Sie Ihrer Fantasie freien Lauf. Geld ist nichts weiter als ein Objekt. Wenn Sie sich schon immer ein Haus am Strand gewünscht haben, dann schreiben Sie es auf. Sie wünschen sich einen Mercedes oder eine Rolex, notieren Sie es. Private Tanzstunden oder ein Tauchkurs auf Hawaii? Schreiben Sie alle Wünsche, Pläne, Idealvorstellungen, Träume und Hoffnungen auf. Vielleicht ergeht es Ihnen wie vielen anderen auch, und Ihnen fallen gar keine 100 Punkte ein. Lassen Sie sich etwas einfallen. Keine Sorge, Sie müssen ja nicht alle Ideen in die Tat umsetzen.

Wenn Sie 100 Punkte notiert haben, gehen Sie die Liste sorgfältig durch. Wie viele Punkte wollen Sie wirklich realisieren? Wollen Sie diesen Mercedes wirklich? Was bedeutet Ihnen ein Mercedes überhaupt? Wollen Sie die Kosten für den Unterhalt wirklich tragen? Denn wir vergessen nur zu häufig, dass Besitz mit weiteren Kosten verbunden ist. Haben Sie schon einmal einen Mercedes gefahren? Richard, einer meiner Klienten, fuhr einmal ein halbes Jahr lang einen Mercedes als Leihwagen. Danach wollte er keinen Mercedes mehr. Denn erstens fand er, dass der Mercedes zu lange für das Beschleunigen brauchte. Zweitens musste er Diesel tanken, und das ist in den USA längst nicht an jeder Tankstelle zu haben. Drittens musste er Ersatzteile aus Deutschland importieren lassen, was mit einem großen bürokratischen Aufwand verbunden war. Und viertens hatte er fürchterliche Angst, dass der Mercedes eine Schramme bekommen könnte. Nein danke! Der ganze Aufwand nur für einen Mercedes? Da fuhr er doch lieber weiter seinen alten Honda und hatte seine Ruhe. Gehen Sie bei den notierten Aktivitäten nach demselben Schema vor. Wollen Sie wirklich Opernstar werden? Oder sparen Sie sich lieber doch die Zeit für die Ausbildung und singen weiter unter der Dusche?

Wählen Sie zehn Punkte aus, die Sie wirklich realisieren möchten. Also die, bei denen Sie es bereuen würden, wenn Sie sie nicht tun und irgendwann auf dem Totenbett sagen müssten: „Hätte ich doch nur einmal die Akropolis besucht!" Haben Sie schon einmal von jemandem gehört, der auf dem Totenbett bereut hat, dass er sich niemals eine Rolex gekauft hat? Genau genommen bereuen wir Dinge, die wir nicht getan oder gesagt haben – wenn wir jemandem nicht verziehen oder uns bei jemandem nicht entschuldigt haben, keine Zeit für andere hatten oder eine große Chance nicht genutzt haben. Sie können Unmengen von Geld sparen, wenn Sie sich diese Tatsache jetzt und hier klar vor Augen führen. Achten Sie darauf, dass die verbleibenden Punkte mit Ihren persönlichen Wertvorstellungen übereinstimmen. Ich meine hier nicht die moralischen Werte. Die Punkte auf Ihrem Wunschzettel sollten Ihnen einfach wirklich wichtig sein. Wählen Sie eines dieser Lebensziele aus und fangen Sie noch heute mit seiner Verwirklichung an.

Sobald Sie Ihre Bedürfnisse erkannt haben (Tipp 43), werden Sie sehr viel weniger Wünsche haben als je zuvor. Bei meiner Arbeit an diesem Buch habe ich mit einer Variante dieser Übung experimentiert. Um mich für die Arbeit zu motivieren erstellte ich eine Liste von all den Dingen, die ich mir mit dem Honorar für das Buch kaufen wollte (zu diesem Zeitpunkt hatte ich noch nicht einmal einen Agenten und schon gar keinen Verleger). Meine Liste war, für mich als ehemalige Konsumsüchtige, sogar relativ bescheiden. Ich wünschte mir einen neuen Wintermantel, einen braunen Kaschmirpulli, Wohnzimmerstühle, Pflanzen, eine Designerbrille und einen neuen Wohnzimmerteppich. Ich notierte all diese Punkte sowie den jeweiligen Preis und legte das Ganze beiseite, bis ich ein Angebot von einem Verleger erhielt. Dann nahm ich mir die Liste erneut vor und stellte fest, dass ich die meisten Dinge mittlerweile schon besaß. Bezahlt hatte ich jeweils nur einen Bruchteil von der auf der Liste genannten Summe. Eine Freundin hatte mir Pflanzen geschenkt. Der Wohnzimmerteppich war ein Geschenk meiner Cousine. Ich hatte einen braunen Kaschmirpulli im Schlussverkauf erstanden und dann festgestellt, dass Kaschmir mir gar nicht wirklich gefiel (Kaschmir ist gar nicht so toll, wie man immer sagt, und kratzt auf der Haut.) Einen Wintermantel hatte ich mittlerweile auch schon. Was noch fehlte, war die Designerbrille. Aber eigentlich gefiel mir meine Brille und ich wollte gar keine neue. Also konnte ich eine völlig neue Liste erstellen.

Nehmen Sie sich etwas Zeit und stellen Sie sich vor, Sie wären Milliardär. Schreiben Sie auf, was Sie mit dem Geld machen würden, und wählen Sie dann die zehn Punkte aus, die Sie wirklich realisieren wollen.

Kapitel 23

Stopfen Sie die Geldlöcher

Geld ist nicht alles, solange man genug davon hat.

Malcom Forbes

Aus meiner Erfahrung als Coach weiß ich, dass die meisten Menschen glauben, sie könnten ihre finanziellen Probleme mit mehr Geld lösen. Aus diesem Grund spielen so viele Menschen Lotto. „Dieses Mal habe ich vielleicht Glück und bin all meine Probleme auf einen Schlag los." Nur leider ist Geld nicht die Antwort. Eine Studie über Lottogewinner hat ergeben, dass die glücklichen Gewinner sechs Monate nach dem Gewinn genauso glücklich sind wie Menschen, die sechs Monate zuvor durch einen Unfall querschnittsgelähmt wurden. Folglich macht ein Lottogewinn auch nicht glücklicher als eine Querschnittslähmung. Hoffen Sie nicht länger auf den Lottogewinn, sondern lösen Sie Ihre Geldprobleme, und zwar indem Sie Ihre Probleme im Umgang mit Geld lösen. Das bedeutet, dass Sie sich darüber klar werden müssen, warum Sie über Ihre Verhältnisse leben oder sich permanent in finanziellen Schwierigkeiten befinden. Solange Sie nicht wissen, warum das so ist, wird zusätzliches Geld auf demselben Weg aus Ihrem Leben verschwinden wie das andere Geld zuvor auch. Wenn Sie jedoch diese Löcher stopfen, bleibt Ihnen das zusätzliche Geld erhalten und kann für Sie arbeiten.

Wie sehen denn nun diese typischen Geldlöcher aus? Menschen, die mehr Geld ausgeben, als sie tatsächlich besitzen, haben häufig unbefriedigte emotionale Bedürfnisse. Durch die Werbung wird uns leider auch noch vermittelt, dass uns zu unserem Glück nichts weiter als ein bestimmtes Produkt fehlt. Doch leider ist das nur eine Illusion. Denn gerade die Werbung zielt auf die emotionalen und nicht auf die tatsächlichen Bedürfnisse der Menschen ab. Um ein emotionales Bedürfnis zu befriedigen müssen Sie sich dieses Bedürfnis bewusst machen und dann dafür sorgen, dass es künftig befriedigt wird. Egal wie viel Geld Sie haben, Ihre emotionalen Bedürfnisse können Sie damit nicht befriedigen.

Linda, eine erfolgreiche Geschäftsfrau aus Chicago, verdiente richtig gutes Geld. Als sie mich um Hilfe bat, hatte sie trotzdem über 20.000 Euro Kreditkartenschulden und ihr Konto war hoffnungslos überzogen. Sie hatte eine schöne geräumige Wohnung, für die sie monatlich 1.100 Euro Miete zahlte, und trug nur Designerkleidung, was sie damit entschuldigte, dass sie sich ihren Kunden gegenüber angemessen präsentieren müsste. Mit dreiunddreißig Jahren verfügte sie über keinerlei Ersparnisse und war zudem auch noch verschuldet. Aus diesem Grund musste sie nicht nur weiter arbeiten, sondern stand auch wegen ihrer Schulden permanent unter Stress. Ihr war klar, dass sie endlich etwas unternehmen musste. Als sie mit dem Coaching begann, erkannte sie, dass sie so viel Geld ausgab, weil sie Bestätigung brauchte. Wenn sie sich wieder einmal einen neuen Pulli oder ein Paar Schuhe kaufte, hatte sie für einen Moment das Gefühl, etwas ganz Besonderes zu sein. Aber dieses Gefühl war leider nur von kurzer Dauer. Wirklich getragen hat sie ihre Errungenschaften nur selten. Denn diesen Moment des Glücks empfand sie ja nur beim Kaufen.

Nachdem Linda ihre emotionalen Bedürfnisse erkannt hatte, musste sie neue und weniger kostenintensive Wege zur Befriedigung ihrer Bedürfnisse finden. Ich forderte sie auf, sich fünf Menschen zu suchen, die ihr Anerkennung schenkten, wenn sie sie brauchte. Allein der Gedanke, andere Menschen in diesem Zusammenhang um Hilfe zu bitten, bereitete ihr Schwierigkeiten. Gerade das zeigte deutlich, dass hier ihr eigentliches Problem lag. Schließlich bat sie ihre Mutter zwei Monate lang, wöchentlich bei ihr anzurufen und ihr zu sagen, wie viel sie ihr bedeutet. Dann bat sie ihren Bruder, ihr jede Woche eine Postkarte zu schicken, auf der er ihr ein Kompliment machte. Ihren Partner bat sie um eine wöchentliche Massage. Entscheidend war, dass sie es übertrieb. Jetzt, da sie von allen Seiten bestätigt und umsorgt wurde, verspürte sie gar kein Verlangen mehr danach, die Geschäfte zu stürmen. Keine Sorge, Sie müssen das ja nicht ewig fortsetzen. Sechs bis acht Wochen reichen vollkommen. Linda erkannte auf diese Weise, dass sie ihr eigentliches Bedürfnis mit neuer Kleidung nicht befriedigen konnte, und wurde von ihrer Kaufsucht geheilt. Von dem, was wir wirklich brauchen, können wir gar nicht genug bekommen.

Jetzt war Linda so weit, dass sie auch ihren Lebensstil verändern konnte. Zunächst musste sie sich klar machen, wohin ihr Geld verschwand. Also führte sie einen Monat lang akribisch Buch über ihre Ausgaben. Sie listete ihre Fixkosten (Miete, Strom, Gas, Lebensmittel, Versicherungen) und ihre sonstigen Ausgaben auf (Restaurant-, Theaterbesuche, Kleidung, Maniküre usw.) Zu ihrem Entsetzen stellte sie fest, dass sie pro Jahr mehr als 10.000 Euro für Schuhe und Kleidung ausgab. Sie erkannte, wie sich all die täglichen Kleinigkeiten addierten. Sie gab ca. 10 Euro pro Tag aus, um sich in der Mittagspause etwas zu essen zu kaufen. Das waren 2.400 Euro pro Jahr allein für das Mittagessen. Auch das allmorgendliche Brötchen und der Kaffee beim Bäcker kosteten 1,50 Euro – immerhin 360 Euro pro Jahr. Also frühstückte sie zu Hause, nahm sich für die Mittagspause etwas mit und ergänzte ihre Garderobe pro Saison nur noch um ein bis zwei Kleidungsstücke. Da sie ihre Wohnung nicht aufgeben wollte, suchte sie sich eine Untermieterin. So sparte sie jeden Monat 1.400 Euro. 1.100 Euro davon nutzte sie für die Rückzahlung ihrer Schulden und die restlichen 300 Euro zahlte sie auf ein Sparbuch ein. Endlich bekam sie ihr Leben wieder in den Griff und erkannte, dass sie all die Jahre auf den Prinzen gewartet hatte, der sie aus dem Schlamassel befreien würde. Nun, da sie ihre finanzielle Situation endlich im Griff hatte, wirkte sie tatsächlich attraktiv auf wohlhabende Männer. Andere Menschen fühlen sich erst dann wirklich von uns angezogen, wenn wir sie nicht brauchen. Warten Sie nicht länger auf Ihren Prinzen, sondern bringen Sie Ihre Finanzen in Ordnung!

Kapitel 24

Begleichen Sie Ihre Schulden

*So ihr nun in dem ungerechten Mammon nicht treu seid,
wer will euch das Wahrhaftige anvertrauen?*

Lukas 16,11

Schulden sind in den vergangenen zwanzig Jahren leider gesellschaftsfähig geworden. Früher sparten die Menschen, um sich etwas leisten zu können. Heute ist es genau umgekehrt. Wir wollen etwas haben, also kaufen wir es und zahlen später – und obendrein auch noch die Zinsen für den Kredit. Der Preis für dieses Konsumverhalten ist hoch und ich spreche hier nicht nur von den Zinsen. Schulden verursachen Stress. Vielleicht sind Sie so daran gewöhnt, mit Schulden zu leben, dass Sie gar nicht mehr bemerken, wie viel Stress das verursacht. Und erst wenn Sie wirklich schuldenfrei sind, werden Sie erkennen, was für eine große Erleichterung das ist.

Nach meinem Studium verdiente ich bereits mehr als meine Eltern und fühlte mich zum ersten Mal in meinem Leben richtig wohlhabend. Kurz darauf hatte ich fünf verschiedene Kreditkarten und alle fünf Karten waren überzogen. Woche für Woche trudelten die Abrechnungen bei mir ein. Ich traute mich gar nicht mehr, die Rechnungen zu öffnen, denn sie waren grundsätzlich höher als erwartet. Wie viel Stress das verursachte wurde mir erst klar, nachdem ich all meine Schulden zurückgezahlt hatte. Wenn ich heute meine Kreditkarte benutze, begleiche ich noch im selben Monat die gesamte Rechnungssumme.

Schulden verursachen nicht nur Stress, sie kosten auch unnötige Energie. Und das hindert Sie wiederum daran, die richtigen Menschen und Möglichkeiten anzuziehen. Schulden belasten Sie nur unnötig. Eine meiner Klientinnen, immerhin stellvertretende Leiterin einer Bank, hatte mehrere Tausend Mark an Kreditkartenschulden angehäuft, ohne darüber auch nur nachzudenken. Erst in meinem Seminar erkannte sie, dass sie für diese Schulden einen zu hohen Preis zahlte. Also trennte sie sich von einigen Wertpapieren und beglich ihre Schulden. Kurz darauf rief sie mich an, bedankte sich und erklärte mir, wie viel besser sie sich jetzt fühlte. Durch diese für sie eher geringfügige Änderung erhielt sie die Motivation, sich auch auf andere Dinge zu konzentrieren, die sie schon seit Jahren in Angriff nehmen wollte, aber immer wieder aufgeschoben hatte. Sie kaufte sich endlich die neue Schlafzimmereinrichtung, die sie sich schon so lange gewünscht hatte, und gestaltete ihre Wohnung um. Sie nahm dafür keinen Kredit auf, sondern griff dafür auf ihre Ersparnisse zurück.

Wenn Sie es allein nicht schaffen sollten, nehmen Sie die Hilfe einer Schuldenberatungsstelle in Anspruch. Dort wird man Ihnen helfen und einen Finanzplan erstellen sowie entsprechende Rückzahlungsvereinbarungen mit Ihren Gläubigern treffen. Dann müssen Sie sich nicht persönlich mit Ihren Kreditgebern auseinander setzen und in der Regel lassen sich auf diese Weise geringere Rückzahlungsraten aushandeln. Für den Fall, dass die Schulden Ihnen bereits über den Kopf gewachsen sind, sollten Sie dieses Angebot unbedingt nutzen. Der einzige Nachteil an der Schuldenberatung ist, dass Sie einen entscheidenden Lernprozess versäumen. Viele Menschen müssen einfach erst bis zum Hals im Schlamassel stecken, um aus ihren Erfahrungen zu lernen.

Indem Sie Ihre Schulden abzahlen, schaffen Sie gleichzeitig die Basis für ein Finanzpolster. Denn alles, was Sie beim Zurückzahlen Ihrer Schulden lernen, können Sie später verwenden, um sich finanzielle Rücklagen zu schaffen. Lassen Sie sich nicht entmutigen. Je eher Sie schuldenfrei sind, desto eher können Sie die Dinge erreichen, die Sie sich wirklich wünschen.

Kapitel 25

Machen Sie eine „Gelddiät"

Reichtum besteht nicht darin, viel zu besitzen, sondern sich wenig zu wünschen.

Esther de Waal

In unserer Konsumgesellschaft vergessen wir nur zu häufig, dass man Glück nicht mit Geld kaufen kann. Einem Bericht von Alfie Kohn in der *New York Times* zufolge „ist der Besitz vieler Dinge nicht nur unbefriedigend, sondern Menschen, denen Reichtum und Wohlstand besonders wichtig sind, sind häufiger ängstlich und ganz allgemein eher unzufrieden als andere." Die in dem Artikel zitierten Psychologen gaben an, dass „menschliche Ziele wie der Kontakt zu den Mitmenschen positive psychologische Auswirkungen haben, während das Ziel, andere durch Geld oder Kleidung zu beeindrucken, eher negative psychologische Auswirkungen erkennen lässt." Im letzteren Fall wollten die Menschen häufig nur unerfüllte emotionale Bedürfnisse kompensieren. „Je mehr wir versuchen, Erfüllung durch materielle Güter zu erreichen, desto weniger wird uns das gelingen ... Die Befriedigung ist in diesem Fall von kurzer Dauer", so die Schlussfolgerung von Dr. Richard Ryan. Das sollte doch Grund genug sein, um die materiellen Ziele weniger wichtig zu nehmen und uns darauf zu konzentrieren, ein besserer Mensch zu werden und unsere Beziehungen zu unseren Mitmenschen zu verbessern – und genau das ist das Ziel dieses Coaching-Programms. Sind unsere emotionalen und sozialen Bedürfnisse befriedigt, geben wir auch weniger Geld aus (Tipp 43 und Tipp 44). In unserer konsumorientierten Gesellschaft ist das allerdings nicht leicht. Sie müssen schon drastische Maßnahmen ergreifen, um Ihr Konsumverhalten zu verändern.

Eine der einfachsten und schnellsten Möglichkeiten ist die „Gelddiät". Geben Sie dreißig Tage lang nur Geld für die unbedingt nötigen Anschaffungen aus, z. B. Toilettenpapier, Zahnpasta und Lebensmittel. Alle anderen Ausgaben sind tabu. Sie können sich gerne aufschreiben, was Sie kaufen wollen. Aber kaufen Sie nichts. Gehen Sie nur einkaufen, wenn es unbedingt nötig ist, und lassen Sie die Zeitschriften und den Kaugummi links liegen. Am besten machen Sie vor Ihrer Gelddiät einen Großeinkauf, sodass Sie alles Lebensnotwendige im Haus haben. Wenn Sie in dieser Zeit zu einem Geburtstag müssen, kaufen Sie das Geschenk im Voraus. Ihre Putzfrau müssen Sie nicht unbedingt entlassen, es sei denn, Sie können sie wirklich nicht mehr bezahlen. Schrauben Sie Ihre Ausgaben schon bei den ersten Anzeichen von finanziellem Stress zurück und Sie werden sich gleich besser fühlen. Sobald sich Ihre finanzielle Situation gebessert hat, können Sie ja wieder eine Putzfrau einstellen.

Rebecca, Hausfrau und Mutter von drei Kindern, kaufte für ihr Leben gerne ein. Die Gelddiät faszinierte sie jedoch. Sie betrachtete es als Herausforderung – würde Sie es schaffen, einen Monat lang kein Geld auszugeben? Für Menschen, die ihren regelmäßigen Einkauf brauchen wie die Luft zum Atmen, ist die Gelddiät häufig der Durchbruch. Während ihrer Gelddiät erkannte Rebecca, dass Einkaufen für sie eine schnelle, wenn auch wenig kreative Form der Problemlösung darstellte. Wenn Sie dazu neigen, zu viel Geld auszugeben, sollten Sie sich darüber im Klaren sein, dass diese Angewohnheit schnell zur Sucht werden kann. Rebecca stieß während ihrer Gelddiät auf zahlreiche Möglichkeiten, über die sie früher nie nachgedacht hatte. Da sie sich keine Bücher kaufen konnte, entdeckte sie die öffentliche Bibliothek für sich. Auf diese Weise konnte sie gleich zwei Probleme auf einmal lösen: Sie sparte 80 Euro pro Monat, die sie früher in Bücher investiert hatte, und musste sich keine Gedanken mehr darüber machen, wo sie diese Bücher unterbringen sollte. Da die Bibliothek auch Videofilme anbot, konnte sie auch noch das Geld für das Kino sparen. Auch Platten und CDs konnte sie dort ausleihen. Um ein Haar wäre sie schwach geworden und hätte sich eine Tasche für die Bücher gekauft. Doch dann wurde ihr klar, dass sie die Bücher genauso gut in einer Tüte transportieren konnte.

Da sie im Vorfeld nicht genug Brötchen und Gebäck für das Frühstück eingekauft hatte, musste sie improvisieren. So bekamen die Kinder schließlich ein wesentlich gesünderes Frühstück aus Vollkornpfannkuchen und frischen Früchten. Dieses Frühstück wurde sogar zu einem richtigen Familienritual. Nach und nach wurde ihr klar, dass es wesentlich schönere und wichtigere Dinge gab, als zu konsumieren.

Und Sport? Rebecca wollte Yoga lernen und fand schließlich heraus, dass in ihrer Stadt ein Gratiskurs angeboten wurde. Dann lieh sie sich einen Film zum Thema „Yoga" aus und brachte es auch ihren Kindern bei. Statt ins Restaurant zu gehen, machte sie für sich und ihren Mann ein Picknick zurecht und ging mit ihm ins Grüne. Endlich fanden sie wieder Zeit, um miteinander zu reden und gemeinsame Pläne zu schmieden, was schließlich sogar ihre Beziehung erheblich verbesserte. Das Geld für den Babysitter sparte sie sich, indem sie einmal wöchentlich auf die Kinder einer Freundin aufpasste, die im Gegenzug ihre Kinder einmal in der Woche zu sich nahm.

Rebecca wünschte sich auch ein Haustier. Doch statt sich ein Tier zu kaufen, freundete sie sich mit der Katze ihrer Nachbarn an, die sie daraufhin täglich besuchte. Dieselben Nachbarn hatten neben der Katze auch zwei Hunde und waren froh, wenn Rebeccas Kinder sie ausführten oder mit ihnen spielten. Denken Sie immer daran, dass ein Haustier, selbst wenn Sie es geschenkt bekommen, immer mit Kosten verbunden ist: Futter, Impfungen, Versicherung usw.

Durch ihre Gelddiät nahm Rebecca die zahllosen kleinen Freuden des Alltags wieder wahr. Sie entdeckte zahlreiche Möglichkeiten, die sie rein gar nichts kosteten. Es machte ihr sogar Spaß, sich immer wieder etwas Neues einfallen zu lassen. Da ihr der erste Monat so gut gefallen hatte, setzte sie ihre Gelddiät noch einen weiteren Monat fort.

Wenn Sie erst einmal Ihre Verhaltensmuster durchbrochen haben, werden Sie erkennen, dass Sparen sogar Spaß machen kann. Ersparnisse geben Ihnen ein wunderbares Gefühl der Freiheit und das Wissen, dass Sie damit machen können, was Sie wollen – und wer wünscht sich das nicht?

Kapitel 26

Verdienen Sie das, was Sie verdienen?

> Ich bat das Leben um einen Penny,
> und ich erhielt diesen Penny.
> Als ich abends meine kärglichen Besitztümer betrachtete,
> bettelte ich um mehr.
>
> Das Leben ist nichts weiter als ein Dienstbote –
> es gibt uns alles, worum wir es bitten.
> Wenn wir festgelegt haben, was wir verdienen wollen,
> müssen wir dieses Los dann akzeptieren?
>
> Ich arbeitete für einen Hungerlohn,
> nur um bestürzt festzustellen,
> dass, ganz egal, um welches Gehalt ich das Leben bat,
> ich es erhielt.
>
> Jessie Belle Rittenhouse

Jetzt da Sie Ihre Ausgaben eingeschränkt haben, ist es an der Zeit, dass Sie Ihr Einkommen verbessern. Wenn Sie fest angestellt sind, könnten Sie Ihren Arbeitgeber um eine Gehaltserhöhung bitten. Wenn Sie selbstständig arbeiten, könnten Sie höhere Honorare berechnen oder ein weiteres Produkt bzw. eine zusätzliche Dienstleistung in Ihr Angebot aufnehmen. Wenn Ihr Honorar ohnehin schon über dem Durchschnitt liegt, dann müssten Sie schon einen Nebenjob annehmen.

Lassen Sie uns nun gemeinsam überlegen, wie Sie am besten um eine Gehaltserhöhung bitten können. Erkundigen Sie sich, was andere Menschen in Ihrer Position verdienen. Fragen Sie Freunde, die ähnliche Jobs haben, oder schlagen Sie in den entsprechenden Tariflohntabellen nach. Wundern Sie sich nicht, wenn Sie dabei feststellen, dass Ihr Einkommen sogar unter dem Tarif liegt. Damit sind Sie nicht allein. Auch wenn Sie ein überdurchschnittliches Gehalt erhalten, sollte Sie das nicht davon abhalten, um eine Gehaltserhöhung zu bitten. Gute Mitarbeiter verdienen auch ein gutes Gehalt.

Im zweiten Schritt sollten Sie Ihre beruflichen Leistungen des vergangenen Jahres notieren und sie in einem kurzen Memo zusammenfassen. Sie wollen schließlich etwas vorweisen können, wenn Sie um mehr Gehalt bitten. Nennen Sie so viele konkrete Zahlen wie möglich und machen Sie deutlich, inwieweit das Unternehmen von Ihrer Mitarbeit profitiert hat. Nennen Sie alle Projekte, an denen Sie mitgearbeitet haben. Denn Vorgesetzte vergessen so etwas leider nur zu oft. In diesem Zusammenhang sollten wir aber auch bedenken, wie häufig wir selbst vergessen, was wir gemacht haben. Ich denke, da kann man von einem Manager nicht erwarten, dass er sich an jede einzelne Leistung seiner Mitarbeiter erinnert. Sie können auch alle drei Monate ein Memo über Ihre Leistungen verfassen und eine Kopie davon für Ihren persönlichen Gebrauch abheften. Wenn Ihr Vorgesetzter sich dann ein Bild von Ihren Leistungen machen will, können Sie ihm alles Wissenswerte schwarz auf weiß vorlegen. Listen Sie in diesen Memos niemals Ihre Fehler auf. Vielleicht hat Ihr Vorgesetzter die ja vergessen. Warum sollten Sie ihn also mit der Nase darauf stoßen? Bleiben Sie bei Ihren positiven Leistungen.

Einige Unternehmen fordern ihre Angestellten auf, ihre Leistungen selbst zu bewerten. Also seien Sie vorsichtig, wenn Sie gefragt werden, in welchen Bereichen Sie Ihre Leistungen verbessern könnten. Weisen Sie Ihre Vorgesetzten nicht auf Fehler hin, von denen diese bislang nichts wussten. Denn die Entscheidung über eine Gehaltserhöhung basiert nur zu häufig auf der scheinbaren und nicht auf der tatsächlichen Leistung. Also stellen Sie Ihr Licht nicht unter den Scheffel. Aber Sie sollen natürlich auch nicht den Eindruck erwecken, Sie wären nicht bereit, Ihre Leistungen zu verbessern. Nennen Sie bei dieser Frage einfach ein Gebiet, auf dem Sie sich gerne weiterbilden möchten. Wenn Sie z. B. in der Verwaltung arbeiten und über keinerlei Erfahrung im Vertrieb verfügen, führen Sie diesen Punkt an und bitten Sie gegebenenfalls gleich um eine entsprechende Fortbildung oder Schulung. Schließlich sind Sie ein engagierter Mitarbeiter. In großen Unternehmen werden Gehaltserhöhungen in der Regel langfristig geplant, d. h. Sie erhalten die Erhöhung frühestens sechs bis neun Monate, nachdem die Entscheidung gefällt wurde. Also setzen Sie Ihren Vorgesetzten am besten gleich über Ihre Leistungen in Kenntnis.

Nachdem Sie Ihr Memo erstellt haben, bitten Sie Ihren Vorgesetzten um ein persönliches Gespräch. Wenn in Ihrem Unternehmen regelmäßige Meetings stattfinden, in denen die Leistungen der Mitarbeiter besprochen werden – wunderbar. Aber warten Sie nicht bis zum nächsten Meeting. Schließlich wollen Sie wissen, ob Ihr Vorgesetzter mit Ihrer Leistung zufrieden ist. Bitten Sie ihn um ein Feedback. Sollte man mit Ihren Leistungen nicht zufrieden sein, können Sie das gar nicht früh genug erfahren. In diesem Fall sollten Sie über Verbesserungen sorgfältig Buch führen und Ihren Vorgesetzten in einem weiteren persönlichen Gespräch darüber informieren.

Im vierten Schritt bitten Sie dann um die Gehaltserhöhung. Wenn Sie überdurchschnittliche Arbeit leisten, steht Ihnen auch eine übertarifliche Bezahlung zu. Sie bekommen zwar vielleicht nicht das, was Sie wollen, aber Sie sollten zumindest Ihre Gehaltsvorstellung nennen. Auf diese Weise heben Sie sich in jedem Fall schon einmal von der Menge ab. Denn die meisten Menschen trauen sich gar nicht, um eine Gehaltserhöhung zu bitten. Und wenn dann darüber entschieden wird, wer mehr Gehalt erhalten soll, was meinen Sie, wer zuerst berücksichtigt wird? Menschen, die um eine Gehaltserhöhung bitten, werden diese sehr viel eher erhalten als jemand, der zwar hervorragende Arbeit leistet, aber nie um mehr Gehalt bittet.

Und wie sollten Sie vorgehen, wenn Sie selbstständig sind? Als Selbstständiger stehen Ihnen zahlreiche Möglichkeiten offen, um Ihr Einkommen zu verbessern. So können Sie

z. B. Ihre Ausgaben kürzen. Sofern Sie das schon getan haben, können Sie auch Ihr Honorar anheben. Ich rate meinen Klienten grundsätzlich, nichts umsonst zu tun und ihre Honorarsätze je nach Geschäftslage alle sechs bis zwölf Monate anzuheben. In diesem Fall müssen Sie allerdings auch dafür sorgen, dass Ihre Leistungen sich kontinuierlich verbessern. Oder aber Sie können die Tarife für neue Kunden anheben und älteren Kunden die alten Honorarsätze in Rechnung stellen. Diese Entscheidung hängt immer von der Art Ihres Unternehmens bzw. Gewerbes, der Marktsituation und dem Niveau Ihrer Dienstleistungen ab.

Haben Sie schon einmal über eine Nebenbeschäftigung nachgedacht? Auf diese Weise können Sie nicht nur Ihr Einkommen verbessern, sondern auch gleichzeitig Erfahrungen auf neuen Gebieten sammeln. Viele Menschen sind mit ihrem Beruf unzufrieden, sind sich aber nicht darüber im Klaren, was sie eigentlich wollen. Durch eine Nebenbeschäftigung können Sie die unterschiedlichsten Sparten antesten oder auch eine Teilzeitstelle in dem Job annehmen, der Sie interessiert. Aber übertreiben Sie es nicht. Viele Menschen arbeiten so viel nebenbei, dass ihre beruflichen Leistungen darunter leiden. Setzen Sie sich mit der Personalabteilung in Verbindung und bitten Sie um die Erlaubnis für eine Nebenbeschäftigung. Wenn Sie nicht wissen, wo Sie die Zeit für eine weitere Stelle hernehmen sollen, sehen Sie einfach weniger fern. Sofern auch Sie zu den Menschen zählen, die zwanzig Stunden wöchentlich fernsehen, können Sie in dieser Zeit genauso gut Geld verdienen.

Seien Sie kreativ. Wie können Sie Ihr Einkommen noch aufbessern? Vielleicht könnten Sie ja sogar mit ihrem Hobby Geld verdienen? Tanzen Sie für Ihr Leben gern? Dann geben Sie doch Tanzstunden. Sie haben ein hervorragendes Organisationstalent und lieben es, Ordnung in das Chaos zu bringen? Dann könnten Sie auch damit Geld verdienen. Sie telefonieren gerne und sind ein Verkaufstalent? Vielleicht sollten Sie Ihr Glück einmal mit einem Multi-Level-Marketingprogramm versuchen. Nehmen Sie sich ein paar Minuten Zeit und schreiben Sie auf, wie Sie Ihr Einkommen verbessern könnten.

Kapitel 27

Legen Sie einen Notgroschen zurück

Geld macht zwar nicht glücklich, aber es beruhigt die Nerven.

Sean O'Casey

Ein Notgroschen war für mich früher eine Kreditkarte, deren Kreditrahmen noch nicht erschöpft war. Ich hatte keinerlei Ersparnisse, bis auf das Geld, das mein Arbeitgeber für mich im Rahmen der vermögenswirksamen Leistungen angelegt hatte. Und selbst dieses Geld hatte ich schon beliehen. Ich kam gar nicht auf die Idee, mir einen Notgroschen anzusparen. Und bei einem Zinssatz von nur drei Prozent erschien mir das auch nicht besonders lohnenswert. Geld ausgeben macht ja auch viel mehr Spaß, als sparen. Also warum sollte ich mir diese Freude nicht gönnen?

Das Komische mit den Ersparnissen ist ja, dass wir sie erst zu schätzen lernen, wenn wir sie haben. Wenn Sie diese Erfahrung erst einmal gemacht haben, werden Sie Ihre Ersparnisse nicht mehr missen wollen. Ich setzte mir zunächst das Ziel, die Lebenshaltungskosten für sechs Monate zurückzulegen. Da ich in Manhattan lebte, waren das ungefähr 15.300 Euro. Diese Summe erschien mir damals unerreichbar und ich dachte, ich würde dafür Jahre brauchen. Ich brauchte dafür aber gerade einmal ein Jahr. Das Geld floss aus völlig unerwarteten Quellen in mein Leben. Ich erhielt eine Steuerrückzahlung und eine unerwartete Provision. Ich richtete ein Sparkonto ein, auf das monatlich automatisch 500 Euro von meinem Gehaltskonto überwiesen wurden. Diese Ersparnisse sollten Sie jedoch keinesfalls für Ihren nächsten Urlaub, ein neues Auto oder gar einen ausgedehnten Einkaufsbummel ausgeben. Für diese Ausgaben brauchen Sie noch einmal ein gesondertes Konto. Nein, dieses Konto ist Ihr persönlicher Notgroschen.

Sie werden sich vielleicht fragen, wofür, wenn nicht für die große Reise, Sie dieses Geld ausgeben sollen. Wenn Ihr Auto dringend repariert werden muss oder wenn Sie dringend zu Ihrer kranken Großmutter fahren müssen, dann können Sie auf den Notgroschen zurückgreifen. Dieses Geld soll Ihnen in Krisensituationen helfen, das zu tun, was Sie tun müssen, ohne dass Sie sich dabei Gedanken über das Geld machen müssen.

Wenn Sie im Zweifelsfall ein halbes Jahr oder gar zwei Jahre auf Ihr Einkommen verzichten können, haben Sie enorme berufliche Vorteile, und zwar unabhängig davon, ob Sie nun angestellt oder selbstständig sind. Denn dann müssen Sie sich nicht mit ständig nörgelnden Kunden abgeben. Im Gegenteil: Sie können sich die Kunden aussuchen. Wenn wir aber auf die Einnahmen angewiesen sind, gehen wir nur zu oft faule Kompromisse ein.

Als Angestellter sind Sie selbstbewusster und haben weniger Probleme, Ihre persönlichen Grenzen zu setzen (Tipp 5) und Ihre Ansprüche an sich selbst aufrechtzuerhalten. Und im schlimmsten Fall haben Sie immer noch die Möglichkeit zu kündigen und sich nach einer anderen Stelle umzusehen. Finanzielle Reserven sind der Schlüssel zu mehr Selbstbewusstsein und Zufriedenheit. Ich habe schon oft mit Klienten gearbeitet, die ihre Jobs nicht aufgeben konnten, weil ihre Kreditkartenschulden sie regelrecht auffraßen. Und das sind in der Regel auch die Menschen, die davor zurückschrecken, ihren Arbeitgeber in seine Schranken zu verweisen oder um die Gehaltserhöhung zu bitten, die sie so dringend benötigen. Schluss mit der Angst. Fangen Sie an zu sparen!

Mit einem entsprechenden Finanzpolster sind Sie ausgeglichener und offener für all die wunderbaren Möglichkeiten, die sich Ihnen bieten. Sie sind entspannter, zufriedener und müssen sich keine Sorgen mehr um das liebe Geld machen. Großzügigkeit ist äußerst attraktiv. Und glauben Sie mir, mit finanziellen Reserven ist es sehr viel einfacher, großzügig zu sein. Lassen Sie sich diese Möglichkeit nicht entgehen.

Kapitel 28

Sparen Sie 20 Prozent Ihres Einkommens

*Ich will reich werden, aber ich will nie die Dinge tun,
die man tun muss, um reich zu werden.*

Gertrude Stein

Die meisten Menschen haben entweder einen natürlichen Hang zum Sparen oder aber zur Verschwendung. Das Gute daran ist, dass Sie die freie Wahl haben. Sie brauchen jedoch einen zwingenden Grund. Mein Klient Lou war z. B. ein großer Verschwender. Er liebte Antiquitäten und ging für sein Leben gerne auf Schnäppchenjagd. Sparen betrachtete er als vollkommen sinnlos. Man sparte doch nur, um sich später sowieso etwas zu kaufen. Der typische Sparer würde bei einer solchen Äußerung natürlich zusammenzucken, doch für Lou war das eine Tatsache. Es überraschte mich also nicht im Geringsten, dass Lou verschuldet war und über keinerlei Rücklagen verfügte. Immer wenn er einen Kredit zurückzahlte, musste er dafür eine andere Kreditkarte belasten.

Das änderte sich erst, als ich Lou das Prinzip der finanziellen Unabhängigkeit erklärte – also die Tatsache, dass man über so viel Geld bzw. andere Einnahmequellen verfügt, dass man nicht mehr arbeiten muss (Tipp 29). Ein äußerst verlockender Gedanke! Lou hatte diese Möglichkeit für sich selbst nie ernsthaft in Betracht gezogen. Schließlich waren seine Eltern nicht reich und er würde weder ein Vermögen noch ein florierendes Unternehmen erben. Er hatte zwar ein recht gutes Gehalt, lebte aber über seine Verhältnisse. Finanzielle Unabhängigkeit war etwas für die anderen. Er würde immer für sein Geld arbeiten müssen. Doch sein Coach war schon auf dem besten Weg zur finanziellen Unabhängigkeit und erklärte ihm, dass auch er dieses Ziel erreichen könnte. Und so hatte er zum ersten Mal in seinem Leben wirklich einen Grund zum Sparen. Er sparte für seine finanzielle Unabhängigkeit.

Der Schlüssel zur finanziellen Unabhängigkeit liegt darin, dass Sie 20 Prozent Ihres aktuellen Nettoeinkommens zurücklegen. Am besten lassen Sie dieses Geld automatisch von Ihrem Gehaltskonto abbuchen. Zahlen Sie es auf ein Sparkonto ein oder investieren Sie es. Sie sind auf dem Weg in die finanzielle Unabhängigkeit! Und das ist ja wohl ein Grund zum Sparen! Sie müssen entweder Ihre Ausgaben um 20 Prozent reduzieren oder Ihr Einkommen um 20 Prozent verbessern. Besser noch, Sie machen beides gleichzeitig und erreichen so die finanzielle Unabhängigkeit umso schneller (das Beste ist immer, zunächst einmal die Ausgaben zu senken).

Einer meiner Kollegen, ein Mittfünfziger, erklärte mir, er hätte schon mit 18 Jahren erkannt, dass er auch ohne diese 20 Prozent sehr gut leben könnte. Dann wurde ihm klar, dass er auch auf weitere 20 Prozent verzichten könnte. Und heute ist dieser Mann Multimillionär. Und dazu hat er nicht mehr getan, als 20 Prozent seines Einkommens – und zwar aus völlig normalen Jobs – auf die hohe Kante zu legen. Das Rezept für die finanzielle Unabhängigkeit ist wirklich äußerst simpel. Sie brauchen nichts weiter zu tun, als regelmäßig Geld zurückzulegen. Legen Sie dieses Geld am besten gut an. Lassen Sie sich dabei von einem Vermögensberater oder Ihrer Bank beraten.

Und glauben Sie mir, es zahlt sich aus, wenn Sie Ihren Lebensstil ein wenig ändern, um diese 20 Prozent zu sparen. Sicherheit, Zufriedenheit und Unabhängigkeit sind doch sicherlich überzeugende Argumente. Erkundigen Sie sich nach den besten Zinssätzen und lassen Sie die Einzelheiten von Ihrer Bank regeln, sodass Sie sich damit nicht unnötig belasten müssen. Und dann brauchen Sie, mit dem Wissen, dass Sie in Ihre Zukunft investieren, keinen Gedanken mehr daran zu verschwenden.

Kapitel 29

Das Spiel mit der finanziellen Unabhängigkeit

Ich war arm und ich war reich. Glaub mir, reich sein ist besser.

Sophie Tucker

Wenn Sie erst einmal die finanziellen Rücklagen für sechs Monate gespart haben (Tipp 27) und regelmäßig 20 Prozent Ihres Einkommens zurücklegen (Tipp 28), ist es Zeit für das Spiel mit der finanziellen Unabhängigkeit. Erklären Sie mich jetzt bitte nicht für verrückt – ich sagte „spielen". Lassen Sie sich überraschen. Wenn Sie die grundlegenden Schritte bislang nicht vorgenommen haben, mag Ihnen dieses Kapitel zunächst uninteressant erscheinen. Dann möchte ich Ihnen vorschlagen, die folgenden Seiten zunächst zu überschlagen und zu diesem Thema zurückzukehren, wenn Sie so weit sind. Finanziell unabhängig zu sein bedeutet, dass Sie über so viel Geld bzw. andere Einnahmequellen verfügen, dass Sie nicht mehr arbeiten müssen, sondern bequem von den Zinsen leben können. Wenn Sie arbeiten, dann nur, weil Sie es wollen. Dieses Spiel sollten Sie wirklich einmal spielen. Sie haben ja nichts weiter zu verlieren als Ihren Schuldenberg.

Zunächst einmal müssen Sie sich klar machen, dass *jeder* (ja, auch Sie!) dieses Spiel spielen kann. Sie müssen dafür nicht besonders viel verdienen, Geld erben, reich geboren werden oder gar im Lotto gewinnen. Im zweiten Schritt sollten Sie sich einmal genau überlegen, wie viel Geld Sie für die finanzielle Unabhängigkeit benötigen. Die meisten Menschen sind der Meinung, dazu wären Millionen notwendig. Das ist jedoch ein Irrglaube. Ich spreche ja hier nicht von einem Leben in Saus und Braus. Wenn Sie keine besonders hohen Ansprüche stellen, können Sie von 260.000 Euro schon ganz gut leben. Bei dieser Summe hätten Sie pro Monat schon einen ganz ordentlichen Betrag an Zinseinnahmen. Und wenn Sie sich entscheiden sollten, trotzdem zu arbeiten, können Sie Ihren Lebensstil natürlich enorm anheben. Sofern Ihnen dieser Gedanke nicht einleuchtet, sollten Sie einmal das Buch *Geld oder Leben* von Hannecke van Veen und Rob van Eeden lesen. Dort finden Sie einige neue Denkansätze zum Thema „Geld".

Sobald Sie erst einmal die Basis für Ihre finanzielle Unabhängigkeit geschaffen haben, werden sich Ihnen zahlreiche neue Möglichkeiten auftun. Und schon bald werden Sie über genügend Einnahmen verfügen, um Ihr Geld Gewinn bringend anzulegen. Ich habe z. B. ein Selbsthilfeprogramm auf Video produziert, das ich nur finanzieren konnte, weil ich bereits über die entsprechenden finanziellen Rücklagen verfügte. Und mittlerweile hat sich dieses Video als erträgliche Einkommensquelle erwiesen. Ich musste nur einmal Arbeit investieren und jetzt verdiene ich an jedem Video, das verkauft wird. Doch nicht

Kapitel 29: Das Spiel mit der finanziellen Unabhängigkeit

nur das: Die Menschen, denen das Video gefallen hat, besuchen häufig auch eines meiner Seminare oder engagieren mich als Personal Coach.

Wenn Sie erst einmal Geld haben, verändert sich auch Ihre Sichtweise! Sie denken in ganz anderen Dimensionen. Und da unsere Gedanken nun einmal unser Handeln bestimmen – denken Sie immer daran –, wird sich einiges ändern. (Aber hüten Sie sich vor Multi-Level-Marketingprogrammen, durch die Sie angeblich über Nacht zum Millionär werden können. Denn die meisten Teilnehmer dieser Programme sind verschuldet und schlecht bezahlt. Diese Programme basieren in der Regel auf der Verzweiflung und der Gier der Menschen.)

Gehen wir einmal davon aus, dass Sie 260.000 Euro für Ihre finanzielle Unabhängigkeit benötigen. Woher sollen Sie dieses Geld nehmen? Wenn es Ihnen gelingen sollte, jeden Tag 100 Euro zu sparen oder zusätzlich zu verdienen, hätten Sie diese Summe in zehn Jahren zusammen und sogar noch an den Wochenenden frei. Sie könnten z. B. nebenbei freiberuflich arbeiten, einen Nebenjob annehmen oder sich fortbilden und sich nach einer besser bezahlten Stellung umsehen. Sie können aber auch Ihre Ausgaben senken und das gesparte Geld investieren. Wenn Sie die finanzielle Unabhängigkeit in Rekordzeit erreichen möchten, dann müssen Sie schon alles gleichzeitig machen. Wichtig ist, dass Sie regelmäßig Geld zurücklegen. Der Schlüssel zum Erfolg liegt im regelmäßigen Sparen.

Eröffnen Sie ein spezielles Konto und nennen Sie es ruhig beim Namen: Konto für finanzielle Unabhängigkeit. Auch wenn Sie nicht mehr als 10 Euro pro Tag zurücklegen können, spielen Sie das Spiel mit der finanziellen Unabhängigkeit. Und Sie werden sehen, wenn Sie erst einmal angefangen haben, werden Ihnen immer neue Ideen kommen. Denken Sie immer daran, dass Sie am ehesten zu mehr Geld kommen, wenn Sie Ihre Ausgaben kürzen. Sie müssen gar nicht unbedingt mehr Geld verdienen. Sparen ist in der Regel wesentlich effektiver. Wie sieht es mit Ihren Fixkosten aus? Eine meiner Klientinnen wohnte mit ihrem Mann in einem riesigen Haus. Im Rahmen ihrer Sparmaßnahmen verkauften sie das Haus, suchten sich etwas Kleineres und sparten eine Menge Geld für die laufenden Kosten. Wenn Sie sich verkleinern, heißt das noch lange nicht, dass Sie einen Rückschritt machen. Die beiden fühlten sich in ihrem neuen Haus sehr viel wohler. Zerbrechen Sie sich nicht den Kopf, wenn Sie keine 100 Euro pro Tag sparen können. Fangen Sie ruhig klein an. Gehen Sie in der Mittagspause nicht mehr auswärts essen. Nehmen Sie sich etwas von zu Hause mit und zahlen Sie das gesparte Geld auf Ihr finanzielles Unabhängigkeitskonto ein. Auch durch viele kleine Beträge kommt schließlich ein beträchtliches Sümmchen zusammen.

Und das Gute an der Sache ist, dass Sie die Früchte Ihrer Arbeit schon ernten können, bevor Sie die finanzielle Unabhängigkeit erreicht haben. Denn allein das Wissen, dass Sie auf dem besten Weg zur finanziellen Unabhängigkeit sind, führt dazu, dass Sie sich wesentlich weniger Sorgen über das liebe Geld machen müssen. Sie müssen nicht mehr befürchten, im Alter zu verarmen. In Krisensituationen bleiben Sie ruhig, da Sie ja noch eine eiserne Reserve haben. Und genau das wird dazu führen, dass sich Ihnen immer weitere Möglichkeiten eröffnen. Über je mehr Geld Sie verfügen, desto mehr Chancen werden sich Ihnen bieten. Sie können Ihren Kunden und Ihrem Arbeitgeber mit mehr Selbstbewusstsein gegenübertreten, da Sie weder auf den Job noch auf den Auftrag wirklich angewiesen sind. Sie arbeiten, weil es Ihnen Spaß macht. Bei diesem Spiel können Sie gar nicht verlieren.

Kapitel 30

Sorgen Sie für ausreichenden Versicherungsschutz

Aber Sie brauchen eine gute Versicherung.

Bertold Brecht

Murphys Gesetz zufolge brauchen wir keine Versicherung, jedenfalls nicht, wenn wir sie abgeschlossen haben. Haben wir keine Versicherung abgeschlossen, wird das Unheil unaufhaltsam seinen Lauf nehmen. Ich bin immer wieder entsetzt, wie viele Menschen unzureichend versichert sind.

Eine Rentenversicherung und eine Diebstahlversicherung sind Pflicht. Eine Lebensversicherung wiederum brauchen Sie nur unbedingt, wenn Sie verheiratet sind und Ihre Familie entsprechend absichern möchten. Dann sollten Sie aber darauf achten, dass es sich für die Hinterbliebenen im Zweifelsfalle auch lohnt. Sofern Sie sich entschließen sollten, lassen Sie sich in jedem Fall von einem Experten beraten.

Aber was haben denn Versicherungen mit der Verwirklichung unserer Ziele zu tun? Glauben Sie mir, Sicherheit und Ruhe sind äußerst attraktiv. Und wollen Sie alles, für das Sie gearbeitet und gespart haben, wirklich einfach so wieder verlieren?

Bei einem Flugzeugabsturz in Arizona landete das Flugzeug ausgerechnet auf dem einzigen nicht versicherten Haus in der ganzen Umgebung. Gott sei Dank kam niemand zu Schaden. Doch da weder die Bewohner des Hauses noch der Pilot ausreichend versichert waren, konnten die Eigentümer das Geld für den Wiederaufbau ihres Hauses nicht aufbringen.

Sichern Sie Ihre Kinder und Ihr Eigentum ab. Haben Sie entsprechende Vorkehrungen für den Fall getroffen, dass Sie und Ihr Mann bzw. Ihre Frau sterben sollten? Wenn Sie für den Ernstfall gewappnet sind, können Sie sehr viel entspannter im Hier und Jetzt leben. Konsultieren Sie einen Anwalt und setzen Sie alle erforderlichen Schriftstücke auf. Selbst wenn Sie allein stehend sind, sollten Sie Ihren letzten Willen testamentarisch festhalten.

Wenn Sie selbstständig sind, sollten Sie in jedem Fall eine Berufsunfähigkeitsversicherung abschließen. Schließlich sind Sie der wichtigste Aktivposten in Ihrem Unternehmen. Und stellen Sie sicher, dass Ihre Krankenversicherung im Krankheitsfalle nicht nur die Arztkosten übernimmt, sondern Ihnen auch ein Krankentagegeld auszahlt. Ist dies nicht der Fall, schließen Sie eine entsprechende Zusatzversicherung ab.

Bewahren Sie Ihre Wertgegenstände und wichtigen Dokumente sicher auf. Die meisten Menschen kommen auf die merkwürdigsten Ideen, wenn es darum geht, diese

Dinge vor Einbrechern zu schützen, oder lassen sie sogar mehr oder weniger offen herumliegen: Die Eigentumsurkunde für das Haus liegt in der Schreibtischschublade, die Goldmünzen werden im Kleiderschrank verstaut, der Personalausweis liegt im Küchenschrank. Das ist ja alles schön und gut. Aber wenn ein Wasserrohr bricht und Ihr Büro unter Wasser setzt oder Ihr Haus abbrennt, ist alles verloren. Und erst dann wird Ihnen der Wert dieser Dokumente bewusst. Nehmen Sie sich einen Tag Zeit und deponieren Sie alle wichtigen Unterlagen an einem sicheren Ort. Sofern Sie von zu Hause aus arbeiten, gilt das auch für Ihre Geschäftsunterlagen. Machen Sie im selben Atemzug auch gleich Sicherheitskopien von allen wichtigen Daten auf Ihrem PC und deponieren Sie sie für den Fall, dass Ihr Haus abbrennen sollte, an einem sicheren Ort. Einer meiner Klienten verlor durch einen Systemausfall seines Computers seine gesamte Kundendatei mit immerhin mehr als 700 Adressen. Und da er keine Sicherheitskopie der Daten erstellt hatte, waren Sie unwiderruflich verloren.

Machen Sie Kopien von allen wichtigen Dokumenten, z. B. von Ihrer Geburtsurkunde, dem Kraftfahrzeugbrief, den Eigentumsurkunden, Hypotheken, juristischen Dokumenten, Kontonummern, Sparbüchern, Versicherungspolicen, Personalausweisen usw., und bewahren Sie die Kopien getrennt von den Originalen auf. Deponieren Sie die Originale in einem feuerfesten Safe. Wenn Sie häufig reisen, können Sie anstelle Ihres echten Ausweises auch die Kopie in den Safe legen.

Und wenn Sie schon einmal dabei sind, machen Sie doch gleich eine Inventur und notieren Sie sich alle Wertgegenstände, die Sie besitzen. Also die Goldmünzen, der antike Sekretär, Uromas Ehering mit den Diamanten und alle elektronischen Geräte – Computer, Fernseher, Stereoanlage – mit den entsprechenden Seriennummern. Notieren Sie den geschätzten Wert und bewahren Sie im Falle von Neuanschaffungen die Quittungen auf. Haben Sie keine Quittung oder sind Sie der Meinung, Uromas Ring sei mittlerweile sehr viel mehr wert, lassen Sie ein Gutachten anfertigen. Fotografieren Sie Ihre Wertgegenstände oder zeichnen Sie sie auf Video auf. Heften Sie alle Unterlagen in einem Ordner ab und deponieren Sie diesen bei Ihrer Bank. Sofern Sie die Unterlagen in Ihrem eigenen Safe aufbewahren, sollte es sich um einen Wandsafe handeln. Und stellen Sie sicher, dass alle Wertgegenstände durch Ihre Hausratversicherung versichert sind.

Jetzt ist der Computer an der Reihe. Sollte jemand in Ihr Büro einbrechen, wird er wohl kaum Ihre Unterlagen und Papiere klauen, sondern den Computer mitnehmen. Auch wenn Ihr Computer gut versichert ist – die darauf gespeicherten Daten kann Ihnen die Versicherung nicht ersetzen. Also machen Sie regelmäßig, falls nötig wöchentlich, Sicherheitskopien von allen wichtigen Daten und deponieren Sie eine Kopie bei Ihrer Bank und eine bei Ihnen zu Hause. Ich weiß, das hört sich nach viel Arbeit an, aber es handelt sich ja nur um eine einmalige Angelegenheit. Und im Zweifelsfall sparen Sie auf diese Weise viel Zeit und Nerven. Ich habe es selbst erlebt. Als in meinen Computer der Blitz einschlug (ziehen Sie bei einem Gewitter immer die Stecker aus den Steckdosen), bekam ich den Computer zwar ersetzt, aber alle Daten waren verloren.

Für den Fall der Fälle sollten Sie einer Person Ihres Vertrauens anvertrauen, wo Sie Ihre Wertgegenstände deponiert haben. Das alles ist in wenigen Stunden getan und dann reicht es völlig aus, wenn Sie einmal pro Jahr eine neue Inventur machen, Ihr Testament ändern usw. Sorgen Sie vor und Sie bleiben, Murphys Gesetz zufolge, verschont.

Teil IV

Nehmen Sie sich Zeit, auch wenn Sie keine haben

Das Problem ist, dass wir glauben, wir hätten Zeit.

Buddha

Alle beschweren sich darüber, dass sie zu wenig Zeit haben. Wir betrachten Zeit als einen festen Wert, und genau da liegt der Fehler. Zeit kann langsam oder auch schnell verstreichen, je nachdem, was wir gerade machen. Wenn wir viel zu tun haben, scheint die Zeit dummerweise nur so zu verfliegen. Wenn Sie also mehr Zeit haben wollen, schalten Sie einen Gang zurück. Bei einem meiner Seminare lernte ich einen Musiker kennen, der auf einer Reise seinen Ausweis und seine Brieftasche verloren hatte und schließlich an einem einsamen Strand in Hawaii landete, wo er mit anderen zusammen von dem lebte, was die Natur ihnen bot. Er hatte das Gefühl, er hätte alle Zeit der Welt. Er hatte keine Uhr, keinen Kalender und lebte in den Tag hinein. Als er schließlich in die Zivilisation zurückkehrte, kam es ihm vor, als hätte er mehrere Jahre am Strand verbracht. Tatsächlich waren jedoch nur vier Monate vergangen.

Richard hatte furchtbare Angst vor dem Tod. Das war allerdings nicht besonders verwunderlich. Denn sein Vater war mit fünfundvierzig Jahren gestorben und Richard war mittlerweile schon sechsundvierzig. Je älter er wurde, desto unruhiger wurde er und versuchte, nur ja nichts zu verpassen.

Richard war ein attraktiver Mann: groß, blond, durchtrainiert und in seinem Beruf als Unternehmensberater äußerst erfolgreich. Er fuhr einen BMW und war der beste Spieler in seinem Tennisverein. Aus Richards Perspektive betrachtet war sein Leben jedoch weniger positiv. Auch wenn er gerne und viel arbeitete, litt er immer häufiger an Erschöpfung. Er wusste, dass er im Leben viel erreicht hatte, aber er hatte finanzielle Schwierigkeiten. Da er zwei Haushalte finanzieren musste, hatte er einiges an Schulden zusammengetragen. Und diese Schulden machten ihm schwer zu schaffen. Seine neuen Geschäftsideen waren zwar gut, aber es würde Jahre dauern, bis sie den ersten Profit abwarfen. Sein Bruder bot ihm eine feste Stellung an, sodass Richard sein Leben als Freiberufler hätte aufgeben können. Aber er wollte an seinen geschäftlichen Zielen festhalten. Doch das war nicht alles: Seit der Trennung von seiner Frau zeigte seine Tochter ihm die kalte Schulter. Er litt immer häufiger an Stimmungsschwankungen. An einem Tag fühlte er sich hervorragend und schon am nächsten Tag stürzte er in ein tiefes Loch. „Ich habe den Kontakt zu Gott verloren", erklärte er mir.

Ich erwiderte: „Richard, Sie müssen sich von der Vergangenheit lösen und endlich Ihr eigenes Leben leben." Darauf folgte ein langes Schweigen. Dann erklärte er mir, dass seine Frau ihn gebeten hatte, nach der Trennung alles beim Alten zu belassen (dasselbe Haus, dasselbe Auto), so als wäre nichts geschehen. Ich fragte ihn, wie lange das schon so ging. „Über sieben Jahre", antwortete er. Worauf ich erwiderte, dass er unbedingt einen Schlussstrich unter diese Beziehung ziehen müsste. In der Woche darauf nahm er sich einen Anwalt und reichte endlich die Scheidung ein. Beruflich sollte er sich künftig auf ein oder zwei Projekte konzentrieren, die schon auf kurze Sicht einen Profit versprachen. Ich forderte ihn auf, darüber hinaus einen Finanzplan zu erstellen und seine Ausgaben um 50 Prozent zu senken.

Dann kamen wir auf das Thema „Zeit" zu sprechen. Richard war grundsätzlich unpünktlich, wofür er allerdings immer eine gute Entschuldigung hatte. Immer wenn er sich auf den Weg zu einem Kunden machen wollte, klingelte z. B. das Telefon. „Ich kann doch das Gespräch nicht einfach abbrechen, wenn ich gerade mit einem wichtigen Geschäftspartner spreche", erklärte er. Und so kam er wieder einmal zu spät. Aber zeigte das nicht auch, wie beschäftigt und erfolgreich er war? Andererseits musste er sich jedoch eingestehen, dass er sich einfach zu viel aufbürdete. Er war beruflich mittlerweile so angespannt, dass sogar sein Tennisspiel darunter litt und er seine Position als bester Spieler verlor. Das gab vielleicht den Ausschlag.

Ich gab ihm zwei leicht zu befolgende Ratschläge. Er sollte sich jeden Morgen zwanzig Minuten Zeit nehmen, um sich Gedanken über sich und sein Leben zu machen (Tipp 35), und künftig zu jedem Termin zehn Minuten zu früh erscheinen. Ist Ihnen schon einmal aufgefallen, dass wirklich erfolgreiche Menschen immer Zeit zu haben scheinen? Wenn wir uns mit ihnen verabreden, sind sie grundsätzlich vor uns da und warten bereits in aller Seelenruhe auf uns. Wer ist in dieser Situation wohl im Vorteil?

Die neue Taktik zahlte sich aus. Schon eine Woche darauf, als er erstmals überpünktlich bei einem Termin erschien, musste er im Büro des potenziellen Kunden warten und entdeckte Fotos, die ihn beim Tennis und beim Golf zeigten. Richard verwickelte ihn in ein Gespräch über die gemeinsamen Hobbys und erhielt nicht nur den Auftrag, sondern verabredete sich mit dem neuen Kunden auch zum Tennis. Aber auch der langfristige Nutzen ist nicht außer Acht zu lassen. Die zwanzig Minuten, in denen Richard täglich über sich und sein Leben nachdachte, waren ebenfalls äußerst hilfreich. Er nutzte diese Zeit zur Meditation und dankte Gott für alles, was dieser ihm am Tag zuvor geschenkt hatte. „Jetzt kann ich den Tag einfach auf mich zukommen lassen", erklärte er. Richard nahm schließlich doch noch das Angebot seines Bruders an und hat inzwischen die ersten Schulden zurückgezahlt. Auch unter die Beziehung zu seiner Frau hat er einen Schlussstrich gezogen – und zwar mit einer sauberen Scheidung. Selbst seinen Glauben an Gott hat er wiedergefunden und geht mit seiner Partnerin, mit der er sich mittlerweile verlobt hat, regelmäßig in die Kirche. Sogar seine Tochter spricht wieder mit ihm und auch seine Stimmungsschwankungen sind endlich vorüber. Alles, was er brauchte, war ein bisschen Zeit, um sich Gedanken über sich und sein Leben zu machen.

Kapitel 31

Was geschieht mit Ihrer Zeit?

> *Je größer die Fähigkeit eines Menschen, sein Leben zu kontrollieren,
> desto eher ist er auch in der Lage, seine Zeit konstruktiv zu nutzen.*
>
> Rollo May, *Man's Search For Himself*

Wenn Sie nicht wissen, wohin Ihr ganzes Geld verschwindet, müssen Sie Buch über Ihre Ausgaben führen. Dasselbe gilt auch für Ihre Zeit. Sind Sie morgens die Erste und abends die Letzte im Büro und schaffen Sie Ihr Pensum trotzdem nicht? Vergeuden Sie einen großen Teil Ihrer Zeit mit alltäglichen Aufgaben und finden Sie dann keine Zeit mehr für Projekte, die Ihnen wirklich wichtig sind? Wenn Sie das Gefühl haben, dass die Zeit Ihnen davonläuft, ist es dringend notwendig, dass Sie sich einmal eingehender mit dieser Thematik beschäftigen. Schreiben Sie eine Woche lang im Viertelstundentakt auf, wie Sie Ihre Zeit verbringen. Lassen Sie nichts aus. Fangen Sie beim Aufstehen an und notieren Sie jeden Handschlag, bis Sie abends schlafen gehen. Ich weiß, das ist eine Sisyphusarbeit. Aber sie ist ja nach einer Woche vorbei. Dann können Sie sich Ihre Aufzeichnungen vornehmen und Ihr Leben neu organisieren. Am besten kaufen Sie sich zu diesem Zweck einen Terminplan, der schon über eine entsprechende Zeitaufteilung verfügt, dann müssen Sie nur noch Ihre Aktivitäten eintragen. Allerdings sollte es sich bei dieser Woche um eine normale Arbeitswoche und keine Urlaubswoche handeln.

Kein Mensch muss diese Aufzeichnungen je zu Gesicht bekommen, also schummeln Sie nicht, um irgendjemanden zu beeindrucken. Schreiben Sie einfach alles auf, was Sie in dieser Woche tun. Dazu gehören auch Tätigkeiten wie frühstücken, duschen, Haare fönen, Zeitung lesen, zur Arbeit fahren, mit Kollegen plaudern, E-Mails beantworten, Treffen mit Kunden, Essen gehen, Memos lesen, Berichte schreiben, telefonieren usw. Und am Ende dieser Woche wissen Sie genau, was mit Ihrer Zeit geschieht. Dann können Sie entsprechende Entscheidungen treffen. Vielleicht bemerken Sie sogar, dass Sie viel Zeit für Aufgaben aufwenden, die Sie genauso gut delegieren könnten.

Michael, Leiter einer Personalabteilung, der mit seiner Frau und seinen beiden Kindern in einem Vorort von London lebte, erkannte nach dieser Woche, dass er täglich eine Stunde und vierzig Minuten für den Weg zur Arbeit investierte. Das waren 6,5 Stunden pro Woche! Zeit genug für einen Nebenjob. Michael erklärte seinem Vorgesetzten seine Situation und erhielt die Zusage, dass er zwei Tage in der Woche von zu Hause aus arbeiten konnte. An den anderen Arbeitstagen nutzte er die Zeit im Auto, um sich Selbsthilfekassetten anzuhören, die er sich in der Stadtbibliothek ausgeliehen hatte.

Auch das Telefonieren kostete ihn enorm viel Zeit. Er verbrachte elf Stunden pro Woche am Telefon. Durch seine Aufzeichnungen wurde ihm bewusst, dass er den Angestellten häufig dieselben Anweisungen gab. Auch die persönlichen Gespräche und der übliche Smalltalk nahmen viel Zeit in Anspruch. Er erkannte, dass er in einem zweiminütigen Gespräch häufig mehr erreichte als bei einem Anruf, der zwölf Minuten dauerte. Also erklärte er zu Beginn jedes Telefonats, dass er nur wenige Minuten Zeit hätte. So kamen seine Gesprächspartner direkt zum Kern der Sache und Michael sparte viel Zeit.

Darüber hinaus verbrachte er wöchentlich zwei Stunden und fünfzehn Minuten vor dem Faxgerät, obwohl er die Unterlagen sehr viel schneller per Computer hätte faxen können. Da er sich bislang keine Zeit genommen hatte, um sich in das System einzuarbeiten, wusste er jedoch nicht, wie das funktionierte. Also ließ er sich die Funktion von einem Kollegen erklären (was genau zehn Minuten dauerte) und konnte endlich die moderne Technologie zu seinem Vorteil nutzen.

Zu seinem Entsetzen musste er feststellen, dass er drei Stunden pro Woche investierte, um auf seinem Schreibtisch nach Unterlagen und Dokumenten zu suchen. Sein Schreibtisch war voll mit Notizzetteln und Papierstapeln, sodass ihm kaum noch Platz zum Arbeiten blieb. Also investierte er täglich eine Stunde Zeit und schaffte Ordnung auf seinem Schreibtisch (Tipp 17). Die Notizzettel rangierte er aus und gab alle zu erledigenden Aufgaben in den Computer ein, sodass er sie auf einem einzigen Blatt ausdrucken konnte.

Die ständigen Unterbrechungen durch seinen Chef und seine Mitarbeiter kosteten Michael ebenfalls viel Zeit. Er war äußerst beliebt und sogar stolz darauf, dass seine Tür jederzeit für alle offen stand. Kein Wunder, dass er immer wieder unterbrochen wurde! Er erkannte, dass er von Zeit zu Zeit ungestört arbeiten musste und entwarf ein Schild mit der Aufschrift „Bitte nicht stören". Wann immer er sich auf seine Arbeit konzentrieren wollte, hängte er es von außen sichtbar an seine Bürotür. Er erklärte seinen Mitarbeitern, dass sie ihn wirklich nur im Notfall stören dürften. In der Zeit, die er sich auf diese Weise für sich und seine Arbeit reservierte, konnte er so viel erledigen, dass er seine Mitarbeiter und Kollegen aufforderte, sich ebenfalls so ein Schild anzuschaffen. Auf diese Weise stieg die Arbeitsleistung der ganzen Abteilung um 25 Prozent.

Für alle Angelegenheiten, die er mit seinem Vorgesetzten besprechen wollte, legte er einen Ordner mit dem Titel „Treffen mit dem Chef" an. Hier notierte er alle Fragen oder nennenswerten Punkte. Wenn er eine Frage zu einem der Memos hatte, strich er den betreffenden Punkt an und heftete das Memo in dem Ordner ab. Er vereinbarte mit seinem Chef ein wöchentliches Telefonat, in dem er alle im Ordner vermerkten Punkte ansprach. Auf diese Weise sparte er jede Woche 2,5 Stunden Zeit.

Zu Hause vergeudete er viel Zeit vor dem Fernseher. Er beschloss diese Zeit sinnvoller zu nutzen. Nach dem Essen ging er mit seiner Frau spazieren oder trieb Sport mit seinen Kindern. Danach las er ein wenig oder spielte mit seiner Familie eine Partie Scrabble. Er stellte fest, dass er sich auf diese Weise viel besser entspannen konnte als vor dem Fernseher. Und auch sein Familienleben profitierte davon.

Führen Sie Buch und stellen Sie fest, was genau Sie mit Ihrer Zeit anstellen. Fragen Sie sich, ob Sie Ihr Leben wirklich auf diese Weise verbringen wollen. Nutzen Sie die Zeit, um sich auf Ihre Lebensziele zu konzentrieren!

Kapitel 32

Schalten Sie den Fernseher ab

> *Fernsehen| ist eine einseitige Transaktion, bei der sensorisches Material aufgenommen wird, ganz egal, um welches Material es sich dabei handelt. Keine andere Tätigkeit ermöglicht eine so große Aufnahme, ohne dass irgendetwas dabei herauskommt.*
>
> Marie Winn

In seinem Buch *Flow: Das Geheimnis des Glücks* berichtet Mihaly Csikszentmihalyi von seinen jahrzehntelangen Forschungen im Bereich „optimale Erfahrungen" – also die Momente im Leben, die den Menschen das Leben lebenswert erscheinen lassen. Diese Erfahrungen machen wir, Csikszentmihalyis Studien zufolge, grundsätzlich in dem Zustand, den er als „Flow-Erlebnis" bezeichnet – ein Zustand absoluter Konzentration, der uns ein Gefühl der Transzendenz vermittelt. Csikszentmihalyi unterscheidet zwischen „hohem Flow" und „niedrigem Flow". Ein hoher Flow verlangt ein Höchstmaß an Konzentration und der Betreffende ist vollkommen in die Tätigkeit versunken, die er gerade ausführt. Es ist also nicht verwunderlich, dass fernsehen zu den Tätigkeiten mit dem niedrigsten Flow zählt.

Diese Studie belegt meine These, dass fernsehen unsere Energie regelrecht auffrisst. Haben Sie jemals den Fernseher mit den Worten „So, jetzt schreibe ich einen Roman!" ausgeschaltet? Fühlen Sie überhaupt irgendetwas, nachdem Sie den Fernseher ausgeschaltet haben? Dasselbe gilt aber auch für Computerspiele oder Videos. Nachdem Sie genau Buch über Ihre Zeit geführt haben (Tipp 31), wissen Sie auch, wie viel Zeit Sie vor dem Fernseher verbringen.

Fernsehen macht ebenso abhängig wie die Sucht nach Koffein, Alkohol oder anderen Drogen. Doch fernsehen ist nicht nur eine von der Gesellschaft akzeptierte Form der Sucht, sie wird auch noch gefördert. Selbst wenn Sie gar nicht besonders gerne fernsehen, kann es Ihnen passieren, dass Sie es trotzdem tun, nur weil alle fernsehen. Der typische US-Bürger verbringt sechs Stunden pro Tag vor dem Fernseher. Das sind 42 Stunden in der Woche. In dieser Zeit könnte man theoretisch sogar eine weitere Vollzeitstelle annehmen! Sind Sie immer noch der Meinung, dass Sie zu wenig Zeit haben? Verschenken Sie Ihren Fernseher und Sie haben so viel Zeit wie nie zuvor.

Einer meiner Klienten sah sich immer, wenn er sich für die Arbeit fertig machte, eine Nachrichtensendung an. Er hielt diesen Start in den Morgen für äußerst sinnvoll, da er sich so nebenbei über das Weltgeschehen informieren konnte. Ich forderte ihn auf, probehalber eine Woche lang auf dieses morgendliche Ritual zu verzichten. Und siehe da, er war nicht nur wesentlich ausgeglichener, sondern konnte seinen Tag auch sehr viel besser organisieren. Er hatte zwar befürchtet, dass er die Nachrichten vermissen würde, doch das war nicht der Fall. Ganz im Gegenteil: Er genoss die Ruhe am Morgen und war weitaus weniger gestresst.

Joanne, eine frisch geschiedene Mittvierzigerin, beklagte sich bei mir darüber, dass sie keinerlei Verabredungen mit Männern hatte. Also fragte ich sie, was sie abends unternahm, und war nicht sonderlich überrascht, dass sie ihre Abende vor dem Fernseher verbrachte. Selbst wenn sie aus dem Haus ging, ließ sie den Fernseher an, damit sie, wenn sie nach Hause kam, nicht das Gefühl hatte, ein leeres Haus zu betreten. Und genau das ist die Gefahr am Fernsehen. Es vermittelt uns die Illusion, wir hätten Kontakt zu anderen Menschen. Schließlich sehen wir die anderen ja. Das ist auf die Dauer allerdings äußerst frustrierend, da jede Form der Interaktion fehlt. Daher forderte ich Joanne auf, den Fernseher eine Woche lang nicht zu benutzen. Sie schaffte es aber einfach nicht. Also entschieden wir uns für Plan B. Ich bat Joanne, all die Dinge zu notieren, die sie immer schon einmal machen wollte, für die sie jedoch nie Zeit gefunden hatte. Sie wollte sich z. B. sozial engagieren, Tanzunterricht nehmen und an einem Marathonlauf teilnehmen. Deshalb trat sie einem Verein bei, in dem für Marathonläufe trainiert wurde und der die Beiträge der Teilnehmer an eine Wohlfahrtsorganisation weiterleitete. Auf diese Weise konnte sie drei ihrer Ziele gleichzeitig in Angriff nehmen (sie wollte auch endlich wieder in Form kommen.) Dann meldete sie sich für einen Tanzkurs an, auch wenn ihr die männlichen Teilnehmer nicht besonders gut gefielen. Das Fernsehen vermisste sie überhaupt nicht und sie hatte sogar wieder ein Privatleben. Sie hatte so viel Energie wie schon lange nicht mehr und fand sogar den Mut, auf eine Kontaktanzeige zu antworten. Auf dem Weg zu der ersten Verabredung verlief sie sich und zwei äußerst attraktive Italiener zeigten ihr den Weg. Dabei fragten die beiden sie auch nach ihrer Telefonnummer und schon am nächsten Tag luden sie Joanne zu einer Party ein. Auf dieser Party lernte sie wiederum einen äußerst attraktiven Filmproduzenten kennen, mit dem sie heute in einer glücklichen Beziehung lebt.

Schauen auch Sie weniger fern! Legen Sie genau fest, wie viele Stunden pro Woche Sie fernsehen wollen, und halten Sie sich daran. Bedenken Sie: Fernsehen kostet Sie sehr viel mehr, als Sie vielleicht glauben, und schränkt Ihre Möglichkeiten, die Dinge zu erreichen, die Sie sich wünschen, erheblich ein.

Kapitel 33

Erscheinen Sie immer zehn Minuten zu früh

Pünktlichkeit ist die Höflichkeit der Könige.
Beliebter Ausspruch von König Ludwig XVIII.

Wenn Sie es sich ohnehin schon zur Angewohnheit gemacht haben, bei Terminen zehn Minuten früher als verabredet zu erscheinen, umso besser. Falls nicht, sollten Sie künftig immer zehn Minuten zu früh erscheinen. Das hört sich vielleicht nach reiner Zeitverschwendung an; in diesen zehn Minuten könnten Sie ja schließlich noch ein wichtiges Telefonat führen. Doch auf diese Weise erzielen Sie mit einem geringen Aufwand ein beträchtliches Ergebnis – mehr Zeit, Ruhe und Gelassenheit. Indem Sie zehn Minuten vor der verabredeten Zeit eintreffen, können Sie schon einmal Ihre Gedanken ordnen, die Umgebung auf sich wirken lassen und sich entspannen. Probieren Sie es einmal eine Woche lang aus.

Diesen Rat gab ich auch meinem Klienten Dexter, einem viel beschäftigten, erfolgreichen Geschäftsmann, der grundsätzlich versuchte, vor jedem Termin noch möglichst viel zu erledigen. So überrascht es nicht, dass er abgehetzt und mit einer passenden Entschuldigung auf den Lippen mit Verspätung bei seinen Terminen eintraf. Von meinem Vorschlag war er nicht sonderlich begeistert. Er betrachtete es als Zeitverschwendung. Ich bat ihn jedoch, es wenigstens eine Woche lang zu versuchen, und er willigte ein.

Damit er auch wirklich jeweils zehn Minuten früher erschien, sollte er in seinem Timer die Zeit vermerken, an der er aufbrechen musste, und nicht wie bisher, den Zeitpunkt des Termins. Und wenn es dann so weit war, sollte er aufbrechen, ganz egal ob das Telefon klingelte. Leicht war das nicht für ihn, aber er schaffte es, zu einem Essen mit einem potenziellen Kunden zehn Minuten früher als vereinbart zu erscheinen. Der Kunde war noch nicht eingetroffen. Dexter setzte sich an den Tisch, ließ die Umgebung auf sich wirken und ordnete seine Gedanken. Und was hatte er nun davon? Er musste nur fünf Minuten auf den Kunden warten. In dieser Zeit hatte er jedoch die Möglichkeit, sich auf das bevorstehende Gespräch zu konzentrieren. Das Treffen war ein voller Erfolg und Dexter erkannte die Vorteile dieser Strategie. Wäre er wie üblich zu spät gekommen, hätte er die Zeit vor dem Treffen damit verbracht, sich eine passende Entschuldigung für seine Verspätung zurechtzulegen, statt sich Gedanken über das eigentliche Gespräch zu machen. Durch diese kleinen Zeitpuffer haben Sie die Möglichkeit, sich zu sammeln und sich auf das bevorstehende Gespräch zu konzentrieren. Genau diese Vorbereitung macht einen wahren Profi aus.

Sofern Sie auch so ein schwerer Fall sind wie Dexter, sollten Sie sich unbedingt die Zeit notieren, zu der Sie aufbrechen müssen. Wenn Sie sich nicht sicher sind, wie lange Sie für den Weg brauchen, planen Sie lieber etwas mehr Zeit ein. Viele Menschen konzentrieren sich nur auf den Zeitpunkt des Termins und vergessen darüber, dass sie auch genügend Zeit für den Weg dorthin brauchen.

Räumen Sie sich auch bei Ihren Terminzusagen einen Zeitpuffer ein. Also nicht: „Ich bin in zwanzig Minuten da.", sondern: „Ich bin in einer halben Stunde da." Für den Fall, dass Sie dann in einen Stau geraten, muss Ihr Kunde nicht unnötig auf Sie warten. Andernfalls haben Sie zehn Minuten gewonnen. Nutzen Sie diese Zeit: Atmen Sie tief durch und entspannen Sie sich. Oder machen Sie es wie eine meiner Klientinnen und schreiben Sie Postkarten.

Aber denken Sie immer daran, dass jede Kultur ihre eigene Auffassung von Pünktlichkeit hat. In Lateinamerika sollten Sie z. B. nie zum vereinbarten Zeitpunkt zu einer Party erscheinen, es sei denn, Sie wollen die Gastgeberin unbedingt unter der Dusche erwischen.

Kapitel 34

Erledigen Sie Ihre Arbeit in der Hälfte der Zeit

> *Arbeit dehnt sich so weit aus, dass die für ihre Fertigstellung zur Verfügung stehende Zeit ausgefüllt wird.*
>
> C. Northcote Parkinson, *Parkinson's Law*

Unter Zeitdruck sind die meisten Menschen tatsächlich in der Lage, ihre Arbeit in der Hälfte der Zeit auszuführen. Geht es Ihnen nicht auch so? Am Tag vor Ihrem Urlaub schaffen Sie es doch auch, die Ablage, die schon seit Wochen überquillt, restlos zu bearbeiten. Also brauchen wir nur einen Anreiz, um schneller zu arbeiten. In der so gewonnenen Zeit können Sie z. B. an Ihren eigenen Projekten arbeiten, sich Gedanken über die Gründung eines eigenen Unternehmens machen oder auch Briefe schreiben. Aber ein Wort zur Vorsicht: Sofern an Ihrem Arbeitsplatz strenge Kontrollen herrschen, sollten Sie auf diese Möglichkeit besser verzichten.

Dieses Prinzip lässt sich auch auf Ihren Haushalt anwenden. Wie können Sie die Hausarbeit in der Hälfte der Zeit erledigen? Wenn sich auf Ihrem Schreibtisch z. B. die Unterlagen türmen, nehmen Sie sich eine Stunde Zeit, stellen Sie den Wecker und versuchen Sie, die Arbeit in dieser Stunde zu erledigen. Suchen Sie sich einen Bekannten, der das gleiche Ziel verfolgt, und berichten Sie sich gegenseitig von ihren Fortschritten. Eine meiner Klientinnen versuchte drei Wochen lang jeden Tag aufs Neue, ihren Schreibtisch aufzuräumen, schaffte es aber einfach nicht. Also nahm sie sich an einem Samstag von 9.00 bis 12.00 Uhr dafür Zeit. Während ich meinen Schreibtisch ebenfalls in Ordnung brachte, rief sie mich im Stundentakt an, berichtete mir von ihren Fortschritten und ließ sich von mir anspornen. Innerhalb von drei Stunden hatte sie den Schreibtisch aufgeräumt und zwei Aktenordner durchgearbeitet. Sie fühlte sich großartig! Endlich hatte sie einen ordentlichen Arbeitsplatz und es kostete sie täglich nur wenige Minuten, um diesen Zustand wiederherzustellen. Das funktioniert aber auch, wenn der Partner an einem anderen Projekt arbeitet. Meine Freundin und ich haben uns einmal gegenseitig moralisch unterstützt, als sie ihre Küche strich und ich mein Büro aufräumte.

Betrachten Sie das Ganze als Spiel. Sie werden sich wundern, wie viel Arbeit Sie in kurzer Zeit bewältigen können. Und im Nachhinein sind Sie erleichtert, weil Sie es endlich hinter sich gebracht und nun Zeit für die Dinge haben, die Ihnen Spaß machen. Und wenn Sie sich wohl fühlen, ziehen Sie auch den Erfolg an. Die Möglichkeiten und Chancen strömen nur so in Ihr Leben.

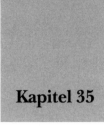

Kapitel 35

Was ist heute wichtig?

In der Gegenwart liegt die Kraft.

Kate Green

Nur zu schnell haben wir so viel um die Ohren, dass wir die wirklich wichtigen Dinge vergessen. Als Peter Lynch, der erfolgreiche Investmentbanker, von einem Journalisten gefragt wurde, warum er seinen Job an der Wall Street aufgegeben hatte, antwortet er: „Wenn ich auf dem Sterbebett liege, werde ich mir nicht wünschen, dass ich mehr Zeit im Büro verbracht hätte." Er wollte seinen Töchtern die Frühstücksbrote schmieren und erleben, wie sie heranwachsen.

Wenn Sie sich vor Beginn Ihres Arbeitstages die folgenden drei Fragen stellen, wird Ihnen das sehr helfen, Ihre Arbeit in der Hälfte der Zeit zu erledigen:

1. Was ist heute wichtig?
2. Was muss heute erledigt werden?
3. Was ist wichtig für die Zukunft?

Was ist heute wichtig? Bei der Beantwortung dieser Frage werden Sie vielleicht feststellen, dass der dritte Geburtstag Ihres Sohnes an diesem Tag die oberste Priorität genießt und Sie um 15.00 Uhr zu Hause sein wollen. Vielleicht ist es aber auch ein entscheidendes Verkaufsgespräch, auf das Sie sich noch eine Stunde vorbereiten müssen. Indem Sie sich diese Frage stellen, können Sie Ihren Tag besser organisieren und sich auf die wirklich wichtigen Dinge konzentrieren. Stellen Sie sich im nächsten Schritt die Frage: Was muss heute erledigt werden? Vielleicht haben Sie um 13.00 Uhr einen Termin mit Ihrem Chef oder Sie müssen einen Kunden zurückrufen. Sie werden feststellen, dass nur wenige Dinge noch am selben Tag erledigt werden müssen. Wenn Sie an einem Tag zu viel zu erledigen haben, haben Sie sich wahrscheinlich die folgende Frage nicht gestellt: Was ist wichtig für die Zukunft? Denn die Beantwortung dieser Frage macht eine entsprechende Organisation erforderlich. Was können Sie schon einmal vorbereiten, nachdem Sie die zu erledigenden Aufgaben abgeschlossen haben? Den Bericht für die kommende Woche? Die goldene Hochzeit Ihrer Großeltern? Stellen Sie sich täglich diese drei Fragen und Sie werden sehen, dass Sie täglich immer weniger erledigen müssen.

Ich empfehle meinen Klienten immer wieder, sich einen Aktenordner mit dem Titel „Lesen" anzulegen, in dem sie Artikel, Memos und Berichte abheften, die sie später einmal lesen wollen. Einer meiner Klienten erkannte dabei, dass er 90 Prozent der Dokumente, die auf seinem Schreibtisch landeten, gar nicht lesen musste. Noch bevor er ein Memo abgeheftet hatte, erhielt er schon eine neue Fassung davon. Und nur in den seltensten Fällen wurde er auf eines dieser Memos angesprochen. Dann entgegnete er einfach: „Ja, das habe ich gelesen. Warten Sie bitte einen Moment, ich schaue noch einmal nach." Dann nahm er seinen Ordner und schlug nach. Schon nach einem Monat konnte er die wichtigen von den unwichtigen Unterlagen unterscheiden.

Kapitel 36

Konzentrieren Sie sich immer nur auf eine Sache

Alles haben zu wollen heißt, alles zu verlieren.

Sprichwort aus dem 14. Jahrhundert

Wenn Sie versuchen alles auf einmal zu erledigen, können Sie unmöglich effektiv arbeiten. Genau genommen *können* Sie auch nur eins nach dem anderen tun. Sie haben so viel zu tun, dass Sie sogar mehrere Sachen auf einmal erledigen *müssen*? Dann lassen Sie uns einmal einen ganz normalen Arbeitstag genauer unter die Lupe nehmen. Sie arbeiten an einem Bericht und das Telefon klingelt. Sie gehen ans Telefon und legen den Bericht nicht aus der Hand, sondern telefonieren und sind in Gedanken immer noch bei Ihrem Bericht. Dann kommt auch noch jemand zu Ihnen ins Büro. Jetzt machen Sie sogar drei Dinge gleichzeitig – ein ganz normaler Arbeitstag. Kein Wunder, dass Sie nach Feierabend so erschöpft sind!

Jetzt betrachten wir das Ganze noch einmal in Zeitlupe. Sie arbeiten an einem Bericht und das Telefon klingelt. Sie beenden die Arbeit an dem Bericht, gehen ans Telefon und beginnen mit dem Telefonat. Jetzt kommt jemand mit einer Frage zu Ihnen. Sie haben die Wahl – entweder Sie unterbrechen das Telefonat und bitten den Gesprächspartner, kurz zu warten, und beginnen eine neue Unterhaltung. Oder Sie beenden das Gespräch mit dem Fragenden, bevor es begonnen hat, und beginnen eine neue Unterhaltung, nachdem Sie das Telefonat beendet haben. Nachdem Sie dieses Gespräch beendet haben, beginnen Sie wieder mit der Arbeit an dem Bericht. Wenn Sie sich auf eine Aufgabe konzentrieren, haben Sie die Kontrolle und der Stress lässt nach.

Lauren, eine viel beschäftigte und erfolgreiche Vertriebsangestellte, erledigte auf dem Weg zur Arbeit die verschiedensten Dinge. Sie aß, telefonierte über ihr Handy und schminkte sich – und das alles, während sie am Steuer ihres Wagens saß. Ich forderte Lauren auf, sich eine Woche lang immer nur auf eine Sache zu konzentrieren. Also stand sie zehn Minuten früher auf, um sich zu Hause zu schminken. Sie nahm ihr Frühstück mit zur Arbeit und frühstückte in ihrem Büro. Sie schaffte es sogar, während der Fahrt nicht zu telefonieren. Schon nach wenigen Tagen bemerkte Lauren, dass sie sich wesentlich ruhiger und ausgeglichener fühlte. Und sie erkannte, dass sie kaum Zeit sparte, indem sie sich unter Stress setzte. Auf dem Weg zur Arbeit (ich hatte ihr sogar verboten, das Radio anzustellen) ließ sie ihren Gedanken freien Lauf und hatte in dieser Zeit sogar die besten Ideen.

Kapitel 37

Tun Sie es jetzt!

Derjenige, der zögert, ist der Letzte.

Mae West

Die meisten Menschen zögern grundsätzlich, bevor sie reagieren. Wenn Sie künftig unmittelbar auf Ihre Umwelt reagieren wollen, müssen Sie vielleicht Ihr Verhalten grundlegend ändern.

Sofort reagieren, wie soll das funktionieren? Ich habe das Mantra: „Tu es jetzt!" Wenn ich mich dabei ertappe, dass ich ein Schriftstück in der Hand halte und mir denke „Das lese ich später durch.", dann sage ich zu mir selbst: „Nein, tu es jetzt!" Als ich z. B. eine E-Mail mit der Nachricht erhielt, dass der Mann einer Bekannten gestorben war, ertappte ich mich bei dem Gedanken, dass ich die Beileidskarte auch ein anderes Mal schreiben könnte, sagte dann aber zu mir: „Tu es jetzt!" Also schrieb ich die Karte und konnte die E-Mail löschen. Die Sache war erledigt und es bestand keine Gefahr mehr, dass ich es vielleicht sogar vergaß.

Rebecca arbeitete als Verkäuferin in einer Boutique. Da die Aussichten für einen beruflichen Aufstieg nicht besonders rosig waren, wollte sie versuchen, in der Modebranche Fuß zu fassen. Sie durchforstete die Stellenanzeigen und fand sogar ein interessantes Angebot von Giorgio Armani. Die Bewerbungsfrist lief allerdings schon am selben Tag aus. Also tippte sie eine Bewerbung und faxte sie kurzerhand zur Personalabteilung. Da sie sichergehen wollte, dass ihre Bewerbung berücksichtigt wurde, ging sie direkt zu dem Unternehmen und erklärte dem Personalchef freundlich, aber bestimmt und vor allem persönlich, dass sie ihm ihre Bewerbung zugefaxt hatte. Rebecca wusste, dass ihr Äußeres und ihr freundliches Wesen ihr größtes Kapital waren. Der Personalchef war tief beeindruckt von der persönlichen und direkten Reaktion, denn genau das wurde von der neuen Mitarbeiterin erwartet. Und obwohl sie nur über drei Monate Erfahrung im Verkauf verfügte und eine Verkäuferin mit dreijähriger Berufserfahrung gesucht wurde, bekam Rebecca den Job und schaffte den Sprung in ein renommiertes Unternehmen.

Warum zögern Sie? Es kostet Sie nur unnötige Zeit und Energie. Alles, was Sie jetzt nicht erledigen, müssen Sie später erledigen. Und dieses Wissen wird zur Belastung. Schließlich dürfen Sie es nicht vergessen. Wenn Sie die Angelegenheit wirklich nicht sofort erledigen können, notieren Sie sie sich und legen Sie einen Termin dafür fest. Was müssen Sie ändern, um sofort reagieren zu können? Hängen Sie einen Zettel mit der Aufschrift „Tu es jetzt!" über Ihrem Schreibtisch auf.

Kapitel 38

Leisten Sie ganze Arbeit

Es gibt nur eine wirkliche Sünde, und die besteht darin, dass man sich einredet, das Zweitbeste sei etwas anderes als das Zweitbeste.

Doris Lessing

Vielleicht glauben Sie, Sie könnten Zeit sparen, wenn Sie Ihre Aufgaben einfach so schnell wie möglich hinter sich bringen. Auf kurze Sicht mag das sogar stimmen – auf lange Sicht sparen Sie jedoch enorm viel Zeit, wenn Sie ganze Arbeit leisten. Darüber hinaus können Sie die Arbeit beruhigt abschließen und sich einem neuen Projekt zuwenden. Wenn Sie gründlich arbeiten, müssen Sie nicht befürchten, dass Sie noch einmal mit der Angelegenheit konfrontiert werden.

Was bedeutet das nun für das Berufsleben? Stellen Sie sich einmal vor, ein Kunde beschwert sich telefonisch darüber, dass ihm Leistungen in Rechnung gestellt wurden, die er nicht in Anspruch genommen hat. Der Kundenberater erklärt: „Kein Problem, ich kümmere mich darum." Er schreibt dem Kunden den falsch abgebuchten Betrag gut und der Kunde ist zufrieden. Der Kundenberater hat das Problem aus Sicht des Kunden gelöst, doch aus Zeitmangel ist er der Ursache für die Fehlbuchung nicht auf den Grund gegangen. Hätte der Kundenberater etwas gründlicher gearbeitet, hätte er bemerkt, dass die Kontonummer des Kunden mit einer anderen Kontonummer verwechselt worden war. Also wurden von dem Konto des Kunden erneut falsche Beträge abgebucht. Bei seiner nächsten Beschwerde ist der Kunde allerdings weniger freundlich und will nicht nur den Geschäftsführer sprechen, sondern schreibt auch einen Beschwerdebrief an die Unternehmensleitung, sodass zahlreiche Angestellte sich mit der Angelegenheit befassen müssen. Hätte der Kundenberater gründlich gearbeitet, wäre das nicht passiert.

Dieses Prinzip lässt sich auch auf zwischenmenschliche Beziehungen anwenden. Wie wären Ihre Beziehungen, wenn Sie nichts unter den Teppich kehren und immer alles sagen und tun würden, was zu sagen bzw. zu tun ist? Meine Freundin verabschiedete sich z. B. grundsätzlich mit einer Umarmung von ihren Eltern. Als sie eine Party gab und ihre Eltern schon relativ früh aufbrachen, fand sie jedoch keine Zeit dafür. Noch in dieser Nacht starb ihre Mutter an einem Herzinfarkt. Meine Freundin war verzweifelt und machte sich große Vorwürfe, weil sie ihre Mutter an diesem Abend ohne Umarmung gehen gelassen hatte. Sie hätte sich die paar Minuten Zeit nehmen und ihre Eltern umarmen können. Andererseits hatte sie ihren Eltern ihre Zuneigung immer gezeigt. Ich habe schon mit vielen Menschen gesprochen, die sich bei ihren Eltern noch nie bedankt oder ihnen ihre Liebe gezeigt haben. Ich fordere meine Klienten grundsätzlich auf, ihren Eltern zu sagen, wie sehr sie sie lieben.

Sam, ein geschiedener Endfünfziger mit drei erwachsenen Kindern, war der Meinung, sein Vater sei in seiner Kindheit und Jugend zu kritisch gewesen und er hätte ihm nichts recht machen können – nichts war gut genug (mittlerweile war Sam übrigens ein äußerst erfolgreicher Geschäftsmann und Aufsichtsratmitglied in verschiedenen Unternehmen.) Ich erklärte Sam, dass die Kritik seines Vaters daher rührte, dass er seinen Sohn so sehr liebte und nur das Beste für ihn wollte. Ich riet ihm, sich mit seinem Vater, der mittlerweile weit über achtzig war, auszusprechen, bevor es zu spät war und er ihm nicht mehr sagen konnte, wie sehr er ihn liebte. Sam war von dieser Idee nicht sehr begeistert. Er meinte, es wäre zu spät und sein Vater würde das ohnehin nicht verstehen. Ich entgegnete jedoch, dass die Reaktion seines Vaters vollkommen unerheblich wäre und es nur darauf ankäme, was Sam tat. Sagen Sie Ihren Eltern, dass Sie sie lieben, und vergeben Sie ihnen, solange sie noch leben. Sam befolgte meinen Rat schließlich doch und fühlte sich erleichtert, auch wenn sein Vater, ein altes Raubein, sich nichts anmerken ließ. Glauben Sie mir, Sie schaffen sich große mentale Reserven, wenn Sie in allen Bereichen Ihres Lebens ganze Arbeit leisten und nichts auf die lange Bank schieben.

Kapitel 39

Wenn es sinnvoll ist, zögern Sie

Morgen ist meistens der Tag, an dem am meisten zu tun ist.

Spanisches Sprichwort

Auch wenn ich Ihnen unter Tipp 37 („Tun Sie es jetzt!") geraten habe, niemals zu zögern, möchte ich Sie darauf hinweisen, dass Zögern auch durchaus positive Seiten hat. Viele Menschen betrachten das Zögern als Schwäche und machen sich Vorwürfe, wenn sie wieder einmal etwas auf später vertagen. Und wenn sie doch richtig gehandelt haben? Vielleicht zeigt uns unser Zögern ja, was wir wirklich vom Leben wollen und wie wir unsere Ziele erreichen können?

Lassen Sie uns zunächst zwischen den verschiedenen Formen des Zögerns unterscheiden. Vielleicht zögern Sie, weil Ihnen die Sache keinen Spaß macht. Vielleicht fehlen Ihnen wichtige Informationen oder die erforderlichen Kenntnisse? Fühlen Sie sich mit dieser Aufgabe überfordert? Oder zögern Sie, weil Sie andere Prioritäten gesetzt haben? Das alles sind gute Gründe für das Zögern. Die Problematik des Zögerns ist sehr viel komplexer, als es auf den ersten Blick scheint. Wenn Sie sich erst einmal darüber im Klaren sind, warum Sie zögern, erleichtert das die Angelegenheit. Gehen Sie einfach davon aus, dass es einen guten Grund für Ihr Zögern gibt.

Warum zögern Sie?

1. **Sie zögern, weil Ihnen die Aufgabe keinen Spaß macht. Also schieben Sie die Angelegenheit auf die lange Bank.**

Ich persönlich bin ja ein Verfechter der These, dass wir Dinge, die wir nicht tun wollen, auch nicht tun sollten. Wie sollen Sie Spaß am Leben haben, wenn Sie immer wieder Dinge tun müssen, die Sie gar nicht tun möchten? Setzen wir einmal voraus, dass Sie Abrechnungen jeder Art hassen und z. B. Ihre Spesenabrechung bis zum letzten Moment hinauszögern. Aber warum sollten wir so viel mentale Energie verschwenden und Gefahr laufen, in unangenehme Situationen zu geraten, wenn wir die ungeliebten Aufgaben an jemand anderen übertragen können? Bitten Sie doch Ihren Assistenten oder Ihre Sekretärin, die Spesenabrechnung für Sie zu übernehmen. Im Zweifelsfall können Sie für Aufgaben dieser Art auch einen Buchhalter einstellen. Es lohnt sich. Welche unangenehmen Aufgaben schieben Sie auf die lange Bank?

Eine meiner Kundinnen hatte eine Aversion gegen die wöchentlichen Arbeitsberichte. Sie hasste nicht nur das Tippen, sondern auch die Tatsache, dass sie immer wieder überlegen musste, was sie die ganze Woche über getan hatte. Da sie diesen Bericht jedoch selbst verfassen *musste*, konnte sie die Aufgabe nicht delegieren. Also kaufte sie sich ein Diktiergerät und diktierte am Ende eines jeden Arbeitstages, was sie geleistet hatte. Am Ende der Woche übergab sie die Kassette an ihre Sekretärin, die innerhalb von fünf Minuten ein Memo verfasste. Was für eine Erleichterung!

Sind Sie vielleicht Abteilungsleiterin und müssen jede Woche ein Meeting abhalten? Hassen Sie nichts mehr, als ein Meeting zu leiten, und verschieben es aus diesem Grund immer wieder? Vielleicht braucht Ihr Team ja gar kein wöchentliches Meeting und Sie vergeuden ohnehin nicht nur Ihre, sondern auch die Zeit Ihrer Mitarbeiter. Oder delegieren Sie diese Aufgabe an jemand anderen. Wieso sollte unbedingt die Abteilungsleiterin das Meeting leiten? Einer meiner Klienten löste das Problem dadurch, dass er die Leitung jede Woche an einen anderen Mitarbeiter übertrug. Das erwies sich sogar als äußerst sinnvoll und als hervorragende Motivation für die Angestellten. Selbst wenn Sie eine leitende Position bekleiden, lassen sich auch diese Aufgaben delegieren. Schulen Sie einfach Ihre Mitarbeiter entsprechend. Und wenn Sie keine Mitarbeiter haben und trotzdem eine unangenehme Aufgabe zu erledigen haben? Versuchen Sie doch einfach, die Aufgaben mit einem Kollegen zu tauschen. „Ich fülle die Formulare aus, wenn du dafür die Abrechnungen übernimmst." Oder schlagen Sie Ihrem Vorgesetzten vor, ein Rotationsprinzip für die unbeliebten Aufgaben einzuführen. So ist nicht einer allein für die „Drecksarbeit" zuständig und alle Mitarbeiter lernen etwas dazu.

2. Sie zögern, weil Sie nicht wissen, wie Sie die Aufgabe bewältigen sollen.

Sie wissen einfach nicht, wie Sie eine bestimmte Aufgabe bewältigen sollen? Hoffen Sie nicht, dass die Angelegenheit sich von allein erledigen wird! Erklären Sie Ihrem Vorgesetzten oder Ihrem Kunden, dass Sie ein wenig Bedenkzeit benötigen. Die Vogel-Strauß-Technik funktioniert zwar in seltenen Fällen und die Angelegenheit klärt sich dann tatsächlich von selbst – in der Regel müssen Sie jedoch aktiv werden. Also schlafen Sie eine Nacht darüber. Vielleicht müssen Sie auch erst weitere Informationen einholen, bevor Sie eine endgültige Entscheidung treffen können. Vielleicht ignorieren Sie eine grundlegende Problematik. Vielleicht fehlen Ihnen auch die notwendigen Kenntnisse. Zögern Sie nicht und bitten Sie Ihren Vorgesetzten oder Ihre Kollegen um Hilfe.
Einer meiner Klienten, ein Druckereibesitzer, setzte seinen Computer nicht ein, obwohl ihm klar war, dass er damit die Produktivität seines Unternehmens erheblich steigern konnte. Da er jedoch nicht einmal wusste, wie er den Computer anstellen sollte, ignorierte er das Problem einfach. Also riet ich ihm, sich von einem Computerexperten in die Geheimnisse der EDV einweihen zu lassen. Und schließlich nahm er sogar an einem Computerkurs teil.

3. Sie zögern aus Zeitmangel.

Vielleicht zögern Sie aber auch nur, weil Ihnen die Zeit fehlt. Das Projekt erscheint zu komplex und Sie wissen nicht, wann und wo Sie damit beginnen sollen. Einer meiner

Klienten, ein bekannter Vortragsredner, wollte z. B. ein Buch schreiben, fand aber einfach nicht die Zeit dazu. Er wusste, dass dieses Buch ihm nicht nur in seinem Job als Redner helfen könnte, sondern sein Einkommen sich durch ein Buch erheblich verbessern ließe. Das Problem war offensichtlich nicht, dass er die Aufgabe nicht gerne ausgeführt hätte. Auch das Thema stand fest und er hatte bereits zahlreiche Ideen. Er wusste einfach nicht, wo er anfangen sollte. Er fühlte sich mit dem Projekt überfordert, was ihm jede Motivation raubte. Letztendlich stellte sich heraus, dass er in seinem Leben bislang weder die Zeit noch den Raum für dieses Buch geschaffen hatte.

Zunächst einmal forderte ich ihn auf, seinen Schreibtisch in Ordnung zu bringen. Dann legten wir gemeinsam bestimmte Zeiträume fest, die er sich für die Arbeit an dem Buch freihalten sollte. Er wollte jeden Vormittag drei Stunden an seinem Buch arbeiten. Ich riet ihm, in dieser Zeit einfach nur zu schreiben und sich nicht weiter mit dem Ergebnis zu befassen. Und immer, wenn er keine anderen Termine hatte, schrieb er in diesen drei Stunden an seinem Buch. Schon sechs Monate später war das Buch zur Hälfte fertig.

4. Sie zögern, weil Sie das, was Sie meinen tun zu wollen, nicht wirklich tun wollen.

In diesem Fall haben Sie sich das falsche Ziel gesetzt oder die falsche Strategie für die Verwirklichung dieses Ziels gewählt. Nehmen wir einmal an, dass Sie abnehmen wollen. Warum sollte irgendjemand Kalorien zählen und all die schrecklichen Qualen auf sich nehmen, nur um Gewicht zu verlieren? Allein das Ziel „abnehmen und wieder in Form kommen" ruft bei vielen Menschen eine Depression hervor. Darum schieben sie diese Aufgabe auch immer wieder auf die lange Bank: Sie wollen nicht wirklich abnehmen. Sie glauben, dass Sie abnehmen müssen. In diesem Fall sollten Sie die alten Ziele über den Haufen werfen und sich von der Vorstellung trennen, dass Sie irgendetwas tun „sollten" (Tipp 4).

5. Sie zögern, weil Ihnen die Motivation fehlt.

Wenn Sie erst einmal angefangen haben, schaffen Sie auch den Rest. Einer meiner Klienten wendete dieses Prinzip bei der Renovierung seiner Küche an. Er wollte die elektrischen Anschlüsse dort erneuern, wusste aber, dass er dann auch die Decke ausbessern und neu streichen musste. Also kaufte er schon einmal alles ein, was er für sein Vorhaben brauchte. Zunächst einmal ersetzte er die Anschlüsse. Dann beschloss er, die Decke neu zu verputzen. Danach strich er die Decke ein Mal, um zu sehen, ob ihm die Farbe überhaupt gefiel. Und so hat er Schritt für Schritt, ohne es wirklich zu bemerken, die Küche renoviert. Gehen auch Sie schrittweise vor. In der Regel entwickelt sich das Projekt dann zu einem Selbstläufer und Sie schaffen sehr viel mehr, als Sie sich zugetraut haben.

6. Sie zögern, weil Sie die Angelegenheit noch einmal überdenken wollen.

In diesem Fall würde ich persönlich von kreativem Zögern sprechen. Wenn Sie Künstler, Autor oder Maler sind oder aber einfach versuchen sich Gedanken zu einem bestimmten Thema zu machen, dann werden Sie wahrscheinlich auch häufiger zögern. Das ist nicht nur richtig, sondern auch notwendig. Vielleicht ertappen Sie sich dabei, dass Sie bügeln oder den Rasen mähen, da Ihnen das verlockender erscheint als die Arbeit an Ihrem aktuellen Projekt. Das ist nicht weiter schlimm. Sie brauchen Zeit, um Ihre Gedanken zu ordnen. Sie werden sehen, wenn der richtige Zeitpunkt gekommen ist, werden Sie auch wie von selbst wieder malen oder schreiben.

Als ein Bekannter mir bei einem Computerproblem helfen wollte, kam er einfach nicht weiter. Nachdem wir beide eine Zeitlang ratlos vor dem Rechner gesessen hatten, machte ich den Vorschlag: „Komm, lass uns ins Kino gehen." Und schon nach der Hälfte des Films erklärte er mir lächelnd, dass ihm die Lösung des Problems soeben eingefallen war. Nach dem Kinobesuch gingen wir zusammen in mein Büro und innerhalb von fünf Minuten war das Problem behoben. Auch wenn wir abschalten, beschäftigt sich unser Unterbewusstsein weiter mit dem Problem.

Es gibt also gute Gründe, um auch einmal zu zögern. Erstellen Sie eine Liste all der Aufgaben, die Sie auf die lange Bank schieben, und überlegen Sie sich zunächst genau, warum Sie zögern.

Kapitel 40

Gönnen Sie sich Ihren „heiligen" Abend

Um zu überleben müssen wir die Heiligkeit kennen. Die Geschwindigkeit, mit der die meisten von uns durchs Leben gehen, verhindert das.

Chrystos

Ein „heiliger" Abend ist nichts weiter als ein Abend, den Sie ganz allein für sich reservieren; an dem Sie das tun, was Ihnen gefällt. Gehen Sie in den Park, nehmen Sie ein Schaumbad, gönnen Sie sich eine Massage, lesen Sie ein Buch, besuchen Sie ein Konzert oder tun Sie einfach gar nichts. Machen Sie keine Pläne oder Termine. Dieser Abend ist heilig. Also halten Sie ihn frei von profanen Aktivitäten und nutzen Sie ihn für höhere Zwecke. Wenn Sie für sich selbst keine Zeit reservieren, laufen Sie Gefahr, auch diese Zeit zu verplanen.

Wenn Sie Kinder haben, ist dieser heilige Abend für Sie besonders wichtig. Sie brauchen unbedingt Zeit für sich (Tipp 87). Nur so können Sie das Zusammensein mit Ihren Kindern auch wirklich genießen. Meine Mutter hat ihren Beruf aufgegeben, da sie ganz für mich und meine beiden Schwestern da sein wollte. Irgendwann bemerkte ich, dass Sie manchmal nur einkaufen ging, um endlich wieder Erwachsene um sich zu haben. Sie brauchen Ihre heiligen Abende.

Nehmen Sie Ihren Kalender und einen Rotstift zur Hand und markieren Sie Ihre heiligen Abende. Halten Sie sich mindestens einen Abend pro Woche für sich frei. Sie sind verheiratet und haben Kinder? Kein Problem. Sie und Ihr Partner können sich ja gegenseitig einen Abend in der Woche freigeben. Dieser freie Abend steht Ihnen zu. Also, keine Schuldgefühle und kein schlechtes Gewissen! Lassen Sie Ihren Partner an diesem freien Tag machen, was immer er will. In der Zeit, die Sie gemeinsam verbringen, sind Sie dann um so entspannter, erholter und glücklicher.

Teil V

Knüpfen Sie hilfreiche Beziehungen

Man kann das Beste nicht anziehen, ohne daran zu hängen.

Donald J. Walters, *Money Magnetism*

Fragen Sie einmal erfolgreiche Menschen, wie sie diesen Erfolg erreicht haben. Sie werden Ihnen antworten, dass sie es allein nicht geschafft hätten. Wir brauchen Menschen, die uns unterstützen. Wir brauchen den Austausch und die Freundschaft. Wenn Sie die richtigen Menschen kennen, wird das Ihre Chancen auf Erfolg beträchtlich erhöhen. Das Problem liegt jedoch nicht darin, viele und auch einflussreiche Menschen kennen zu lernen. Wichtig ist, dass Sie ein starkes Netz aus hilfreichen und einflussreichen Freunden knüpfen. In Teil V erfahren Sie, wie Sie ernsthafte und langfristige Beziehungen zu großartigen Menschen knüpfen können. Lassen Sie uns einmal überlegen, was uns für andere Menschen attraktiv macht, und zwar sowohl privat als auch im Geschäftsleben.

Wir alle arbeiten am liebsten mit Menschen zusammen, die wir mögen und denen wir vertrauen, selbst dann, wenn andere bessere Leistungen zeigen sollten. Wenn Sie den Erfolg, wichtige Menschen und großartige Möglichkeiten anziehen wollen, sollten Sie sich zunächst einmal Ihre eigenen Bedürfnisse bewusst machen und diese befriedigen. In Teil III haben Sie gelernt, wie Sie Ihre finanziellen Angelegenheiten regeln können. Nun ist es an der Zeit, dass Sie Ihre emotionalen Bedürfnisse befriedigen und hilfreiche, langfristige Beziehungen eingehen.

Wir brauchen sehr viel mehr Liebe und Unterstützung, als wir glauben. Wir haben zwar gelernt, mit uns selbst auszukommen, aber auf die Dauer ist dieses Leben mit Stress verbunden. Wenn Sie Erfolg anziehen wollen, brauchen Sie mehr als genug – einen Überfluss an Liebe und hilfreichen Freunden. Indem Sie mehr davon haben, als Sie benötigen, ziehen Sie alles, was Sie sich wünschen, magisch an. Wir alle kennen Beziehungen, in denen einer der bedürftige Partner ist und dessen Bedürftigkeit den anderen, dessen Zuneigung sich der Bedürftige so sehr wünscht, schließlich abstößt. Denn wir alle fühlen uns nun einmal zu Menschen hingezogen, die uns *nicht* brauchen.

Das Prinzip der Unabhängigkeit lässt sich auf alle Lebensbereiche übertragen. Wenn Sie Geld haben, werden Sie eher Geld erhalten, als wenn Sie es brauchen (daher auch das Sprichwort „Geld kommt zu Geld.") Versuchen Sie einmal einen Kredit zu bekommen, wenn Sie ihn am dringendsten benötigen. Man wird Sie höchstens diskret auf Ihre zahlreichen Verbindlichkeiten hinweisen und den Kreditantrag ablehnen. Wenn Sie ohnehin Geld haben und einen Kredit beantragen (den Sie eigentlich gar nicht benötigen), wird man Ihnen das Geld gerne leihen. Es ist so, als würde man Ihre Verzweiflung schon von weitem riechen. Und genauso ist es mit Freunden. Wenn Sie keine neuen Freunde brauchen, werden sich um so mehr Menschen zu Ihnen hingezogen fühlen. Wir alle finden freundliche, selbstbewusste und beliebte Menschen attraktiv.

Indem Sie Ihre Bedürfnisse befriedigen, reduzieren Sie gleichzeitig auch Ihren Stresspegel. Wenn Sie mehr oder weniger ums Überleben kämpfen, wirkt das unattraktiv. Viele Menschen sind sich ihrer Bedürfnisse nicht einmal bewusst. Und noch sehr viel weniger Menschen kümmern sich um die Befriedigung dieser Bedürfnisse. Aber gerade das ist unerlässlich, wenn Sie den Erfolg anziehen und Ihr Leben verändern wollen. Nehmen Sie sich die Zeit und machen Sie sich Ihre Bedürfnisse klar. Sonst kann es passieren, dass Sie Ihre Zeit damit vergeuden, Dingen hinterherzulaufen, die Sie nicht wirklich wollen.

Für energiegeladene Menschen ist es wesentlich einfacher, den Überfluss anzuziehen. Sollten Sie die Tipps in diesem Kapitel als nicht nachvollziehbar empfinden, lesen Sie doch Teil I dieses Buches noch einmal gründlich durch. Haben Sie vielleicht etwas ausgelassen? Den meisten Menschen ist es peinlich, andere um Unterstützung bei der Befriedigung ihrer Bedürfnisse zu bitten. Scheuen Sie sich nicht. Es lohnt sich.

Kapitel 41

Verzeihen Sie sich und anderen

*Wenn Sie sich selbst nicht verziehen haben,
wie wollen Sie dann anderen verzeihen können?*

Dolores Huerta

Der einfachste Weg, um neue Menschen kennen zu lernen, liegt darin, zunächst die bestehenden Beziehungen zu verbessern. Lassen Sie uns mit der Beziehung zu dem wichtigsten Menschen in Ihrem Leben beginnen – die Beziehung zu Ihnen selbst. Wo liegen Ihre Schwächen? Was sind Ihre weniger positiven Charaktereigenschaften? Sind Sie anderen gegenüber zu kritisch? Kritik ist nicht besonders attraktiv. Kein Mensch lässt sich gerne kritisieren. Wenn Sie Erfolg haben wollen, sollten Sie künftig auf Kritik verzichten.

Auch ich musste mir diese negative Eigenschaft abgewöhnen. Und nachdem ich der Sache auf den Grund gegangen war, erkannte ich auch den Grund für meine ständige Kritik – mich! Kritiker gehen in der Regel auch mit sich selbst streng ins Gericht. Sie wollen immer das Beste geben und sollte ihnen das einmal nicht gelingen, sparen sie auch nicht mit Selbstkritik. Wenn wir uns selbst unentwegt kritisieren, dann ist es nur natürlich, dass wir von denen, die uns viel bedeuten, ebenfalls das Beste erwarten. Und dann nehmen wir keine Rücksicht darauf, ob die Betreffenden unser Urteil hören wollen oder nicht. Finden Sie das fair? Vielleicht sind Sie bei den Menschen, die Ihnen am wichtigsten sind, bereits wegen Ihrer ständigen Kritik verschrien. Oberflächliche Bekannte haben Ihre kritische Seite vielleicht nie kennen gelernt, da Sie die Messlatte bei ihnen nicht so hoch anlegen. Verzeihen Sie zunächst einmal sich selbst, dann können Sie auch anderen verzeihen. Anfangen müssen Sie aber bei sich selbst.

Denken Sie immer daran, dass Sie Ihr Bestes geben. Sie hatten einen anstrengenden Arbeitstag und nicht einmal Zeit zum Essen. Als Sie nach Hause kommen, stürzen sich Ihre Kinder auf Sie und wollen mit Ihnen ein Eis essen gehen. Und schon verlieren Sie die Beherrschung: „Seht ihr denn nicht, dass ich einen harten Tag hatte?" Nun, darauf müssen Sie nicht unbedingt stolz sein. Aber zu mehr waren Sie in dieser Situation eben einfach nicht in der Lage. Also verzeihen Sie sich und entschuldigen Sie sich dann bei Ihren Kindern. Wenn andere Menschen Sie anherrschen oder nicht so reagieren, wie Sie es gerne hätten, denken Sie daran, dass auch sie in dieser Situation ihr Bestes gegeben haben. Natürlich sollen Sie respektloses Verhalten nicht einfach so hinnehmen, aber hüten Sie sich vor Urteilen. Sie können den anderen durchaus auf seinen Ausrutscher hinweisen: „Ist Ihnen eigentlich klar, dass Sie mich gerade angeschrien haben?" Aber bleiben Sie neutral, keine Kritik! Es war nicht richtig oder falsch, gut oder böse. Es hat Sie einfach nur geärgert.

Die meisten Menschen strafen sich auch noch nach Jahren für Dinge, die Sie sich selbst nicht verzeihen können. Irren ist menschlich. Nehmen Sie Papier und Stift zur Hand und schreiben Sie all die Dinge auf, die Sie sich selbst nicht verziehen haben. Beginnen Sie mit Ihrer Kindheit – mussten Ihre Geschwister für Ihre „Sünden" büßen? – und arbeiten Sie sich bis in die Gegenwart vor – haben Sie nicht erst gestern einen Kollegen unnötig kritisiert? Gehen Sie dann Ihre Liste durch und überlegen Sie sich, bei wem Sie sich entschuldigen können. Ich konnte mich leider bis heute nicht bei Jeffrey entschuldigen, den ich in der dritten Klasse beschuldigt habe, meinen Füller geklaut zu haben, obwohl ich ihn zu Hause vergessen hatte. Manchmal reicht eine Entschuldigung jedoch nicht aus – dann müssen Sie sich schon etwas einfallen lassen. Wenn Sie sich von jemandem einen Pulli leihen und dann mit Rotweinflecken zurückgeben, nützt auch die beste Entschuldigung nichts. Dann müssen Sie schon einen neuen Pulli kaufen. Also entschuldigen Sie sich oder machen Sie den Schaden wieder gut und, was am wichtigsten ist, verzeihen Sie sich selbst. Glauben Sie mir, danach sind Sie nicht nur erleichtert, sondern sprühen auch vor Energie.

Kapitel 42

Verzeihen Sie im Voraus

Der Schwache kann nicht verzeihen. Verzeihen ist eine Eigenschaft der Starken.

Gandhi

Wenn Sie Ärger oder Wut mit sich herumtragen, kostet Sie das enorm viel Energie. Werfen Sie den unnötigen Ballast ab. Entschuldigen Sie sich bei den Menschen, die Sie verletzt haben – selbst dann, wenn es gar nicht Ihr Fehler war. Gehen Sie sogar einen Schritt weiter und entschuldigen Sie sich bei den Menschen, von denen Sie verletzt wurden. Das ist nicht einfach, schon gar nicht, wenn Sie Recht hatten (aber tun Sie es, auch wenn der andere im Unrecht war.) Hier geht es nicht um Recht oder Unrecht, sondern darum, dass Sie sonst Ihre Energie vergeuden und sich selbst daran hindern, Ihre Ziele zu verwirklichen. Belasten Sie sich nicht länger damit und verzeihen Sie den anderen.

Meine Klientin Karen hatte sich vor einigen Jahren von ihrem ersten Mann getrennt und war mittlerweile wieder glücklich vermählt. Auch ihr Exmann hatte wieder geheiratet. Als sie mit dem Coaching begann, stellte sich heraus, dass sie sich immer noch über ihren Exmann ärgerte, der sie während ihrer Ehe mit seinen Äußerungen wiederholt verletzt hatte. (Wenn Sie sich nicht von der Vergangenheit lösen, wird sie Sie immer dann wieder einholen, wenn Sie sich daranmachen, Ihre Träume zu verwirklichen.) Ich forderte Karen auf, ihren Exmann anzurufen und ihm zu erklären, wie sehr er sie mit seinen Äußerungen verletzt hatte (Tipp 6) – objektiv, sachlich und ohne Emotionen! Dann sollte sie ihn bitten, sich bei ihr zu entschuldigen, und ihm verzeihen. Karen wollte die Vergangenheit jedoch lieber ruhen lassen. Ich entgegnete: „Nun, Sie haben die Vergangenheit bereits aufgewühlt. Sie können die Sache natürlich wieder unter den Teppich kehren und warten, bis sie erneut hervorkommt. Sie können die Angelegenheit aber auch jetzt endgültig hinter sich lassen. Das Gespräch dauert höchstens fünf Minuten. Es ist Ihre Entscheidung. Sollten Sie ihn nicht anrufen, machen Sie sich bitte Folgendes klar. Erstens: Das Problem wird immer wieder auftauchen, und zwar so lange, bis Sie etwas dagegen unternehmen. Zweitens: Wenn Sie die Sache nicht klären, werden Sie sich in dieser Beziehung immer als das Opfer betrachten und er wird für Sie der Fiesling bleiben. Wollen Sie Ihre erste Ehe so in Erinnerung behalten? Drittens: Wenn Sie die Angelegenheit nicht in Angriff nehmen, können Sie sich von dieser Beziehung nicht lösen und sie wird auch die Ehe zu Ihrem zweiten Mann beeinflussen." Sie zögerte und bat um Bedenkzeit.

Schon am nächsten Tag rief sie mich begeistert an. Sie hatte endlich mit ihrem Exmann telefoniert und ihm ganz sachlich erklärt, wie sehr er sie damals verletzt hatte. Endlich konnte sie ihm verzeihen. Nach dem Telefonat sprühte Karen nur so vor Energie. Sie hatte den Ballast der Vergangenheit abgeworfen und war jetzt bereit, ihre Ziele und Träume zu verwirklichen. Verzeihen ist der Schlüssel zur Freiheit.

Belasten Sie sich nicht mit Vergangenem. Verzeihen Sie sich und anderen. Jetzt, da Sie wissen, wie wichtig das Verzeihen ist, können Sie den Menschen ja auch direkt verzeihen. Auf diese Weise sparen Sie unendlich viel Zeit, Kummer und Energie. Erstellen Sie eine Liste der Personen, über die Sie sich geärgert haben, und von den Menschen, denen Sie lieber aus dem Weg gehen. Nehmen Sie das Telefon zur Hand, rufen Sie sie an oder schreiben Sie ihnen einen Brief. Denken Sie immer daran, Sie können anderen so ziemlich alles sagen, solange Sie dabei sachlich bleiben. Und reden Sie sich nicht ein, Sie hätten jemandem vergeben, wenn Sie ihm immer noch etwas, und sei es auch noch so unbedeutend, übel nehmen. Vergessen Sie nicht: Wenn Sie nachtragend sind, schaden Sie damit nur sich selbst. Die anderen wissen vielleicht nicht einmal mehr, worüber Sie sich geärgert haben. Also fangen Sie noch heute an.

Kapitel 43

Machen Sie sich Ihre Bedürfnisse bewusst

Alles kommt zu dem, der es nicht braucht.

Französisches Sprichwort

Wie können Sie erkennen, welche Bedürfnisse bei Ihnen an erster Stelle stehen? Wenn Sie Ihr Bestes geben wollen, müssen Sie Ihre emotionalen Bedürfnisse befriedigen. Bleiben diese Bedürfnisse unbefriedigt, fühlen Sie sich möglicherweise gereizt, ungeliebt, benachteiligt oder sind unversöhnlich und eifersüchtig – all diese Gefühle sind ein Indiz für unbefriedigte emotionale Bedürfnisse. Jeder Mensch hat andere Bedürfnisse. Michelle z. B. braucht ihre Unabhängigkeit. Fühlt Sie sich unabhängig, leistet sie hervorragende Arbeit. Als sie jedoch für einen Vorgesetzten arbeitete, der jeden ihrer Schritte kontrollierte, war sie schon nach kürzester Zeit gereizt und beklagte sich bei jedem, der ihr zuhörte. Aus diesem Grund hat Michelle inzwischen eine eigene Firma. Andere Menschen haben vielleicht ein großes Bedürfnis nach klaren Anweisungen und arbeiten ungern in leitenden Positionen. Bedürfnisse sind weder richtig noch falsch, gut oder böse, sie sind einfach nur unterschiedlich. Erklären Sie Ihrem Vorgesetzten, unter welchen Voraussetzungen Sie die beste Arbeit leisten. Wenn Sie beispielsweise ein regelmäßiges Feedback brauchen, bitten Sie Ihren Chef um eine wöchentliche Besprechung.

Paul hat ein großes Bedürfnis nach Anerkennung. Wenn er keine regelmäßige Anerkennung durch seine Freunde, Kollegen oder Vorgesetzten erhält, plagen ihn große Selbstzweifel. Das erklärt auch, warum er als Buchhalter arbeitete, obwohl das gar nicht in seiner Natur lag. (Paul ist ein geselliger, lebensfroher Mensch und in seinem jetzigen Job als Redner sehr viel glücklicher.) Pauls Vater war ebenfalls Buchhalter und wollte, dass sein Sohn in seine Fußstapfen trat. So wurde Paul, der sich nichts sehnlicher wünschte als die Anerkennung seines Vaters, ebenfalls Buchhalter. Wir tun die merkwürdigsten Dinge, nur um unsere Bedürfnisse zu befriedigen, selbst wenn wir uns damit selbst keinen Gefallen tun.

Hinter jedem unvernünftigen Verhalten, hinter jeder Sucht steht häufig ein unbefriedigtes Bedürfnis. Wenn Sie kurz vor dem Verhungern sind, würden auch Sie im Müll wühlen oder stehlen. Und glauben Sie mir, die meisten Menschen hungern nach der Befriedigung ihrer emotionalen Bedürfnisse. Auch Männer haben emotionale Bedürfnisse, selbst wenn das in unserem Kulturkreis als Schwäche ausgelegt wird. Mein Klient Raymond etwa hatte ein großes Machtbedürfnis. Als er seine Frau darüber aufklärte, war sie nicht im Geringsten überrascht. Aber jetzt, da er es offen ausgesprochen hatte, konnten die beiden gemeinsam nach angemessen Wegen suchen, um dieses Bedürfnis zu befriedigen. So überließ seine Frau ihm ab sofort die Gewalt über die Fernbedienung.

Es folgt eine Auflistung der häufigsten emotionalen Grundbedürfnisse. Denken Sie immer daran, dass es zahllose unterschiedliche Bedürfnisse gibt und es sich bei Ihnen persönlich auch um eine Abwandlung dieser Kategorien handeln kann. Viele Menschen wollen z. B. geliebt werden. Andere Menschen wiederum werden so sehr geliebt, dass ihr Bedürfnis nach Liebe gestillt ist. Zu den verschiedenen Variationen des Bedürfnisses nach Liebe zählen das Bedürfnis nach liebevoller Fürsorge, Anerkennung, Zugehörigkeit und Geborgenheit. Kommt Ihnen eines dieser Bedürfnisse bekannt vor? Weitere Bedürfnisse sind: das Bedürfnis nach Sicherheit; das Bedürfnis nach Kontrolle; das Bedürfnis nach Macht; das Bedürfnis zu teilen; das Bedürfnis, dass einem zugehört wird; das Bedürfnis nach Freiheit; das Bedürfnis nach Unabhängigkeit; das Bedürfnis nach Selbstständigkeit; das Bedürfnis, unersetzlich zu sein; das Bedürfnis, anderen zu helfen; das Bedürfnis nach Bestätigung; das Bedürfnis, nicht in Vergessenheit zu geraten; das Bedürfnis nach Verbesserung; das Bedürfnis, anderen zu gefallen; das Bedürfnis, das Richtige zu tun; das Bedürfnis nach einer Aufgabe; das Bedürfnis nach Beschäftigung. Vielleicht brauchen Sie auch Ehrlichkeit, Ernsthaftigkeit und Loyalität; klare Anweisungen, Regelmäßigkeit und Perfektion; Frieden, Ruhe und Ausgeglichenheit.

Wählen Sie zwei oder drei Ihrer größten Bedürfnisse aus (die Bedürfnisse, die Sie befriedigen müssen, um Ihr Bestes geben zu können.) Sofern Sie keines der auf der Liste genannten Bedürfnisse persönlich anspricht, stellen Sie sich folgende Frage: Wann haben Sie schlechte Laune oder fühlen sich gereizt? Passiert das, wenn Sie Ja sagen, obwohl Sie eigentlich Nein meinen? Oder wenn man Sie ausnutzt? Vielleicht können Sie nicht Nein sagen, weil Sie das Bedürfnis haben, anderen zu gefallen. Es ist nicht einfach, sich seine Bedürfnisse bewusst zu machen. Die meisten meiner Klienten wollen diesen Punkt am liebsten überspringen. Wenn Sie jedoch den Erfolg anziehen wollen, müssen Sie sich über Ihre Bedürfnisse im Klaren sein. Sie wissen, wie unattraktiv Bedürftigkeit ist. Also nehmen Sie sich die Zeit und gehen Sie Ihren emotionalen Bedürfnissen auf den Grund. Wenn Sie Probleme haben, diese Aufgabe allein zu lösen, nehmen Sie die Hilfe eines professionellen Coachs oder eines guten Freundes in Anspruch. Wenn Sie sich Ihrer Bedürfnisse bewusst sind, ist es an der Zeit, um das zu bitten, was Sie sich wirklich wünschen (Tipp 44).

Kapitel 44

Bitten Sie um das, was Sie wollen

> *Bittet, so wird euch gegeben; suchet, so werdet ihr finden; klopfet an, so wird euch aufgetan.*
>
> Matthäus 7,7

Wir könnten uns eine Menge Zeit, Kummer und Energie sparen, wenn wir direkt um das bitten würden, was wir uns wünschen. Ja, das hört sich einfach an, aber für die meisten Menschen ist das ein Problem. Aus irgendeinem Grund glauben wir, unsere Freunde, Kollegen und Verwandten müssten wissen, was wir wollen, ohne dass wir sie darum bitten. Vielleicht sind wir der Meinung, dass die Menschen, die wir lieben, dieselben Bedürfnisse haben wie wir. Doch das ist nun einmal nicht der Fall. Wir alle haben völlig individuelle Wünsche.

Also machen Sie sich Ihre persönlichen Bedürfnisse bewusst. Stephen, der als Abteilungsleiter bei einer Großhandelskette arbeitete, erkannte z. B., dass er ein großes Bedürfnis nach Anerkennung hatte. Er leistete hervorragende Arbeit und hatte die Verkaufszahlen in seiner Abteilung stark verbessert. Seine Vorgesetzten erwähnten diese Leistung jedoch mit keinem Wort. Stephen wurde jedoch klar, dass er für die Befriedigung seiner Bedürfnisse selbst verantwortlich war. Also erklärte er seinen Vorgesetzten während des wöchentlichen Meetings, dass er sich mehr positives Feedback für seine Leistungen wünschte. Die Manager entschuldigten sich bei ihm für ihr Versäumnis und dankten ihm dafür, dass er sie darauf aufmerksam gemacht hatte. Sie forderten ihn sogar auf, sie im Zweifelsfalle um eine positive Rückmeldung zu bitten. Stephen berichtete mir begeistert von diesem Gespräch. Ihm war gar nicht klar gewesen, wie einfach es ist, für die Befriedigung seiner Bedürfnisse zu sorgen.

Eine meiner Klientinnen hatte das Bedürfnis nach mehr Aufmerksamkeit. Sie erklärte ihrem Freund, wie wichtig das für sie war. Daraufhin überschüttete er sie mit Blumen und Geschenken. Doch diese Aufmerksamkeiten konnten das Bedürfnis seiner Partnerin nicht befriedigen. Also fragte ich sie, was ihr das Gefühl vermitteln würde, für ihren Partner etwas ganz Besonderes zu sein. So stellte sich heraus, dass sie die kleinen liebevollen Gesten – einen kurzen Händedruck, einen liebevollen Blick und liebevolle Koseworte – vermisste. Ihr Partner war glücklich, dass er endlich wusste, was ihr wichtig war. Wenn Sie sich wünschen, dass Ihr Partner Sie liebevoller behandelt, sagen Sie ihm das. Wenn Sie lieber Tulpen als Rosen haben möchten, sagen Sie es.

Wir alle sind der Meinung, unsere Mitmenschen, und insbesondere unsere Partner, müssten aus irgendeinem geheimnisvollen Grund wissen, was wir wollen. Wir glauben, wenn wir sie um etwas bitten müssen, verdirbt das die Freude an dem, was wir erhalten. Aber dem ist nicht so. Auch unsere Vorgesetzten wissen nicht, wie wir am liebsten und besten arbeiten. Ebenso wenig wissen unsere Freunde, welch großen Wert wir auf ihre Anerkennung legen. Die meisten Menschen geben genau das an andere weiter, was sie sich wünschen. Das mag häufig klappen, aber eben längst nicht immer. Denn jeder Mensch ist anders und hat völlig einzigartige Bedürfnisse. Wenn wir nicht einmal selbst unsere emotionalen Bedürfnisse kennen, wie sollen die anderen sie dann kennen? Es tut der Sache auch keinen Abbruch, wenn wir andere zunächst um etwas bitten müssen. Probieren Sie es einfach aus. Ich habe z. B. meinen Partner gebeten, mir regelmäßig die Füße zu massieren. Und glauben Sie mir, ich genieße diese Massagen! Gerade die Menschen, denen Sie viel bedeuten, wollen Sie glücklich machen. Also scheuen Sie sich nicht und bitten Sie sie um das, was Sie wollen.

Wenn Sie sich erst einmal über Ihre Bedürfnisse im Klaren sind, sollten Sie Ihre Freunde, Ihre Familie und möglicherweise auch Ihre Kollegen darum bitten, Sie bei der Befriedigung dieser Bedürfnisse zu unterstützen. Äußern Sie Ihre Wünsche so präzise wie möglich. Am besten bitten Sie fünf verschiedene Menschen, Sie bei der Befriedigung eines bestimmten Bedürfnisses zu unterstützen. Der Zweck dieser Übung liegt darin, dass Sie es übertreiben und dieses Bedürfnis im Überfluss befriedigt wird. Martin stellte z. B. fest, dass er respektiert und geliebt werden wollte. Er bat seine Frau, ihn zu küssen, wenn er von der Arbeit nach Hause kommt, und ihm zu sagen, wie sehr sie ihn liebe. Er bat seinen Vater, ihn einmal wöchentlich anzurufen und ihm zu sagen, wie stolz er auf ihn sei. Seine Schwester bat er, ihm jede Woche eine E-Mail zu schicken, in der sie ihm erklärte, wie viel er ihr bedeute. Seinen Chef konnte Martin selbstverständlich nicht bitten, ihm zu sagen, dass er ihn liebe. Also bat er ihn um positives Feedback zu seinen Leistungen. Auch seine Kollegen bat er um Feedback. Martin ist allerdings kein besonders schwerer Fall, diese Übertreibung ist Sinn der Sache. Sie *müssen* es übertreiben – damit Sie mehr als genug haben. Zunächst ist es Ihnen vielleicht unangenehm, andere um Unterstützung zu bitten. Das ist vollkommen normal. Lassen Sie sich davon nicht abhalten. Wenn Sie wollen, dass Ihre Bedürfnisse verschwinden, brauchen Sie möglichst viele Menschen, die Ihnen dabei helfen. Dann besteht auch keine Gefahr mehr, dass Sie bedürftig erscheinen. Doch nicht nur das, Sie sind zufriedener und haben mehr Selbstvertrauen.

Finden Sie verschiedene Wege, um Ihre Bedürfnisse zu befriedigen. Martin erkannte z. B., dass er sich selbst mehr respektierte, wenn er gute Arbeit leistete und auf seine Gesundheit und seinen Körper achtete. Ich verwöhne mich, indem ich mir eine Putzfrau (Tipp 15), einen Masseur (Tipp 84) und einen persönlichen Trainer (Tipp 85) leiste und mir die Zeit für meine persönlichen heiligen Abende (Tipp 40) nehme. Glauben Sie mir, nach vier bis sechs Wochen werden Sie sich besser fühlen. Sie brauchen die Hilfe Ihrer Freunde und Ihrer Familie nicht mehr. Aber wenn sie es gerne tun, warum sollten Sie ihnen die Freude nehmen?

Als eine meiner Klientinnen ihren langjährigen Partner bat, sie liebevoller zu behandeln, und er ihr diesen Wunsch verweigerte, musste sie erkennen, dass sie all die Jahre gegeben und er nur genommen hatte. Einige Monate darauf beendete sie die

Beziehung, zog aus der gemeinsamen Wohnung aus und knüpfte neue Beziehungen, in denen beide Seiten sowohl geben als auch nehmen.

Zapfen Sie möglichst viele Quellen zur Befriedigung Ihrer Bedürfnisse an. Versuchen Sie nicht, es ohne fremde Hilfe zu schaffen. Wenn Sie einen einzigen Menschen für die Befriedigung Ihrer Bedürfnisse verantwortlich machen, wird dieser Ihnen das irgendwann übel nehmen. Von unserem Partner erwarten wir nur zu häufig, dass er all unsere emotionalen Bedürfnisse befriedigt. Doch nicht nur das, wir klären ihn nicht darüber auf, was wir uns von ihm wünschen – eine große Belastung. Wen wundert es da, dass sich so viele Paare trennen? Wenn wir verliebt sind, sind wir wunschlos zufrieden, beide Partner wollen nichts weiter als den anderen glücklich machen. Doch irgendwann verlieren wir die Freude daran und all die Blumen, Geschenke und Einladungen werden mehr und mehr zur lästigen Pflicht. Sie müssen zwar dafür sorgen, dass Ihre Bedürfnisse befriedigt werden, aber erwarten Sie das nicht von einem einzigen Menschen. Die besten Beziehungen sind immer noch die, in denen beide Partner dafür sorgen, dass ihre Bedürfnisse nicht in der Beziehung befriedigt werden müssen.

Das steht natürlich im krassen Gegensatz zu allem, was wir je über Liebe gelernt haben. Das liegt jedoch daran, dass in unserer Gesellschaft Liebe häufig mit Abhängigkeit gleichgesetzt wird. Das sind jedoch zwei völlig verschiedene Dinge. Vielleicht liegt darin auch die Ursache für die stetig wachsende Scheidungsrate. Die Menschen heiraten, weil der andere die persönlichen Bedürfnisse befriedigt. Nach ein paar Jahren ist der andere aber nicht mehr dazu bereit und fühlt sich häufig sogar ausgenutzt. Dann heißt es: „Du wirst meinen Ansprüchen nicht mehr gerecht. Du bist nicht der Mensch, den ich geheiratet habe." Also lassen sich die beiden scheiden und suchen erneut nach einem Partner, der ihre Bedürfnisse befriedigt. Das ist das Gefährliche an Beziehungen, die auf Abhängigkeit basieren. Jemand, der Sie liebt, erfüllt sicherlich gerne Ihre Wünsche. Sie sollten diesen Menschen jedoch nicht allein dafür verantwortlich machen, dass es Ihnen gut geht. Liebe ist etwas anderes als Abhängigkeit.

Im Idealfall werden Ihre Bedürfnisse so umfassend befriedigt, dass sie verschwinden. Wenn Sie Hunger haben und Ihr Kühlschrank bis oben hin voll ist, dann machen Sie ihn einfach auf und nehmen sich etwas zu essen. Mit den Bedürfnissen verhält es sich nicht anders. Wie wäre es, wenn eines Ihrer Bedürfnisse von allen Seiten befriedigt würde und Sie sich nie wieder Gedanken darüber machen müssten?

Eine meiner Klientinnen hatte z. B. das Bedürfnis, dass man ihr sagt, wie schön sie ist. Immer wenn ihr Freund ihr sagte, dass er sie schön fände, bedankte sie sich bei ihm und erklärte ihm, wie glücklich er sie mit diesem Kompliment machte. Ein ziemlich cleverer Schachzug. Wenn jemand unbewusst unsere emotionalen Bedürfnisse erfüllt und wir ihn dafür „loben", ist es sehr wahrscheinlich, dass der andere dieses Verhalten künftig fortsetzen wird. In diesem Fall sind Sie sogar so etwas wie ein Coach und vermitteln Ihren Mitmenschen, wie Sie behandelt werden wollen, um Ihr Bestes geben zu können. Je deutlicher Ihnen Ihre Bedürfnisse sind, desto mehr Wege werden Sie finden, um sie zu befriedigen. Anfangs fällt es Ihnen vielleicht nicht leicht, andere dabei um Unterstützung zu bitten, aber irgendwann wird es für Sie zur Selbstverständlichkeit.

In meiner beruflichen Praxis höre ich immer wieder, dass man doch unmöglich jemanden um Unterstützung bei der Befriedigung seiner persönlichen Bedürfnisse bitten könne. Sie würden sich wundern, wenn Sie wüssten, wie gerne Ihre Mitmenschen Ihnen dabei helfen, wenn sie erst einmal wissen, was Ihnen wichtig ist. Bei einem Seminar in London ging ich bei dem Thema Bedürfnisse und deren Befriedigung sehr ins Detail und erwähnte dabei auch mein Bedürfnis nach liebevoller Zuwendung. Dabei erwähnte ich auch, wie sehr ich es genoss, wenn man mir über das Haar streicht. (In meiner Kindheit hat mein Vater das immer bei mir gemacht.) Am Ende der Veranstaltung erklärten mir zahlreiche Besucher, wie sehr ihnen das Seminar gefallen hat und strichen mir dabei in aller Öffentlichkeit über das Haar. Ich war sowohl peinlich berührt als auch äußerst erstaunt. Peinlich war mir das Ganze, weil ich vergessen hatte, ein wichtiges Detail zu erwähnen – ich mag es, wenn der Mann an meiner Seite mir über das Haar streicht, nicht aber, wenn das wildfremde Menschen tun! Formulieren Sie Ihre Bitten möglichst genau, denn Sie erhalten genau das, worum Sie bitten.

Kapitel 45

Finden Sie Ihre Familie

Ohne Familie sind wir ganz allein auf der Welt, zitternd vor Kälte.

André Maurois, *The Art of Living*

Ohne gute Freunde und Menschen, die Sie bedingungslos lieben, ist es äußerst schwierig, den Erfolg zu erreichen, den Sie sich wünschen. Was nützt uns der Erfolg, wenn wir ihn mit niemandem teilen können? Vielleicht zählen Sie zu den Glücklichen, die in eine starke und liebevolle Familie hineingeboren wurden. Wenn dem nicht so ist, müssen Sie sich eben Ihre eigene Familie suchen. Lassen Sie sich „adoptieren". Nicht jeder Mensch hat Eltern, die ihm bedingungslose Liebe schenken können. Verschwenden Sie nicht Ihre Zeit mit Vorwürfen an Ihre Eltern, sondern akzeptieren Sie sie, so wie Sie sind. Suchen Sie sich Menschen, die Ihnen diese Liebe und Geborgenheit schenken können. Es gibt so viele Menschen, die Liebe zu geben haben. Sie müssen sie nur finden.

Eine meiner Klientinnen erkannte, dass ihre Eltern ihr zwar nicht die Liebe geben konnten, nach der sie sich sehnte, dafür aber ihre Schwiegereltern. Sie nahmen sie wie eine Tochter auf und sie nahm dieses Angebot nur zu gerne an. Don verlor seine Eltern im Alter von vierzehn Jahren und wuchs bei seiner Tante auf. Heute, mit dreiunddreißig, liebt er seine Tante noch immer so wie eine Mutter. Was ihm fehlte, war jemand, der die Stelle seines Vaters übernahm. Ich riet ihm, ein Altersheim zu besuchen. Denn dort leben viele Menschen, die nur zu gerne einen „Stiefsohn" hätten. Don lernte tatsächlich einen älteren Herrn kennen, der sogar seine Begeisterung für Baseball teilte. Don besuchte den Mann regelmäßig und fand endlich die Liebe und Zuwendung, nach der er sich so lange gesehnt hatte. Seien Sie dankbar, wenn Sie liebevolle Eltern haben, und zeigen Sie ihnen Ihre Dankbarkeit.

Wir denken immer, wir hätten alle Zeit der Welt, weil wir uns gar nicht vorstellen können, dass unsere Eltern einmal nicht mehr da sein könnten. Doch das ist leider nicht der Fall. Eine meiner Kolleginnen wollte z. B. immer schon mit ihrem Vater nach Schweden reisen. Sie verschob die Reise jedoch, da ihre Mutter schwer krank war. Doch dann bekam ihr Vater Nierenprobleme und musste regelmäßig an die Dialyse. Sie erkannte, dass das Leben nicht nach Plan verläuft, und beschloss, die Reise möglichst bald anzutreten. Ihre Mutter erklärte sich damit einverstanden, dass ihr Mann die gemeinsame Tochter nach Schweden begleitete. Die beiden verlebten einen wunderbaren Urlaub und ihr Vater erklärte ihr, die Reise sei das Beste gewesen, was er in seinem dreiundachtzigjährigen Leben erlebt hatte. Genießen Sie die Zeit mit Ihren Eltern. Zeigen Sie ihnen mit Worten und Taten, wie sehr Sie sie lieben.

Kapitel 46

Verabreden Sie sich mit Ihrem Partner

> *Die meisten Paare in der Stadt haben Probleme,*
> *weil ihnen das Wichtigste in der Liebe fehlt – ein Treffpunkt.*
>
> Thomas Wolfe, *The Web And The Rock*

Die meisten erfolgreichen Menschen haben einen starken Menschen an ihrer Seite: jemanden, der sie aufbaut, wenn sie an sich zweifeln, jemanden, der sie bedingungslos liebt. Dieser Jemand ist meistens der Partner. Wie viel Zeit nehmen Sie sich für Gespräche mit Ihrem Partner? Der Durchschnitt liegt bei siebenundzwanzig Minuten pro Woche. Das liegt daran, dass wir davon ausgehen, wir hätten später noch Zeit dazu. Aber wann glauben Sie, dass Sie diese Zeit finden werden?

Wenn Sie eine liebevolle und gesunde Beziehung zu Ihrem Partner aufrechterhalten wollen, ist es wichtig, dass Sie sich mindestens einmal in der Woche Zeit für ihn nehmen. Engagieren Sie einen Babysitter und machen Sie sich gemeinsam einen gemütlichen Abend. Egal was Sie tun, wichtig ist, dass Sie und Ihr Partner ein paar romantische Stunden verbringen. Sie müssen gar nichts Besonderes unternehmen. Machen Sie ein Picknick und beobachten Sie, wie der Mond aufgeht. Oder gehen Sie essen, es muss ja kein teures Restaurant sein. Dieser Abend ist vielleicht die einzige Möglichkeit in der Woche, bei der Sie mit Ihrem Partner gemeinsam über Ihre Hoffnungen und Pläne sprechen können. Vermeiden Sie Themen, die zu Streit führen und die Stimmung verderben könnten. Sie haben diesen gemeinsamen Abend redlich verdient. Auf diese Weise können Sie Ihre Partnerschaft neu beleben und sicherstellen, dass Ihre gemeinsamen Ziele nicht in Vergessenheit geraten. Auch Ihre Kinder können nur davon profitieren, da sie so lernen, wie wichtig Ihnen diese Partnerschaft ist. Und für den Rest der Woche können Sie sich wieder voll und ganz auf Ihre Kinder konzentrieren.

Meine Klientin Laura beklagte sich bei mir darüber, dass ihr Mann sie in ihrer Unternehmensberatung nicht unterstützte, an der sie nach Feierabend arbeitete, um eines Tages ihren verhassten Job kündigen zu können. Auch die Romantik kam in ihrer Beziehung zu kurz. Nie schenkte er ihr Blumen oder andere Kleinigkeiten. Ich forderte Laura auf, einmal pro Woche einen Babysitter zu bestellen und mit ihrem Mann allein auszugehen. Denn die Beziehung war bis auf die mangelnde Aufmerksamkeit eigentlich in Ordnung. Aber mit schreienden Kindern im Hintergrund kann nun einmal keine romantische Stimmung aufkommen. Laura war äußerst skeptisch und ihr Mann wollte das Geld für den Babysitter lieber sparen. Ich forderte sie auf, diesen Abend trotzdem einzuführen. Denn für ihre Beziehung war es von größter Bedeutung, dass die beiden etwas Zeit für sich allein hatten.

Eine Woche darauf rief Laura mich an und berichtete mir, dass sie und ihr Mann einen wunderbaren Abend verbracht hätten. Sie gingen in ein kleines Restaurant und sprachen über ihre gemeinsamen Pläne, den Bau eines Hauses und die Gründung einer eigenen Firma. Sie gingen Hand in Hand spazieren. Laura genoss den Abend in vollen Zügen. Ein paar Tage traf sie ihren Mann zufällig in der Stadt und sah ihn für einen kurzen Moment lang so, wie ihn auch andere sahen – ein großer attraktiver Mann, der sie über alles liebte. Sie war überglücklich, ihn als Partner zu haben. Sie setzten ihre wöchentlichen Verabredungen fort und mittlerweile führen sie wieder eine glückliche Ehe. Laura unterstützt ihren Mann in seinem Job und er wurde nach und nach zu ihrer größten Hilfe. Er riet ihr sogar, ihre Stellung aufzugeben und sich ganz auf ihr eigenes Unternehmen zu konzentrieren. Verabreden Sie sich mit Ihrem Partner, pflegen Sie die wichtigste Beziehung in Ihrem Leben und im Gegenzug wird er Ihnen die Energie geben, die Sie benötigen, um in Ihrem Job erfolgreich zu sein.

Kapitel 47

Knüpfen Sie ein starkes Netzwerk aus speziellen Freunden

Wenn wir nicht geliebt werden, hören wir auf, uns selbst zu lieben.

Madame de Staël

Was nützt uns der Erfolg, wenn wir ihn nicht mit geliebten Menschen teilen können? Wir brauchen viele Freunde, die uns unterstützen und lieben. Wirklich erfolgreiche Menschen haben zahlreiche enge Freunde. Robert war z. B. der Meinung, er hätte genug Freunde – drei aus Kindertagen. Aber einer von ihnen lebte in Washington, einer in Oregon und der dritte in Russland. Er hielt zwar zu allen Kontakt, aber das ist einfach nicht dasselbe wie ein guter Freund in der näheren Umgebung. Natürlich können Sie nicht innerhalb einer Woche fünf neue Freunde fürs Leben gewinnen. Aber Sie können Ihr Herz dafür öffnen. Sie können einen Verein gründen, eine Organisation ins Leben rufen oder auch durch ein Hobby neue Menschen kennen lernen. Achten Sie auf die Menschen in Ihrer Umgebung, sei es im Beruf, im Privatleben oder auch auf Partys. Und wenn Ihnen jemand besonders interessant erscheint, versuchen Sie ihn näher kennen zu lernen.

Lauren lernte auf einer Cocktailparty eine einflussreiche Frau aus der Medienbranche kennen, mit der sie sich auf Anhieb gut verstand. Die Frau fragte Lauren, ob sie Lust hätte, mit ihr essen zu gehen. Lauren nahm das Angebot natürlich gerne an. Sie saß zwischen zwei Stühlen. Sollte sie sich mit der Frau anfreunden oder versuchen sie als Kundin zu gewinnen? Ich riet ihr jedoch, sich auf eine Freundschaft mit dieser Frau zu konzentrieren. Lauren befolgte meinen Rat und auf lange Sicht verschaffte ihre neue Freundin ihr zahlreiche wichtige Kontakte. Hätte Lauren versucht, die Frau als Kundin anzuwerben, hätte der Schuss leicht nach hinten losgehen können.

Andererseits sollten Sie nicht zu sehr um die Freundschaft anderer Menschen buhlen – das lohnt sich nicht und ist in der Regel ohnehin sinnlos. (Wenn Sie Ihre persönlichen Bedürfnisse befriedigen (Tipp 43) ist das aber auch gar kein Thema für Sie.) Freundschaften und gut funktionierende Netzwerke ergeben sich ganz von selbst. Natürlich müssen Sie von Zeit zu Zeit die Initiative ergreifen (und jemanden anrufen und zum Essen einladen), aber drängen Sie sich nicht auf.

Erfolgreiche Menschen befinden sich immer im Zentrum einer starken und stützenden Gemeinschaft. Nur wenige Menschen bleiben heute noch in dem Ort, in dem sie augewachsen sind. Wenn Sie in eine Gemeinschaft integriert werden wollen, sollten Sie möglichst lange an einem Ort bleiben. Dann werden Sie automatisch zu einem Teil dieses Ortes und die Menschen kennen Sie. In Kleinstädten kennt eigentlich jeder jeden. Früher waren Gemeinschaften wie diese etwas völlig Selbstverständliches. Doch heute haben viele Menschen vergessen, dass es für unser Leben von größter Bedeutung ist, Teil einer funktionierenden Gemeinschaft zu sein. Sie können unmöglich Ihr Bestes geben, wenn das bei Ihnen nicht der Fall ist.

Heute müssen wir diese Gemeinschaft in der Regel selbst gründen. Das ist jedoch eigentlich eine feine Sache. Wir sind nicht länger auf die Menschen in unserer unmittelbaren Umgebung angewiesen, sondern können uns die Menschen aussuchen, die wir wirklich mögen. Das Arbeitsumfeld oder auch die Kirche bilden hierbei häufig die Basis. Aber das ist nicht immer der Fall. Ich habe mich z. B. nie als Teil der Bankbelegschaft gefühlt. Bei meinen Kollegen an der Coach University fühlte ich mich jedoch sofort wohl. Also halten Sie die Augen offen, bis Sie eine Gruppe von Menschen gefunden haben, die Ihnen gefällt. Wenn Sie die richtigen Menschen gefunden haben, fühlen Sie sich zu Hause.

Eine meiner Klientinnen führt ein Leben, um das die meisten Menschen sie beneiden – eine dreißigjährige, glückliche Ehe, ein liebevoller Mann, zwei liebenswerte und erfolgreiche Kinder, zwei wunderschöne Häuser und ein gut gehendes Einzelhandelsunternehmen. Sie ist seit dreiundzwanzig Jahren Mitglied in einem Buchclub, der sich aus vierzehn Frauen zusammensetzt. Sie treffen sich einmal monatlich und diskutieren gemeinsam ein bestimmtes Buch. Im Laufe der Jahre wurden sie zu engen Freundinnen und wichtigen Stützen. Sie sind immer füreinander da, bei sämtlichen Krisen und Problemen: Herzinfarkt oder Tod der Ehemänner, Drogensucht der Kinder, Brustkrebs usw. Da sie miteinander über alles sprechen können, hat keine von diesen Frauen jemals einen Psychiater gebraucht. Auch all die schönen Dinge des Lebens teilen sie miteinander und sie feiern gemeinsam die Hochzeiten ihrer Kinder, die Geburten der Enkelkinder, Geschäftsgründungen, Geburtstage usw. Egal was das Leben bringt, der Buchclub ist da – eine Versicherung gegen die Einsamkeit.

Sofern Sie noch nicht Teil einer solchen Gruppe sind, ist es an der Zeit, sich eine solche Gemeinschaft zu suchen. Gründen Sie einen Verein oder treten Sie einer entsprechenden Organisation bei. Wenn Sie erst einmal eine Gruppe gefunden haben, bleiben Sie am Ball. Vertrauen und das Gefühl der Verbundenheit werden sich im Laufe der Jahre entwickeln.

Kapitel 48

Gründen Sie Ihren eigenen Beraterstab

> Crystal: „Wusstest du, dass die meisten Menschen nur zwei Prozent ihres geistigen Potenzials nutzen?"
>
> Roseanne: „So viel?"
>
> Roseanne (Vorabendserie)

Je größer Ihre Ziele, desto mehr Hilfe benötigen Sie. Ohne die Hilfe und Unterstützung anderer ist Erfolg nicht möglich. Sie brauchen mehr Hilfe, Unterstützung und Ratschläge, als Sie glauben – und zwar ganz besonders dann, wenn Sie große Ziele haben. Wirklich erfolgreiche Menschen haben ein ganzes Team, das sie unterstützt und berät – einen regelrechten Beraterstab. Präsidenten haben das Kabinett, Manager haben den Aufsichtsrat. Wenn Sie große Ziele haben, die Sie ohne Hilfe nicht verwirklichen können, dann gründen Sie Ihren eigenen Beraterstab. Stellen Sie eine Gruppe verschiedener Menschen mit verschiedenen Fähigkeiten zusammen und lassen Sie sich von ihnen beraten. Wenn wir auf uns allein gestellt sind, verlieren wir nur zu schnell die Motivation und fragen uns: „Wer bin ich denn? Das schaffe ich doch nie." Mit einem entsprechenden Team im Rücken kann Ihnen das nicht passieren. Diese Menschen mögen und unterstützen Sie und scheuen sich auch nicht, Ihnen die Wahrheit zu sagen, was Sie vor folgenschweren und kostspieligen Fehlern bewahren kann. Sie müssen jedoch bereit sein, sich die Wahrheit anzuhören, auch wenn sie Ihnen nicht gefällt. Aber überzeugen Sie sich davon, dass diesen Menschen wirklich etwas an Ihrem Erfolg liegt.

Ich lasse mich z. B. von einem Lektor beraten, der mir wichtige Ratschläge für meine Artikel gibt. Auch den Rat eines ehemaligen Klienten, dem Leiter einer Werbeagentur, nehme ich mir zu Herzen. Ein guter Freund von mir arbeitet in der Marketingbranche und seine Ideen haben mir schon sehr geholfen. Ein weiterer Freund ist EDV-Experte und er kann mir häufig sogar telefonisch weiterhelfen, wenn mein Rechner wieder einmal nicht so will wie ich. Wenn Sie sich mit der modernen Technologie nicht auskennen, brauchen Sie zumindest einen Computerexperten in Ihrem Freundeskreis. Meine Kollegen teilen mit mir ihre Erfahrungen und beraten mich gerne. Für die Produktion meines Videos engagierte ich eine Produzentin, die mir auch heute noch häufig hilfreich zur Seite steht. Eine Freundin von mir arbeitet in einem Verlag und war mir eine große Hilfe bei meiner Suche nach einem Verleger. Mein Mentor ist ein Multimillionär, der sich dieses Vermögen aus eigener Kraft erarbeitet hat. Er gibt mir regelmäßig hilfreiche Tipps und hat mich schon vor so manchem kostspieligen Fehler bewahrt. Und auch ich habe einen Coach, der mir hilft, mein Leben zu verbessern. Auch meine Familie und meine Freunde stehen mir immer hilfreich zur Seite.

Je größer und anspruchsvoller Ihr Projekt ist, desto mehr Rat und Unterstützung werden Sie brauchen. Die meisten Mitglieder meines persönlichen Beraterstabs sind gute Freunde und helfen mir auf freiwilliger Basis. Wenn Sie Hilfe benötigen, sollten Sie allerdings nicht davor zurückscheuen, auch dafür zu bezahlen. Wenn Sie von Ihren Freunden erwarten, dass sie Ihnen ihre Fachkenntnisse ohne Gegenleistung zur Verfügung stellen, könnten sie sich ausgenutzt fühlen und Sie laufen Gefahr, wertvolle Freunde zu verlieren. Bitten Sie sie freundlich um Hilfe oder laden Sie sie ein, und sie werden Ihnen gerne mit Rat und Tat zur Seite stehen. Sie können auch ein Tauschgeschäft anbieten. Denn Ihr Wissen und Ihre Fähigkeiten können für andere ebenfalls eine große Bereicherung sein.

Sie können die Hilfe der einzelnen Mitglieder Ihres Beraterstabs unabhängig voneinander in Anspruch nehmen oder monatliche Treffen vereinbaren. Wenn Sie einen formellen Beraterstab ins Leben rufen, sollten Sinn und Zweck dieser Treffen allerdings darin liegen, dass die Mitglieder sich gegenseitig unterstützen – und zwar alle. Es geht nicht nur um Sie. Fragen Sie bei jedem Treffen, wer ein Problem hat oder den Rat der anderen braucht. Wirklich erfolgreiche Beraterstäbe setzten sich aus Mitgliedern mit verschiedenen Kenntnissen zusammen – ein Rechtsanwalt, ein Buchhalter, ein Marketingexperte, ein Künstler, ein Unternehmer. Auf diese Weise können alle Beteiligten voneinander profitieren.

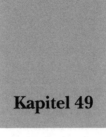

Kapitel 49

Machen Sie großzügige Geschenke

*Warum hat mir noch nie jemand eine herrliche Limousine geschenkt?
Nein, alles, was ich bekomme, ist eine wunderbare Rose.*

Dorothy Parker

Machen Sie tolle Geschenke, wann immer Ihnen der Sinn danach steht. Wenn Sie neue Kalenderblätter für Ihren Organizer kaufen, besorgen Sie ein paar mehr davon und schenken Sie sie einem Freund, der dasselbe System benutzt wie Sie. Wenn Sie eine Lasagne zubereiten, machen Sie die doppelte Portion und schenken Sie sie jemandem, der Ihre Lasagne liebt. Wenn Sie eine Zeitschrift abonnieren, abonnieren Sie doch gleich zwei und schenken Sie das Abonnement einem Freund. Wenn Sie einen großen Auftrag erhalten haben, bedanken Sie sich bei dem Kunden.

Ich persönlich glaube immer, dass die Dinge, die mir gefallen, anderen Menschen ebenfalls gefallen müssten. Aber das ist nicht immer der Fall. Die Geschmäcker sind verschieden. Fragen Sie sich, was dem anderen gefallen könnte. Die besten Geschenke sind immer die Dinge, von denen wir nicht einmal wussten, dass wir sie uns gewünscht haben, über die wir uns aber riesig freuen, wenn wir sie erst einmal haben. Ein spontanes Geschenk erfreut jeden. Stellen Sie grundsätzlich eine Flasche Champagner kalt, mit der Sie auf den Erfolg eines Freundes anstoßen können. Legen Sie sich einen kleinen Vorrat an Geschenken zu, sodass Sie auch bei kurzfristigen Einladungen etwas zur Hand haben. Gönnen Sie sich den Spaß und spielen Sie das ganze Jahr über Christkind.

Barbara, eine Marketingmanagerin, wollte das Abrechnungssystem erweitern. Sie lud den Finanzmanager zum Essen ein und unterbreitete ihm ihre Vorschläge. Aber er war von der Idee nicht zu überzeugen. Barbara überarbeitete ihr Konzept, um es erneut vorzulegen. Sie war sich jedoch nicht sicher, wie sie den Manager um ein weiteres Treffen bitten sollte. Sie wollte ihm ein persönliches Geschenk machen, befürchtete aber, dass ihr das als Bestechung ausgelegt werden könnte. Ich erklärte ihr jedoch, dass ihre Sorgen unbegründet waren. Wir alle lieben Geschenke. Wir einigten uns darauf, dass sie ihm einen Briefbeschwerer mit folgender Nachricht schenken sollte: „Unser gemeinsames Essen hat mir sehr gefallen und ich würde das gerne wiederholen, sobald Ihr Terminplan es erlaubt. Ich hoffe, der Briefbeschwerer verhindert, dass diese Nachricht verloren geht, und freue mich auf ein baldiges Wiedersehen!" Es hat funktioniert. Der Finanzmanager rief sie an, bedankte sich für das Geschenk und verabredete sich mit ihr. Dieses Mal konnte sie ihn überzeugen. Sie hatte ihm dieses Geschenk gemacht, weil sie die Beziehung verbessern wollte – ohne jegliche Erwartungen. Erhoffen Sie sich keine Gegenleistungen für Ihre Geschenke!

Schenken Sie um des Schenkens willen. Die wahre Freude des Schenkens liegt darin, dass wir anderen gerne eine Freude machen. Im Grunde genommen ist das Schenken eine ziemlich egoistische Angelegenheit. Wenn Sie nicht gerne schenken, können Sie auch darauf verzichten, denn dann ist es auch für den Beschenkten keine echte Freude. Machen Sie noch in dieser Woche eine Liste von all den Menschen, die Sie gerne beschenken möchten, und setzen Sie das in die Tat um: Beschenken Sie die Menschen, die Ihnen zur Seite stehen. Beschenken Sie ein Familienmitglied, dem Sie gerne eine Freude machen wollen. Bedanken Sie sich bei einem Kunden mit einem kleinen Geschenk – einfach so. Die Beschenkten freuen sich und Sie fühlen sich hervorragend.

Kapitel 50

Bedanken Sie sich fünfmal täglich

Wer sich nicht für Kleinigkeiten bedankt,
wird sich auch bei großen Geschenken nicht bedanken.

Estnisches Sprichwort

Sie wünschen sich starke und hilfreiche Beziehungen? Dann bedanken Sie sich bei anderen Menschen für ihre Hilfe. Machen Sie es sich zur täglichen Gewohnheit, mindestens fünf „Dankeschöns" zu verschicken. Eine E-Mail, in der Sie sich bei jemandem für seine Hilfe und Unterstützung bedanken, kostet Sie in der Regel weniger Zeit als ein Telefonat. Darüber hinaus kann der Betreffende die E-Mail lesen, wenn er die Zeit dazu findet. Auch ein handschriftliches Dankeschön ist eine wunderbare Sache, auf das der Betreffende immer wieder zurückgreifen kann. Sie müssen ja keine langen Briefe verfassen. Ein einfaches Danke reicht vollkommen. Kaufen Sie sich Briefpapier und einen Vorrat an Briefmarken, sodass Sie jederzeit einen kleinen Brief absenden können. Oder legen Sie sich ein paar frankierte Postkarten in Ihren Terminplaner. Wenn Sie dann einmal ein paar Minuten Leerlauf haben, verfassen Sie ein Dankeschön.

Sie werden überrascht sein, wenn Sie erkennen, wie viel Hilfe und Unterstützung Ihre Mitmenschen Ihnen bereits zuteil werden lassen. Nehmen Sie sich jeden Tag eine Viertelstunde Zeit und bedanken Sie sich bei ihnen, dann werden sie Ihnen auch in Zukunft gerne helfen. Wenn Sie sich nicht einmal für einen kleinen Gefallen bedanken, wieso sollten die anderen Ihnen dann einen größeren Gefallen tun?

Vergessen Sie auch nicht Ihre Kunden, die Ihre Dienstleistungen in Anspruch nehmen. Als ich noch bei der Bank arbeitete, musste ich die Danksagungskarten aus meiner eigenen Tasche bezahlen, weil die Bank nicht bereit war, Geld dafür auszugeben. Mir war jedoch klar, dass die Kunden eher bereit sein würden, die Dienste der Bank erneut in Anspruch zu nehmen, wenn ich mich bei ihnen bedankte. Und das erleichterte meine Arbeit ungemein. Ein paar Jahre darauf wurden alle Angestellten der Bank von der Geschäftsleitung aufgefordert, den Kunden persönliche Dankesschreiben zu schicken. Warten Sie nicht, bis Sie eine solche Anweisung erhalten. Sagen Sie einfach Danke.

Und denken Sie auch an Ihre Kollegen: der Kollege, der seinen Urlaub mit Ihnen getauscht hat, die Sekretärin, die Ihren Bericht für Sie abgetippt hat, oder der Kollege, der Sie in die Geheimnisse der Unternehmensrichtlinien eingeweiht hat. Danken Sie auch Ihrem Vorgesetzten. Hat Ihr Vorgesetzter Ihre Leistungen honoriert? Bedanken Sie sich bei ihm. Das wird ihn nicht nur freuen, sondern ihn auch noch einmal daran erinnern, dass Sie gute Arbeit geleistet haben. Wenn Sie sich nur ein paar Minuten Zeit nehmen und darüber nachdenken, werden Sie erkennen, wie viel Hilfe und Unterstützung Sie Tag für Tag erhalten.

Dieser Tipp hat auch einen ganz wunderbaren Nebeneffekt. Wenn Sie die Worte des Dankes niederschreiben, werden Sie von Dankbarkeit erfüllt. Und wenn Sie das jeden Tag tun, wird dieses Gefühl der Dankbarkeit sehr bald zu einem ständigen Begleiter. Glauben Sie mir, diese Dankbarkeit verleiht Ihnen eine magische Anziehungskraft. Bedanken Sie sich und immer mehr Freunde und Gefälligkeiten werden in Ihr Leben treten. Denn das, was wir aussenden, kehrt unweigerlich zu uns zurück.

Teil VI

Gehen Sie der Arbeit nach, die Sie lieben

Wenn du die Wahrheit nicht dort findest, wo du bist, wo willst du sie dann finden?

Buddha

Inzwischen verfügen Sie über mehr natürliche Energie, mehr Zeit und Raum, sind von liebevollen und hilfreichen Menschen umgeben und sind auf dem besten Weg zur finanziellen Unabhängigkeit. Ihr Leben hat sich zu Ihrem Vorteil verändert. Jetzt ist es an der Zeit, dass Sie sich fragen, was Sie eigentlich wirklich wollen. Einige Menschen scheinen ihre persönlichen Stärken schon früh zu erkennen und wissen ganz genau, wie sie ihr Leben gestalten wollen. Ich war immer ein wenig neidisch auf diese Menschen. Denn ich hatte zwar immer das Gefühl, für eine bestimmte Aufgabe bestimmt zu sein, wusste jedoch nicht, welche Aufgabe das sein könnte. Ich hatte verschiedene Fähigkeiten, zeichnete mich jedoch in keinem Bereich durch außerordentliches Talent aus. Meine Lebensaufgabe war mir einfach nicht klar. Wenn auch Sie noch nach Ihrer persönlichen Aufgabe suchen, wird Ihnen Teil VI helfen, Ihre persönlichen Fähigkeiten und Talente zu erkennen. Doch auch wenn Sie Ihre Lebensaufgabe kennen, sollten Sie dieses Kapitel nicht überschlagen.

Menschen, die das tun, was sie lieben, ziehen den Erfolg an. Ihre Augen haben diesen besonderen Glanz, sie sind glücklich, sie lieben das Leben und sprühen vor Energie und Lebensfreude. Sie sind mit sich und Ihrem Leben zufrieden. Unsinnigerweise verbringen wir einen Großteil unserer Zeit mit Dingen, die wir nicht lieben. Jüngste Studienergebnisse zeigen, dass 50 Prozent der Bevölkerung in den Industrieländern den für sie falschen Beruf ausüben. Und wenn ich mir überlege, wie häufig die Menschen sich über ihren Beruf beklagen, scheint mir diese Einschätzung realistisch.

Nur wenige Menschen haben das Glück, dass sie tun können, was sie wirklich wollen, und dafür auch noch bezahlt werden. Nun, bevor Sie nicht damit beginnen, das zu tun, was Sie lieben, können Sie auch nicht erwarten, dass man Sie dafür bezahlt. Wenn Sie die Dinge tun, die Ihnen wirklich Freude machen, ist das wie ein Jungbrunnen. Sie verfügen sogar über mehr Energie, als Sie benötigen. Ihre Mitmenschen werden Sie lieben, weil Sie Gelassenheit, Glück und positive Energie ausstrahlen. Die folgenden Tipps werden Ihnen helfen, Ihre natürlichen Begabungen zu erkennen und ohne große Anstrengung die Richtung einzuschlagen, die Sie Ihrem Leben geben wollen.

Kapitel 51

Machen Sie sich ein Bild von Ihrem idealen Leben

Ist das Leben nicht viel zu kurz, um sich selbst zu begrenzen?

Friedrich Nietzsche

Bevor Sie sich Gedanken über Ihren idealen Beruf machen können, müssen Sie sich erst einmal darüber klar werden, wie Ihr ideales Leben aussehen soll. Und bevor Sie sich ein Bild machen, sollten Sie zunächst einmal die Grenzen Ihrer Fantasie sprengen und sich vorstellen, Sie seien Milliardär (Tipp 22). Die meisten Menschen setzen ihre Ziele viel zu niedrig, weil sie sich einfach nicht vorstellen können, dass etwas Besseres und Größeres überhaupt im Rahmen ihrer Möglichkeiten liegt. Lassen Sie diese Grenzen hinter sich und überlegen Sie sich, was Sie wirklich wollen. Viele Menschen machen den Fehler und organisieren ihr Leben rund um ihren Beruf. Machen Sie sich lieber zuerst Gedanken darüber, wie Ihr ideales Leben aussehen soll, und überlegen Sie sich dann, welcher Beruf zu diesem Leben passt.

Die meisten meiner Klienten haben große Schwierigkeiten damit, sich ihr ideales Leben vor Augen zu führen. Denken Sie daran: Sie haben die freie Wahl. Ihr ideales Leben sollte wirklich ideal sein. Es muss nichts mit Ihrem jetzigen Leben gemeinsam haben. Denken Sie einmal über die folgenden Fragen nach:

- Wo möchten Sie leben?
- Wer bzw. was möchten Sie sein?
- Mit wem möchten Sie Ihre Zeit verbringen?
- Wie soll Ihr Haus bzw. Ihre Wohnung aussehen?
- Womit möchten Sie Ihr Geld verdienen?
- Was möchten Sie in Ihrer Freizeit tun?
- Wie soll Ihr Alltag aussehen?

Gehen Sie noch einmal Ihre Aufzeichnungen zu Tipp 22 durch (Stellen Sie sich vor, Sie wären Milliardär) und fragen Sie sich, was Sie sich wirklich vom Leben wünschen. Gibt es jemanden, den Sie beneiden? Großartig. Was genau beneiden Sie an diesem Menschen und seinem Leben? Ist es der Beruf? Oder das Haus am Strand? Liebevolle Beziehungen? Neid kann sehr hilfreich sein, wenn wir uns darüber klar werden wollen, was wir uns vom Leben wünschen.

Beschreiben Sie Ihr ideales Leben in allen Einzelheiten. Lassen Sie nichts aus. Geben Sie es in Ihren Computer ein, schreiben Sie es in Ihr Tagebuch oder in ein spezielles Notizbuch. Sie können auch Bilder von Ihrem idealen Leben malen oder Collagen anfertigen. Eine meiner Klientinnen machte Collagen zu jedem einzelnen Lebensaspekt und schrieb in der Gegenwartsform darunter, was die Bilder aussagen sollten. Eines ihrer Lebensziele waren ein Ehemann und Kinder. Also klebte sie das Bild eines attraktiven Mannes, der in einer Hängematte im Garten schlief, in ihr Album. Auf dem Bild sah man einen hübschen Gartenzaun, ein Hund lag schlafend im Gras und der Mann hielt einen kleinen Jungen im Arm. Für sie repräsentierte dieses Bild ihre Idealvorstellung von häuslichem Frieden. Unter dem Bild machte sie verschiedene Anmerkungen: „Mein Ehemann, unser Sohn und unser Hund bei einem Mittagsschlaf. Selbst der Hund ist glücklich!" Sie beschrieb das Bild so, als sei es bereits Realität. Nur zwei Monate darauf lernte sie ihren Traummann kennen und es sieht ganz so aus, als wollten die beiden schon bald heiraten. Betrachten Sie diese Übung als Spiel. Und denken Sie immer daran, dass es sich hierbei um Ihre Idealvorstellung handelt. Ihr Mann und Ihr Sohn müssen ja nicht unbedingt so aussehen wie die beiden auf dem Bild.

Dasselbe gilt auch für Sie. Meine Klientin erstellte auch eine Collage für ihre berufliche Karriere. Die gut gekleidete, erfolgreiche Geschäftsfrau, die ihrem attraktiven Mann am Flughafen einen Abschiedskuss gab, sah auch nicht aus wie sie. Unter das Bild schrieb sie: „Mein Schatz hat mich zum Flughafen gebracht. Ich bin auf dem Weg zu einer Tagung in Paris – ich liebe meinen Beruf." Dieses Bild repräsentierte sowohl ihren Wunsch nach Geschäftsreisen als Teil ihres Berufes als auch ihren Wunsch nach einem liebevollen Mann, der ihre Karriere unterstützt. Machen Sie sich ein Bild von Ihrem idealen Leben. Dabei sind Ihrer Fantasie keine Grenzen gesetzt.

Nicht wenige meiner Klienten haben Schwierigkeiten mit dieser Übung. Wenn auch Sie nicht weiterkommen sollten, beschreiben Sie zunächst einfach einen Tag aus Ihrem idealen Leben. Auf diese Weise werden Sie feststellen, was Ihnen wirklich Spaß macht. Beginnen Sie mit dem Aufstehen. Wo möchten Sie aufwachen? Möchten Sie, dass Ihnen jemand das Frühstück ans Bett bringt? Möchten Sie morgens einen langen Spaziergang am Strand machen? Denken Sie immer daran, dass Sie alles haben können, was Sie sich wünschen. Geld spielt keine Rolle. Beschreiben Sie diesen Tag in allen Einzelheiten bis zu dem Punkt, an dem Sie einschlafen.

Richard stellte bei dieser Übung fest, dass sein idealer Tag sogar durchaus im Bereich des Möglichen lag. Er wollte nach dem Aufwachen mit seiner Frau schlafen, mit seinen Kindern frühstücken und dann Golf spielen. Danach wollte er mit den Mitspielern zu Mittag essen. Nach dem Essen sollte ihn ein Fahrer abholen und ihn und seine Familie nach Manhattan bringen, wo sie einen wunderbaren Tag verbringen und abends schick essen gehen würden. Dann kämen sie nach Hause, würden sich noch ein wenig über den herrlichen Tag unterhalten und dann zu Bett gehen. So wurde ihm klar, dass er mehr Zeit mit seiner Familie verbringen und sich mehr Zeit für sein Hobby nehmen wollte.

Ich forderte ihn auf, seinen idealen Tag einmal in die Tat umzusetzen und festzustellen, wie er sich dabei fühlte. Merkwürdigerweise können die meisten Menschen sich einfach nicht vorstellen, dass sie ihren idealen Tag durchaus realisieren können. Und wenn wir erst einmal diesen idealen Tag erlebt haben, stellen wir in der Regel fest, dass wir gar nicht jeden Tag auf diese Weise verbringen wollen. Nachdem Sie sich ein Bild von Ihrem idealen Tag gemacht haben, machen Sie sich Gedanken zu einer idealen Woche. Berücksichtigen Sie dabei sowohl die Arbeitszeit als auch Ihre Freizeit. Eine meiner Klientinnen wollte ihren idealen Tag z. B. am Strand verbringen und Cocktails trinken. Sie befürchtete jedoch, dass sie es im Leben zu nichts bringen würde, wenn sie diese Idealvorstellung realisierte. Da sie schon seit einigen Jahren nicht mehr am Strand gewesen war, schlug ich ihr vor, einen Strandurlaub zu buchen. Schon nach einer Woche am Strand begann sie sich zu langweilen. Also keine Sorge, wenn Sie vom Faulenzen träumen. Dessen werden Sie spätestens nach der zweiten Woche überdrüssig.

Versuchen Sie so viel wie möglich aus Ihrem idealen Leben in Ihr jetziges Leben zu integrieren. Gut, der Mann und der Sohn auf dem Foto lassen vielleicht noch etwas auf sich warten, aber den Hund könnten Sie sich doch schon einmal anschaffen. Sie haben vielleicht kein Zimmermädchen, dass Ihnen das Frühstück ans Bett bringt, aber wie wär's, wenn Sie sich Ihr Frühstück mit ins Bett nehmen? Gut möglich, dass Sie beruflich nicht nach Paris reisen müssen. Besuchen Sie Paris in Ihrem nächsten Urlaub und teilen Sie Ihrem Chef mit, dass Sie gerne bereit wären, Geschäftsreisen zu übernehmen. Fangen Sie mit kleinen Schritten an und Sie werden Ihr Ziel erreichen.

Kapitel 52

Orientieren Sie sich an Ihren persönlichen Idealen

> *Menschen, die arbeiten, um ihren Lebensunterhalt zu verdienen, vergessen darüber das Leben.*
>
> Margaret Fuller

Der Schlüssel für ein erfülltes Berufsleben liegt darin, dass Sie Ihren Lebensunterhalt mit dem verdienen, was mit Ihren persönlichen Wertvorstellungen in Einklang steht. Hierbei geht es jedoch nicht um moralische Werte, sondern darum, dass Sie etwas tun, das Sie lieben – etwas, das für Sie einen persönlichen Wert darstellt. Wir können nur wir selbst sein, wenn wir im Einklang mit unseren persönlichen Wertvorstellungen leben. Nur dann fühlen wir uns lebendig. Vielleicht sind Ihnen persönlich Kreativität und Fantasie besonders wichtig. Oder Sie reisen gerne und lieben das Abenteuer. Vielleicht legen Sie aber auch besonderen Wert auf Frieden, Spiritualität und den Glauben an Gott. Fühlen Sie sich erst als Teil einer großen Gemeinschaft richtig wohl oder ist Ihnen Sport besonders wichtig? Wann fühlen Sie sich am lebendigsten?

Einer meiner Klienten erkannte bei dieser Übung, dass seine Abschlussrede an der High School einen der Höhepunkte in seinem Leben darstellte. Er liebte es, andere zu inspirieren. Heute verdient er sein Geld als professioneller Redner und ist glücklich in seinem Beruf.

Die besten beruflichen Chancen haben Sie, wenn Sie in Ihrem Beruf nach Ihren persönlichen Wertvorstellungen handeln können. Denn genau dann geben wir automatisch unser Bestes. Also erinnern Sie sich einmal an die Momente in Ihrem Leben, in denen Sie besonders glücklich waren. Notieren Sie sich, warum diese Momente etwas Besonderes für Sie waren. Fragen Sie sich, welchen persönlichen Wert diese Augenblicke widerspiegeln. Eine meiner Klientinnen erinnerte sich an ihre Kindheit, in der sie stundenlang durch die Natur streifte. Da sie in einer Werbeagentur arbeitete und die Natur schmerzlich vermisste, beschloss sie, wieder mehr Zeit im Freien zu verbringen. Sie arbeitete an den Wochenenden zunächst ehrenamtlich als Aufseherin in einem großen Park. Die Arbeit machte ihr so viel Spaß, dass sie schließlich den Beruf wechselte.

Kapitel 53

Finden Sie fünf alternative Berufe

Wenn wir dasselbe tun wie alle anderen, ist es verdammt schwer, unsere Einzigartigkeit zum Ausdruck zu bringen.

Brendan Francis

Jetzt da Sie eine Vorstellung von Ihrem idealen Leben haben, können Sie sich Gedanken darüber machen, welcher Beruf Ihnen dieses Leben ermöglichen könnte. Viele Menschen scheinen in einer beruflichen Sackgasse zu stecken. Und wenn sie sich für einen anderen Job bewerben wollen, fehlt ihnen in der Regel die nötige Berufserfahrung. Stellen Sie sich doch einmal vor, Ihr jetziger Beruf würde abgeschafft und Sie müssten sich neu orientieren. Welchen Beruf würden Sie dann ergreifen? Wollten Sie immer schon Berufstänzer werden – oder lieber Komponist, Mathematiker, Richter, Wissenschaftler, Reporter, Restaurantbesitzer? Finden Sie fünf alternative Berufe, unabhängig davon, ob Sie über die entsprechende Ausbildung verfügen. Schreiben Sie auf, warum Sie gerade diesen Beruf ausüben möchten. Gehen Sie dann zum nächsten Berufswunsch über. Warum wollen Sie diesen Beruf ausüben? Auf diese Weise werden Sie sehr bald Ihre persönlichen Werte erkennen.

Eine meiner Klientinnen – Jenny, eine viel beschäftigte Angestellte in einer Personalabteilung – kam nach dieser Übung zu einem erstaunlichen Ergebnis. Sie hatte sich für die fünf folgenden Alternativen entschieden:

1. Landschaftsgestalterin
2. Malerin
3. Autorin
4. Innendekorateurin
5. Fotografin

Jenny stellte mit Erstaunen fest, dass sie gerne die Gartenarbeit für andere Menschen übernehmen würde. Das war immerhin ein ziemlich krasser Gegensatz zu ihrem jetzigen Posten. Aber Sie erkannte: „Irgendetwas in mir möchte gerne Ordnung schaffen und die Dinge nett arrangieren." Auch die anderen Berufswünsche ließen einen Wunsch nach Kreativität erkennen. Sie machte: „Ich habe mir nie erlaubt, meine kreative Seite auszuleben." Ich machte ihr klar, dass es höchste Zeit wäre, genau das zu tun, wenn sie ihre Kreativität nicht vollends verkümmern lassen wollte.

Jenny wollte ihren Beruf jedoch nicht von heute auf morgen aufgeben und beschloss, zunächst verschiedene Kurse zu belegen. Und ich riet ihr, sich einmal wöchentlich einen kreativen Tag zu gönnen. An diesem Tag sollte sie ihre Kreativität ausleben: malen, im Garten arbeiten, ein paar Fotos machen oder jemandem bei der Einrichtung seiner Wohnung helfen. Auch wenn es nur Kleinigkeiten waren, Hauptsache sie war kreativ.

In der Woche darauf berichtete sie mir, dass sie mit einem befreundeten Künstler gemeinsam Farben, Pinsel und Leinwand eingekauft hatte. Sie hatte zwar noch keinen Pinselstrich getan, aber allein der Einkauf des Zubehörs hatte ihr großen Spaß gemacht. Und schon eine Woche darauf bot ihr eine Bekannte an, in ihr Unternehmen als Innendekorateurin einzusteigen. Kurz darauf stellte sie ihr erstes Gemälde fertig, das ihr so gut gefiel, dass sie es in ihrem Wohnzimmer aufhängte. Ihre Freunde und Bekannten hielten es sogar für das Werk eines „echten" Künstlers. Mittlerweile ist sie so weit, dass sie ihr Haus verkaufen und in ein billigeres Apartment ziehen möchte, um ihren Beruf aufzugeben und sich ganz ihren neuen Interessen zu widmen. Sie hatte das Gefühl, in einer Sackgasse zu stecken, doch heute fühlt sie sich lebendiger als je zuvor. Ihre Zukunft erscheint ihr nicht mehr vorhersehbar und langweilig, sondern spannend und interessant. Heute ist Jenny fest davon überzeugt, dass alles möglich ist.

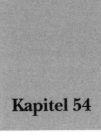

Kapitel 54

Erkennen Sie Ihre persönlichen Stärken

Man unterscheidet zwischen zwei Arten von Fähigkeiten: erlernte Fähigkeiten und gottgegebene Fähigkeiten. Mit den erlernten Fähigkeiten müssen wir hart arbeiten, an dem gottgegebenen Talent müssen wir nur von Zeit zu Zeit rühren.

Pearl Bailey

Wir alle haben eine besondere Fähigkeit, ein Talent oder eine bestimmte Sicht der Dinge – etwas, das wir besser können als alle anderen. Doch gerade dieses einzigartige Talent ist für uns häufig etwas so Selbstverständliches, dass wir es nicht einmal bemerken. Wenn uns etwas besonders leicht fällt, glauben wir nur zu oft, dass das auch bei allen anderen Menschen so ist. Doch das ist es nicht. Auch wenn Sie Spaß an dieser Tätigkeit haben, heißt das noch lange nicht, dass Sie kein Geld dafür verlangen können. Wir glauben, wir müssten unser Geld durch harte Arbeit verdienen. Doch gerade die Menschen, die ihre einzigartige Fähigkeit zum Beruf gemacht haben und ihre Arbeit lieben, verdienen in der Regel das meiste Geld.

Wenn Sie sich Ihres natürlichen Talents nicht bewusst sind, bitten Sie Freunde, Kollegen und Verwandte um Hilfe. Stellen Sie ihnen einfach folgende Fragen:

1. Was ist deiner Meinung nach meine größte Stärke?
2. Was ist meine größte Schwäche? (Stellen Sie diese Frage nur, wenn Sie mit dieser Kritik umgehen können. Und bitten Sie die Betreffenden, Ihnen diese Frage mit konstruktiver Kritik zu beantworten. Ersparen Sie sich jeden Kommentar zu der Antwort. Schreiben Sie sie einfach auf.)
3. Worin besteht deiner Meinung nach mein besonderes Talent? Was kann ich sehr gut, ohne dass ich mich dafür groß anstrengen muss?
4. Wenn ich auf einem Titelblatt abgebildet würde, welche Zeitschrift wäre das und worum ginge es in dem Artikel?
5. Wann bringe ich dieses Talent oder diese Fähigkeit am besten zum Ausdruck?

Im nächsten Schritt sollten Sie Ihre besondere Fähigkeit honorieren, und zwar indem Sie sie zum Ausdruck bringen, sie mit anderen teilen, sie in Ihr Leben integrieren. Und denken Sie daran: Ihre besondere Gabe ist für Sie vielleicht so selbstverständlich, dass Sie sich ihrer gar nicht bewusst sind.

Steve, ein Bankangestellter, engagierte mich, weil er endlich mehr Geld verdienen wollte. Seine Arbeit gefiel ihm zwar, aber er war unzufrieden mit seinem Gehalt. Ich forderte ihn auf, seiner persönlichen Stärke auf den Grund zu gehen. Er entwarf einen Fragebogen mit den eben genannten fünf Fragen, verteilte ihn an Freunde und Kollegen und erhielt einige überraschende Antworten. Steves größte Stärke war seine Persönlichkeit. Seine Mitmenschen waren zutiefst beeindruckt von seiner Wärme, seinem Humor und seiner Fähigkeit, mit allen Menschen auszukommen. Ja, er konnte Probleme lösen und analytisch denken, doch das war nicht seine einzigartige Begabung. Nach Auffassung der Befragten hätte sein Bild das Titelblatt einer Golfzeitschrift zieren sollen und der Artikel hätte davon gehandelt, wie Steve durch Golfspielen die Karriereleiter emporgeklettert ist. Also machten wir uns daran, diese Fiktion in die Realität umzusetzen. Wie wäre es, wenn Steve Golf dafür einsetzte, um Kundenpflege zu betreiben? Da ihm diese Vorstellung gut gefiel, schlug er seinem Vorgesetzten vor, regelmäßige Treffen auf dem Golfplatz zwischen den leitenden Angestellten und den Kunden zu organisieren. Die Idee erwies sich als Erfolg und kurz darauf wurde Steve befördert. Heute macht ihm sein Job nicht nur mehr Spaß, er verdient auch sehr viel mehr als früher.

Fangen Sie einfach an. Konzentrieren Sie sich zunächst auf eine Beschäftigung, die Ihre einzigartige Fähigkeit zum Ausdruck bringt. Überlegen Sie sich dann, wie Sie diese Tätigkeit mit Ihrem jetzigen Leben vereinbaren können. Glauben Sie mir, das Universum wird Ihnen den richtigen Weg weisen.

Kapitel 55

Tun Sie das, was Sie lieben

*Leben – es gibt nichts Selteneres auf der Welt.
Die meisten Menschen existieren, weiter nichts.*

Oscar Wilde

Alles im Leben ist Energie. Wenn Sie sich ein leichtes und erfolgreiches Leben wünschen, sollten Sie dem Fluss der Energie folgen und nicht dagegen ankämpfen. Mit dem Strom schwimmen bedeutet, dass Sie im Einklang mit den natürlichen Gesetzen leben und sich nicht dagegen wehren. Also lassen Sie sich vom Strom des Lebens treiben. Denn so erreichen Sie Ihre Ziele sehr viel schneller, als wenn Sie gegen die Strömung ankämpfen. Und woher wissen wir, ob wir dem Fluss folgen? Ganz einfach: Die schönen Dinge treten wie von selbst in Ihr Leben und Sie lieben das, was Sie tun. Vielleicht müssen Sie hart dafür arbeiten, aber es macht Spaß. Michael Jordan hat an seiner Karriere als Basketballspieler sicherlich hart gearbeitet, aber er hat es gerne getan. Auch der Weg mit dem Strom ist nicht immer einfach, aber kein Vergleich zu einer Reise stromaufwärts. Arbeit kann Spaß machen. Die bestbezahlten Menschen betrachten ihren Beruf häufig als Spiel. Denken Sie nur einmal an all die Spitzensportler. Wirklich erfolgreiche Menschen tun nicht nur das, was sie lieben, sondern auch das, wofür sie ein natürliches Talent besitzen – und sie perfektionieren ihr Talent.

Wenn Sie herausfinden möchten, womit Sie wirklich Ihr Geld verdienen wollen, sollten Sie zunächst einmal mehr Zeit in die Dinge investieren, die Sie lieben. Wenn Sie gerne tanzen, besuchen Sie einen Tanzkurs. Wenn Sie gerne lesen, treten Sie einem Buchclub bei. Egal, worum es sich handelt, machen Sie es zu einem Teil Ihres Lebens. Je öfter Sie sich im Flow (Tipp 32) befinden, desto mehr wunderbare Dinge werden wie von selbst in Ihr Leben treten. Das bedeutet ja nicht, dass Sie Ihren Beruf an den Nagel hängen und fortan nur noch tanzen sollen. Vielleicht reicht es Ihnen ja völlig, wenn Sie in Ihrer Freizeit tanzen. Fangen Sie einfach an, sammeln Sie „Flow-Ereignisse" und warten Sie ab, wohin der Fluss Sie trägt. Ein Freund von mir, der als Pharmareferent tätig war, interessierte sich z. B. sehr für die Börse. Also besuchte er entsprechende Kurse, las Bücher zum Thema und spekulierte nach einem Jahr erstmals mit seinem eigenen Geld. Heute ist er Börsenmakler.

Nehmen Sie den Weg des geringsten Widerstands. Arbeiten Sie für ein Unternehmen, mit dessen Produkten Sie sich identifizieren können. Beweisen Sie sich in einer Sparte, die Ihren natürlichen Fähigkeiten entgegenkommt. Heiraten Sie einen Partner, der dieselben Ziele verfolgt wie Sie. Sie können dem Fluss der Energie folgen oder gegen den Strom schwimmen. Wenn all Ihre Unternehmungen mit Anstrengungen verbunden sind und Sie sich dabei nicht wohl fühlen, haben Sie vielleicht die falsche Richtung eingeschlagen. Handelt es sich um den richtigen Weg, macht Ihnen die Arbeit Spaß, ganz egal wie anstrengend sie ist.

Sam, einer meiner Klienten, ging hart mit sich ins Gericht, weil er nicht in der Lage war, die Buchführung für sein Unternehmen zu organisieren. Er war zwar ein gefragter Computerexperte, aber nicht in der Lage, seine Bücher ordentlich zu führen. Jahr für Jahr zahlte er Unmengen an Strafgebühren, weil er wieder einmal die Steuern nicht pünktlich gezahlt hatte. Als er schließlich einsah, dass er mit dieser Aufgabe überfordert war, ließ er die Buchführung von einem Experten vornehmen. Für Sam war das eine große Entlastung und er konnte sich endlich auf die Arbeit konzentrieren, die er wirklich liebte – die Arbeit mit dem Computer. Und schon kurz darauf erhielt er mehrere lukrative Aufträge. Streichen Sie die ungeliebten Tätigkeiten aus Ihrem Leben und schaffen Sie Zeit und Raum für die Dinge, die Sie gerne tun (Tipp 16).

Anton, ein äußerst attraktiver und athletischer Klient, engagierte mich, weil er sich mit seinen drei Jobs überfordert fühlte und an Schlaflosigkeit litt. Er stand jeden Morgen zwischen 4.30 und 5.00 Uhr auf und ging nie vor 1.00 Uhr nachts schlafen. Er arbeitete für ein Multi-Level-Marketingprogramm, das verschiedene Gesundheits- und Fitnessprodukte vertrieb. Einen Großteil seiner Zeit verbrachte er damit, verschiedene Seminare zu besuchen und weitere Teilnehmer anzuwerben. Doch nicht nur das: Anton arbeitete auch als Fitnesstrainer in verschiedenen Studios und als persönlicher Trainer.

Doch trotz harter Arbeit kam er einfach nicht weiter. Mittlerweile hatte er sich bei dem Versuch, durch das Multi-Level-Marketingprogramm Fuß zu fassen, sogar mit 41.000 Euro verschuldet, und seine Freundin war frustriert, weil er keine Zeit für sie hatte. Er hatte seit Jahren nicht mehr mit seiner Mutter gesprochen, weil er sich Geld von seiner Schwester geliehen und immer noch nicht zurückgezahlt hatte. Er war überzeugt davon, dass wenn er sich nur noch mehr anstrengte, er den großen Durchbruch schaffen würde. Ich fragte ihn, wie sehr er noch leiden wollte, bevor er sich eingestand, dass das Multi-Level-Marketingprogramm ihn ruinierte. Wir gingen seine Aufzeichnungen durch und stellten fest, dass er mehr Geld in Seminare und dergleichen investierte, als er einnahm. Ich fragte ihn, ob nicht auf die Seminare verzichten und einfach nur die Produkte verkaufen konnte. Er erklärte, dass damit kaum Geld zu verdienen sei, sondern eigentlich nur mit dem Anwerben neuer Teilnehmer. Also Vorsicht vor diesen Unternehmen! Wenn Sie allein vom Verkauf der Produkte nicht leben können, lassen Sie die Finger davon.

Anton hatte in den vergangenen zwei Jahren jedoch so viel Zeit und Geld in dieses Projekt investiert, dass er es nicht einfach aufgeben wollte. Er war sicher, dass ihm bald der Durchbruch gelingen würde. Also schlossen wir einen Pakt. Da Anton dringend Geld brauchte, und zwar sofort, sollte er erst wieder Geld in ein Seminar investieren, wenn er ein festes Einkommen hatte. Anton war einverstanden. Er ließ sich wegen seiner Schlaflosigkeit ärztlich untersuchen und es stellte sich heraus, dass er körperlich völlig gesund war. Ich erklärte ihm, dass seine Schulden ihm den Schlaf raubten, und riet ihm, ein Insolvenzverfahren einzuleiten. Er musste noch einmal von vorn beginnen, doch das war mit den erdrückenden Schulden im Rücken kaum möglich. Anton verzichtete jedoch auf das Insolvenzverfahren und ich drängte ihn auch nicht dazu.

Anton erkannte, dass er als persönlicher Trainer kurzfristig am meisten Geld verdienen konnte. Er liebte diese Arbeit, befürchtete jedoch, dass er damit nicht genug einnehmen würde. Er hatte sich immer noch nicht von der Idee, über Nacht reich zu werden, gelöst, mit der man ihn für das Multi-Level-Marketingprogramm geködert hatte. Mit 35 Euro pro Trainerstunde konnte er zwar nicht über Nacht reich werden, aber es war immerhin ein Einkommen. Er befolgte einen weiteren Rat und entwarf einen Werbeprospekt, den er im Fitnessstudio auslegte. Die Zahl seiner Kunden stieg daraufhin innerhalb von drei Monaten von drei auf dreiundzwanzig. Abends arbeitete er zwar immer noch für das Multi-Level-Marketingprogramm, doch er verbrachte immer mehr Zeit in seinem Job als Fitnesstrainer. Und schließlich ließ er sich auch von einem Anwalt über ein Insolvenzverfahren beraten. Er hatte eingesehen, dass zahlreiche Jungunternehmer Konkurs anmelden mussten und das nichts mit einem persönlichen Versagen zu tun hatte, sondern lediglich darauf zurückzuführen war, dass er sich für die falsche Branche entschieden hatte. Diesen Fehler würde er bestimmt nicht noch einmal machen. Er investierte auch immer mehr Zeit in die Dinge, die ihm Freude bereiteten – er spielte wieder Fußball und ging regelmäßig mit seiner Freundin aus. Nach und nach nahm sein Leben die gewünschte Richtung ein.

Einige Wochen darauf rief er mich an und berichtete mir, dass er seinen perfekten Tag verbracht hatte. Alles lief reibungslos. Er wachte nach sechs Stunden Schlaf erholt auf. Sein Zug kam pünktlich. Seine Kunden erschienen ebenfalls pünktlich und die Trainingsstunden machten allen Spaß. Er hatte sogar Zeit, um zu Mittag zu essen. Abends riefen ihn verschiedene Kunden an und stockten ihre Bestellungen auf. Danach ging er mit seiner Freundin ins Kino. So sollte ein Tag verlaufen, wenn wir mit dem Strom des Lebens schwimmen. Ein Jahr darauf bezog er eine schöne Wohnung in einem Vorort und verlobte sich. Auch mit seiner Mutter und seiner Schwester versteht er sich inzwischen wieder gut. Er ist schuldenfrei, hat keine Schlafstörungen mehr und ist mittlerweile als persönlicher Trainer heiß begehrt. Sein nächstes Projekt? Er will ein Fitnessstudio für Kinder eröffnen. – Sie müssen sich nur auf die Dinge konzentrieren, die Ihnen Spaß machen, und Ihr Leben nimmt eine positive Wendung.

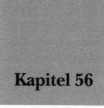

Kapitel 56

Widmen Sie sich einem bestimmten Projekt

Sei du die Veränderung, die du dir wünschst für diese Welt.

Gandhi

Eine Möglichkeit, Ihre persönlichen Stärken zu entdecken und zu entfalten, liegt darin, dass Sie sich auf ein Projekt konzentrieren, das Sie begeistert. Konzipieren Sie ein Projekt für Ihr Berufsleben, für Ihr Privatleben oder auch für Ihre Gemeinde. Warum sollten wir unser Leben nicht durch ein solches Projekt bereichern? Im Beruf könnten Sie z. B. ein spezielles Team zusammenstellen, an das Sie die Aufgaben übertragen, die Sie nicht gerne ausführen. Besuchen Sie endlich den Tanzkurs, den Computerkurs oder den Französischkurs, an dem Sie immer schon teilnehmen wollten. Oder entwickeln Sie ein System, mit dem Sie möglichst viele eintönige Arbeiten automatisieren können. Wofür auch immer Sie sich entscheiden, stellen Sie sicher, dass Sie Freude an diesem Projekt haben (und dass Ihr Vorgesetzter damit einverstanden ist.)

Sie können natürlich auch ein eher auf Ihr Privatleben zugeschnittenes Projekt entwickeln. Sie wollen an einem Marathonlauf teilnehmen? Also trainieren Sie täglich. Sie wünschen sich einen Waschbrettbauch? Trainieren Sie. Fangen Sie mit dem Buch an, das Sie immer schon einmal schreiben wollten. Oder konzipieren Sie ein Projekt für Ihre Gemeinde. Sie können auch eine Aufgabe übernehmen, die Ihnen Spaß macht. Eine meiner Klientinnen war z. B. eine begeisterte Hobbygärtnerin und erhielt von Ihrem Chef die Erlaubnis, vor dem sterilen Bürogebäude ein Blumenbeet anzulegen. Heute freut sie sich auf die Arbeit, da sie hier täglich die Früchte ihres Tuns bewundern kann.

Mein persönliches Projekt hieß „Saubere Straße". Ich lebte in New York City und ärgerte mich täglich im Stillen über die dreckigen Straßen. Ich wohnte zwar in einer der gepflegteren Gegenden, doch auch hier lag der Müll offen herum. Auch die vielen Obdachlosen machten mir zu schaffen. Geld wollte ich ihnen nicht geben, da ich mir sicher war, dass sie sich davon Drogen oder Alkohol kaufen würden. Trotzdem hatte ich ihnen gegenüber ein schlechtes Gewissen. Dann kam mir die Idee: Warum sollte ich sie nicht bitten, für Ordnung auf der Straße zu sorgen? Also fragte ich einen der Obdachlosen, ob er arbeiten wollte. Er wollte. Wenn er täglich die Straße vor meinem Haus reinigte, wollte ich jeden Anwohner bitten, ihm wöchentlich einen Dollar zu geben (wenn alle mitmachten, wären das immerhin ca. 150 Euro pro Woche). Allerdings konnte ich ihm nicht garantieren, dass alle Anwohner sich an dem Projekt beteiligten. Andererseits hatte er nichts zu verlieren. Am nächsten Morgen um 7.00 Uhr begann er mit seiner neuen Aufgabe und das Projekt „Saubere Straße" war geboren. James und sein Besen wurden zu einem festen Bestandteil des Straßenbilds. Schließlich wurde in der *New York Times* ein Artikel über das Projekt veröffentlicht, James wurde in verschiedene Fernsehsendungen eingeladen und das Beispiel machte Schule. James verdiente mit der Straßenreinigung sogar so viel Geld, dass er sich mit einem Bekannten eine Wohnung teilen konnte. Und wer weiß, vielleicht wird New York ja einmal zu einer sauberen Stadt!

Welches Projekt wollen Sie ins Leben rufen? Sofern Sie nicht der Typ sind, der solche Dinge organisiert, können Sie sich ja auch in einem bereits bestehenden Projekt oder einer entsprechenden Organisation engagieren. Ganz egal wie unbedeutend Ihr Beitrag Ihnen erscheinen mag, auch Sie können etwas bewirken. Denken Sie nur einmal an das „Phänomen des Hundertsten Affen". Ken Keyes jr. berichtet in seinem Buch *The Hundredth Monkey* über das Verhalten der Affen auf der Insel Koshima. Die Affen dort ernährten sich in erster Linie von Süßkartoffeln. Eines Tages wusch einer der Affen die Süßkartoffeln, bevor er sie fraß. Das neue Verhaltensmuster wurde nach und nach von den anderen Affen auf der Insel aufgegriffen. Dann geschah etwas Seltsames: Die Gewohnheit, die Kartoffeln zu waschen, übersprang den Ozean und die Affen auf einer anderen Insel begannen ebenfalls, die Kartoffeln zu waschen. Eine logische Erklärung für dieses Phänomen, das von den Wissenschaftlern als das „Phänomen des Hundertsten Affen" bezeichnet wurde, gab es nicht. Auch neue wissenschaftliche Erkenntnisse werden häufig zur selben Zeit gemacht, und zwar von verschiedenen Wissenschaftlern in verschiedenen Teilen der Welt. Neue wissenschaftliche Studien belegen, dass die Kriminalitätsrate in Gegenden, in denen viele Menschen meditieren, sinkt. Ich bin davon überzeugt, dass es sich hierbei um dasselbe Phänomen handelt. Also machen Sie den Anfang.

Wenn Sie an einem Projekt arbeiten, das Sie inspiriert, besteht die Möglichkeit, dass Sie erkennen, was Sie in Ihrem Leben wirklich machen möchten. Vielleicht eröffnet sich Ihnen bei der Arbeit an Ihrem Projekt auch eine völlig neue berufliche Perspektive. Menschen, die sich mit Dingen beschäftigen, die sie lieben, ziehen ganz automatisch besondere Menschen und Möglichkeiten an.

Kapitel 57

Folgen Sie Ihrer Intuition

Das Vertrauen in unsere Intuition bewahrt uns häufig vor einer Katastrophe.

Anne Wilson Schaef

Eine weitere Möglichkeit, unseren Traumberuf zu finden, liegt darin, unserer Intuition zu folgen. Das ist zwar theoretisch recht einfach, in der Praxis jedoch nicht immer ohne weiteres nachzuvollziehen. Zunächst einmal müssen Sie lernen, die verschiedenen Stimmen in Ihrem Inneren voneinander zu unterscheiden. Eine dieser Stimmen ist der Verstand und die andere die Intuition. Ihre intuitive Stimme will in der Regel nur das Beste für Sie, während der Verstand uns leicht in Schwierigkeiten bringen kann, denn er weist uns nur zu häufig darauf hin, was wir tun *sollten*. Die Intuition weiß nichts von gesellschaftlichen Konventionen. Sie konzentriert sich einzig und allein auf uns. Wenn Sie viel um die Ohren haben, ist es schwieriger, auf die Intuition zu hören, da Ihnen so viel durch den Kopf geht. Wenn Sie also nicht erkennen können, wann Ihre Intuition zu Ihnen spricht, sollten Sie sich Teil II (Schaffen Sie Ordnung) und Teil IV (Nehmen Sie sich Zeit, auch wenn Sie keine haben) noch einmal vornehmen. Oder setzen Sie sich einfach einmal zehn Minuten ruhig hin und tun Sie nichts weiter, als Ihrer inneren Stimme zuzuhören.

Das folgende Beispiel zeigt deutlich, wie schnell wir Fehlentscheidungen treffen können, wenn wir uns auf unseren Verstand verlassen. Mir kam eines Abends der Gedanke, dass ich noch einmal in mein E-Mail-Postfach schauen sollte, obwohl ich das erst eine Stunde zuvor getan hatte (wenn die Intuition zu uns spricht, handelt es sich dabei nicht zwangsläufig um logische Vorschläge.) Prompt fand ich dort die Nachricht, dass eine meiner Kolleginnen jemanden suchte, der für zwei Monate ihr Haus am Strand hütete. Intuitiv dachte ich sofort: „Ja, das ist es!" Doch mein Verstand sagte: „Jetzt sei doch vernünftig. Du musst in New York bleiben und dich darum kümmern, dass du endlich beruflich Fuß fasst. Dein Freund würde dich auch sehr vermissen." Meine Intuition riet mir, eine E-Mail zu schicken und das Angebot anzunehmen. „Wenn sie dich nimmt, dann machst du es, und wenn nicht, dann macht es eben jemand anders. Solltest du dann tatsächlich verhindert sein, kannst du immer noch absagen." Meine Intuition siegte, ich lebte zwei Monate lang in dem Haus und schrieb dort dieses Buch.

Shakti Gawain beschreibt Intuition in ihrem Buch *Leben im Licht* als einen Zugang zu einem enormen Informationspotenzial: „Über die Intuition können wir auf das gesamte Wissen der Menschheit zugreifen. Darüber hinaus können wir diese Fülle an Informationen sieben und genau die Informationen herausfiltern, die wir benötigen. Die Informationen erreichen uns dann zu gegebener Zeit und wenn wir die Weisungen befolgen, tun wir automatisch das Richtige." Wenn wir erst einmal gelernt haben, unserer Intuition zu vertrauen, folgen wir automatisch dem Fluss des Lebens. Unser Leben, unsere Emotionen und unsere Handlungen sind im Einklang mit unserer Umwelt.

Je mehr Sie Ihrer Intuition vertrauen, desto häufiger werden Sie Ihren Kopf „ausschalten". Sie werden sich mehr und mehr von Ihrem Gefühl leiten lassen. Sie werden Ihrem Körper als Einheit vertrauen und den Dingen einfach ihren Lauf lassen, selbst wenn es Ihnen unlogisch erscheinen sollte. Glauben Sie mir, das ist alles andere als Hokuspokus. Candace B. Pert beschreibt in ihrem Buch *Moleküle der Gefühle* die Verbindung zwischen den Molekülen und unseren Emotionen. Freude, Trauer, Angst und alle anderen Emotionen lassen sich tatsächlich verschiedenen Molekülen zuordnen. Unsere Gefühle haben also ganz reale Ursachen – die Moleküle. Sollten wir dann nicht auch auf die Botschaften unseres Körpers hören?

Je mehr meine Klienten ihrer Intuition und ihrem „Bauch" vertrauen, desto unkomplizierter und interessanter verläuft ihr Leben. Beginnen Sie zunächst mit den kleinen Dingen. Wenn Ihnen Ihre innere Stimme an einem sonnigen Tag sagt, Sie sollten den Regenschirm mitnehmen, tun Sie es. Vielleicht können die Milliarden Zellen unseres Körpers ja tatsächlich Dinge wahrnehmen, die unser Verstand nicht erfassen kann. Bei meiner beruflichen Tätigkeit als Coach setze ich auch meinen ganzen Körper ein. Wenn ich mich während des Coachings z. B. unbehaglich fühle, erzählt mein Klient mir häufig nur die halbe Wahrheit.

Meiner Klientin Marissa konnte ich sogar telefonisch helfen, ihr Haus zu verkaufen. Marissa wurde von Iowa nach Colorado (wo sie immer schon leben wollte) versetzt. Der Umzug klappte hervorragend und auch die Kosten für den Umzug konnten sie und ihre Familie problemlos aufbringen. Sie machte sich jedoch trotzdem Sorgen, weil sie ihr Haus in Iowa nicht verkaufen und sich die Unterhaltskosten für zwei Häuser nicht leisten konnte. Während Häuser in Colorado heiß begehrt waren, wollte in Iowa kaum jemand ein Haus kaufen. Sie wurde ihr altes Haus einfach nicht los. Marissa erklärte: „Ich habe dieses Haus noch nie gemocht." Mir kam plötzlich der Gedanke, dass ihre negativen Gefühle für das Haus die Ursache für ihr Problem waren. Wer will schon ein ungeliebtes Haus kaufen? Also forderte ich sie auf, einmal an all die schönen Dinge zu denken, die sie in dem alten Haus erlebt hatte. Sie war mittlerweile so verzweifelt, dass sie es auf einen Versuch ankommen ließ. Sie fragte sogar ihre Kinder, was ihnen an dem alten Haus besonders gut gefallen hatte, und sprach mit ihrem Mann über die schöne Zeit in dem alten Haus (er wusste allerdings nicht, dass ich dahinter steckte.) Nur zwei Tage darauf rief sie mich an und berichtete mir begeistert, dass sie endlich einen Käufer für das Haus gefunden hatte. Der Käufer hatte es sogar besonders eilig und wollte das Haus so schnell wie möglich kaufen. Zufall?

Wenn alles Energie ist, dann sind auch unsere negativen Gedanken Energie, die von uns ausgesendet und von unseren Mitmenschen empfangen wird. Unsere Gedanken kennen keine Grenzen – weder räumlich noch zeitlich. Das hört sich vielleicht ein wenig verrückt an, aber warum sollten Sie nicht auf Ihre innere Stimme hören und sich einfach überraschen lassen? Sie werden feststellen, dass Sie häufiger die richtige Entscheidung treffen, und Sie werden immer häufiger mit glücklichen Zufällen konfrontiert.

Kapitel 58

Finden Sie Ihren Lebensweg

> *Leben Sie Ihr Leben so gut Sie können. Alles andere wäre ein Fehler.*
> *Dabei ist es nicht wichtig, was Sie im Einzelnen machen, solange Sie Ihr Leben leben.*
> *Wenn Sie nicht Ihr Leben leben, was bleibt Ihnen dann noch?*
>
> Henry James

Menschen, die wissen, was sie im Leben erreichen wollen, Menschen, die eine Vision oder ein großes Ziel haben, sind erfolgreicher als andere. Wenn Sie wissen, welche Richtung Sie Ihrem Leben geben wollen, dann werden Sie auch Leute treffen, die Sie auf Ihrem Weg begleiten möchten.

Was ist der Sinn Ihres Lebens? Was sollen Sie erreichen oder lernen? Welches Ziel gibt Ihnen Ihr Herz, Ihre Seele vor? Vielleicht sollen Sie einfach nur glücklich sein und die Menschen in Ihrer Umgebung glücklich machen.

> **Schreiben Sie Ihre Lebensaufgabe nieder. Hier einige Beispiele:**
> - Der Sinn meines Lebens liegt darin, lieben zu lernen.
> - Der Sinn meines Lebens liegt darin, für Veränderung und Wachstum zu sorgen.
> - Der Sinn meines Lebens liegt darin, zu lachen und das Leben zu genießen.
> - Der Sinn meines Lebens liegt darin, finanziell unabhängig zu werden und für eine gesunde und glückliche Familie zu sorgen.
> - Der Sinn meines Lebens liegt darin, die Welt zu erkunden und zu reisen.

Vielleicht haben Sie eine Vision so wie Bill Gates – ein Computer mit Microsoft-Software auf jedem Schreibtisch der Welt – oder Martin Luther King jr. – Gleichberechtigung für alle. Vielleicht wollen Sie sich auch im Umweltschutz oder in der Friedensbewegung engagieren. Aber Sie müssen die Welt nicht verändern. Beginnen Sie zunächst mit kleinen Dingen. Engagieren Sie sich für Ihre Familie, Ihre Nachbarn oder Ihre Gemeinde (Tipp 56).

Viele meiner Klienten sind nicht in der Lage, ihre Lebensaufgabe zu benennen. Ich fordere sie dann grundsätzlich auf, für jedes Jahr ein Motto zu bestimmen. Dabei können Sie jedes Motto wählen, das Sie wollen – Spaß, Abenteuer, Romantik, Liebe, Ruhe, Gleichgewicht, Frieden, Lachen, Arbeit usw. Wenn Sie sich auf ein Ziel konzentrieren, fällt es Ihnen leichter, sich bietende Gelegenheiten zu ergreifen oder auch abzulehnen.

Kapitel 59

Schaffen Sie sich neue Persepektiven

Die Kraft, die das Gras wachsen und die Früchte reifen lässt und den Vögeln ihren Weg in den Lüften weist, ist in uns allen.

Anzia Yezierska

Wenn Sie sich über Ihren persönlichen Lebensweg nicht im Klaren sind, sollten Sie Ihr Leben einmal aus einer anderen Perspektive betrachten. Manchmal brauchen wir einfach etwas Abstand, um zu erkennen, was uns wirklich glücklich macht. Wenn wir jedoch in unserem Alltag mit all seinen Pflichten gefangen sind, können wir uns nur schwer vorstellen, dass unser Leben ganz anders verlaufen könnte. Unsere Idealvorstellungen scheinen unerreichbar. Und so fühlen wir uns nicht inspiriert, sondern depressiv. Sollte das auf Sie zutreffen, ist es höchste Zeit, dass Sie sich eine neue Perspektive schaffen.

Es gibt zahlreiche Möglichkeiten, um Abstand vom eigenen Leben zu gewinnen. Sie können sich z. B. ein paar Tage in einer kleinen Pension einmieten oder sich aufs Land zurückziehen. Sie können auch das Haus eines Freundes hüten, der in den Urlaub fährt. Falls möglich sollten Sie Ihr eigenes Haus für eine Weile verlassen, denn hier finden Sie mit größter Wahrscheinlichkeit nicht den nötigen Abstand. Sie können auch ein Yoga-Seminar belegen. Auch in vielen Klöstern werden Gäste aufgenommen. Lassen Sie sich etwas einfallen. Sie sollten allerdings in jedem Fall versuchen, mindestens drei Tage zu verreisen. Packen Sie das Nötigste ein und fahren Sie los. Belasten Sie sich nicht mit unnötigem Gepäck, schließlich wollen Sie Abstand von Ihrem Alltag gewinnen. Aber vergessen Sie Ihr Tagebuch nicht.

Vielleicht fehlt Ihnen aber auch einfach die Energie, die Zeit oder das nötige Geld für diese Auszeit. Oder Sie bekommen keinen Urlaub. In diesem Fall sollten Sie versuchen in Ihren eigenen vier Wänden Abstand zu gewinnen. Wenn Sie allein leben, ist das sogar relativ einfach. Sie können Ihren Partner und Ihre Freundin darüber informieren, dass Sie eine Auszeit nehmen wollen, und sich in aller Ruhe zu Hause einigeln. Beginnen Sie den Tag mit einem bestimmten Ritual. Wenn Sie von der Arbeit nach Hause kommen, zünden Sie eine Kerze an, meditieren Sie, entspannen Sie sich und lassen Sie den Alltag von sich abfallen. Versuchen Sie so viele der kleinen Unannehmlichkeiten wie möglich abzustellen (Tipp 1). Bezahlen Sie vor Ihrem Rückzug sämtliche Rechnungen und erledigen Sie all die anderen alltäglichen Pflichten. Tun Sie einfach so, als würden Sie in den Urlaub fahren. Nutzen Sie die Abende für Meditationen, für Schaumbäder oder Spaziergänge. Hören Sie Musik oder lesen Sie ein Buch. Verzichten Sie auf den Fernseher und alle anderen Dinge, von denen Sie abhängig sind oder werden könnten. Denn sonst wäre das ganze Unternehmen zwecklos (Tipp 2). Gehen Sie hinaus in die Natur und betrachten Sie den Sternenhimmel.

Nach meinem ersten Jahr in Manhattan besuchte ich zu Weihnachten meine Heimatstadt in Arizona. Während des Flugs schlief ich ein und bei meiner Ankunft war es bereits dunkel. Ich hatte ganz vergessen, wie wunderschön der nächtliche Sternenhimmel ist. In Manhattan sieht man mit viel Glück höchstens ein paar Sterne. Aber in Arizona leuchten Milliarden von Sternen am Nachthimmel. Ich fühlte mich plötzlich klein und unbedeutend – nur ein kleines Staubkorn im Kosmos. Und genau dieses Erlebnis verschaffte mir eine neue Perspektive. Ich dachte: „Jetzt weiß ich, warum die New Yorker sich für den Nabel der Welt halten. Sie können die Sterne nicht sehen und haben die Perspektive verloren." Das Meer ruft bei mir ähnliche Gefühle hervor. Die Natur ist ein wunderbarer Lehrmeister und Heiler. Wenn Sie sich gestresst, unausgeglichen und überfordert fühlen, gehen Sie in Ihren Garten oder in den Park und schauen Sie in den Sternenhimmel. Ganz egal welche Probleme Sie bedrücken, sie werden in ein anderes Licht gerückt.

Doch was ist, wenn Sie Familie haben? Wie sollen Sie sich da auch nur für ein Wochenende zurückziehen? Bitten Sie Ihre Familie um Hilfe. Die Oma nimmt die Kinder vielleicht gerne zu sich, sodass Sie ein ungestörtes Wochenende verbringen können. Ich möchte Ihnen raten, sich an diesem Wochenende auch von Ihrem Partner zurückzuziehen. Wir alle brauchen einmal etwas Zeit nur für uns. Und wenn Sie dann wieder mit Ihrem Partner zusammen sind, können Sie diese Zeit wieder richtig genießen (Tipp 40). Seien Sie kreativ und finden Sie Wege, um Ihr Leben aus einem anderen Blickwinkel zu betrachten.

Kapitel 60

Nehmen Sie eine berufliche Auszeit

Vernunft kann sich irren. Wenn wir etwas im Leben erreichen wollen, müssen wir Abstand von unserem Leben nehmen und alle Urteile hinter uns lassen. Manchmal müssen wir einfach unseren Visionen und Träumen folgen.

Bede Jarrett, *The House Of Gold*

Sofern ein Wochenende oder auch eine Woche nicht ausreichen, sollten Sie sich einmal Gedanken über eine längere berufliche Auszeit, ein so genanntes Sabbatical, machen. Da zahlreiche Unternehmer die Problematik des Burnout-Syndroms mittlerweile erkannt haben, besteht sogar die Möglichkeit, dass Sie in dieser Zeit weiterhin einen Teil Ihres Gehalts beziehen können. Sollte das nicht der Fall sein, können Sie immer noch Sonderurlaub beantragen. Manche Unternehmen ermöglichen ihren Angestellten lieber eine befristete berufliche Auszeit, als dass sie ganz auf deren Mitarbeit verzichten. Sofern Sie schon lange Zeit für ein und dasselbe Unternehmen arbeiten, könnten Sie einen längeren Zeitraum (ein bis zwölf Monate) benötigen, um Ihrem Leben eine neue Richtung zu geben.

Ein Sabbatical ist jedoch kein Urlaub im herkömmlichen Sinne. Natürlich sollen Sie sich dabei auch entspannen und neue Energie tanken. Aber Sie sollten diese Zeit auch nutzen, um verschiedene Fähigkeiten zu erlernen oder anzuwenden, auch wenn das mit einem Risiko verbunden sein sollte. Ein Sabbatical hilft Ihnen, aus der Alltagsroutine auszubrechen und sich bewusst zu machen, was Ihnen im Leben wirklich wichtig ist. Mit dem befristeten beruflichen Ausstieg sind sowohl für Sie als auch für Ihren Arbeitgeber einige Risiken verbunden. Immerhin könnten Sie zu dem Schluss kommen, dass Sie Ihren alten Beruf aufgeben möchten. Andererseits kann es Ihnen aber auch passieren, dass Ihre frühere Stelle nach der Auszeit besetzt ist. Oder Sie verpassen während Ihrer Abwesenheit wichtige Entwicklungen und können nicht an Ihre früheren Leistungen anknüpfen. In den meisten Fällen profitieren jedoch alle Beteiligten von einem Sabbatical. Wenn Sie sich für die Rückkehr in den Beruf entschließen, profitiert Ihr Arbeitgeber in jedem Fall, denn Sie sind frisch, erholt und voller Energie. Sollte Ihre Stelle besetzt sein, haben Sie die Möglichkeit, Ihre während des Sabbaticals erworbenen Fähigkeiten an einer neuen Arbeitsstelle einzusetzen.

Wenn einer meiner Klienten den Arbeitsplatz wechselt, rate ich ihm grundsätzlich, so lange wie möglich frei zu nehmen, bevor er die neue Stelle antritt. Lucy, eine siebenunddreißigjährige Klientin, gab z. B. Ihren Job als Leiterin einer Public-Relations-

Abteilung auf und wechselte zu einer Unternehmensberatungsgesellschaft. Da sie mit ihrem neuen Arbeitgeber einen späteren Termin für Ihren Eintritt in die Firma vereinbart hatte, konnte sie sich eine zweimonatige Auszeit gönnen. Mittlerweile hatte sie all ihre Schulden getilgt und sich ein entsprechendes Finanzpolster auf die Seite gelegt (Tipp 24 und Tipp 27), sodass sie diese Auszeit problemlos finanzieren konnte. Ich riet ihr, diese Zeit zu nutzen und sich ihren lang gehegten Wunsch – eine Reise nach Lateinamerika – zu erfüllen. Sie genoss den Urlaub in vollen Zügen und lernte dabei auch noch Spanisch. Doch nicht nur das – während ihrer Auszeit erkannte sie auch, dass es an der Zeit war, ihre langjährige Beziehung zu beenden. Erst durch die zwei Monate in Südamerika hatte sie die für diesen Schritt erforderliche Kraft und Unabhängigkeit gewonnen.

Graham, ein siebenundfünfzigjähriger leitender Angestellter, nahm sich eine dreimonatige Auszeit und nutzte sie, um seine Fähigkeiten im Bereich EDV zu verbessern und die Rocky Mountains zu durchwandern. Er hatte sich zum Ziel gesetzt, während seines Sabbaticals all die Dinge auszuprobieren, die nichts oder wenig mit seinen beruflichen Pflichten zu tun hatten. Er wollte dem Alltagstrott entfliehen und über den Sinn seines Lebens nachdenken. Am ersten Tag schlief er erst einmal siebenundzwanzig Stunden durch. (Keine Sorge, das ist vollkommen normal. In den ersten Tagen schlafen die meisten Menschen unverhältnismäßig lange, da der Körper alte Schlafdefizite nachholen muss.) Da seine Frau ihn bei seinen Unternehmungen nur selten begleiten konnte, war er die meiste Zeit allein unterwegs. Seine Bergtouren machten ihn nicht nur fit, sondern ließen ihn auch seine Liebe zur Natur erkennen. Als er wieder an seinen Arbeitsplatz zurückkehrte, fühlte er sich wie neugeboren. Im Büro waren während seiner Abwesenheit keinerlei Probleme aufgetreten und seine Mitarbeiter hatten gelernt, Verantwortung zu übernehmen. Graham fiel es jetzt sehr viel leichter, die Arbeit zu delegieren (Tipp 62). Er wusste die Zeit mit seiner Familie wieder zu schätzen und hatte gelernt, nicht jede gesellschaftliche Einladung anzunehmen (Tipp 18). Den Sonntag nimmt er sich seit dieser Zeit vollkommen frei und geht weder berufliche noch gesellschaftliche Verpflichtungen ein (Tipp 89).

Hier ein paar Tipps für Ihre persönliche berufliche Auszeit:

- Heben Sie die Vorteile Ihrer beruflichen Auszeit für das Unternehmen hervor. Welche neuen Fähigkeiten wollen Sie in dieser Zeit erlernen? Inwieweit wirkt sich die Auszeit positiv auf Ihre Leistung nach Ihrer Rückkehr aus?
- Legen Sie einen genauen Plan vor, wie Ihre Arbeit während Ihrer Abwesenheit ausgeführt werden soll.
- Machen Sie Ihrem Vorgesetzten klar, dass es gerade im Informationszeitalter sinnvoll ist, neue Eindrücke und Perspektiven zu sammeln und sich ein Sabbatical mit dem unter Akademikern durchaus üblichen Studienjahr vergleichen lässt.

- Wenn Sie an dem Burnout-Syndrom leiden, erklären Sie Ihrem Vorgesetzten, wie wichtig diese Auszeit für Sie ist und dass Sie danach frisch und erholt an Ihren Arbeitsplatz zurückkehren werden. Schließlich ist es weniger kostenintensiv, jemanden erneut einzuarbeiten, der mit dem Betriebsablauf vertraut ist, als einen neuen Mitarbeiter anzulernen.
- Sofern eine der Aktivitäten, die Sie im Rahmen des Sabbaticals geplant haben, direkte Vorteile für das Unternehmen bringt (z. B. neue Fähigkeiten im Bereich der Softwareentwicklung), bitten Sie Ihren Vorgesetzten, sich an den Kosten für die zusätzliche Ausbildung bzw. Weiterbildung zu beteiligen.
- Wenn Sie in dieser Zeit ehrenamtlich arbeiten wollen, erkundigen Sie sich nach entsprechenden Angeboten. In manchen Fällen tragen die entsprechenden Organisationen die Kosten für Kost und Logis, sodass die berufliche Auszeit für Sie mit nur geringen Kosten verbunden ist.
- Wenn Sie für längere Zeit verreisen wollen, können Sie Ihre Wohnung untervermieten, sich bei einer Mitwohnzentrale melden oder Ihre Wohnung mit jemand anderem tauschen.
- Sofern Sie ins Ausland reisen wollen, besuchen Sie Länder mit günstigen Wechselkursen, sodass Sie mit Ihrem Geld möglichst lange auskommen.
- Bevor Sie mit Ihrem Arbeitgeber über eine mögliche berufliche Auszeit verhandeln, sollten Sie sich in jedem Fall erkundigen, welche Auswirkungen das auf Ihre Kranken-, Sozial- und Rentenversicherung hat.
- Bevor Sie für einen befristeten Zeitraum aus dem Unternehmen ausscheiden, sollten Sie unbedingt sicherstellen, dass Sie alle laufenden Projekte abgeschlossen und die anderen Mitarbeiter in Ihren Aufgabenbereich eingearbeitet haben. Schließlich wollen Sie sich während Ihrer Auszeit nicht mit Ihren beruflichen Angelegenheiten belasten. Es wäre sicherlich auch nicht besonders angenehm, wenn Sie bei Ihrer Rückkehr verärgerte Kollegen und Vorgesetzte antreffen, die sich während Ihrer Abwesenheit mit einem von Ihnen nicht abgeschlossenen Projekt herumplagen mussten.

Sie sollten diese Zeit in jedem Fall nutzen, um mehr über sich selbst zu erfahren. Probieren Sie alles aus, was Sie immer schon einmal tun wollten und wozu Sie nie die Zeit gefunden haben. Besuchen Sie Orte, die Sie immer schon einmal sehen wollten. Machen Sie sich keine Gedanken darüber, was andere von Ihnen denken könnten. Schließlich wollen Sie sich in dieser Zeit selbst finden und erkennen, was Ihnen im Leben wichtig ist. Ein Sabbatical eignet sich hervorragend, um sich persönlichen Idealen zu widmen (Tipp 52). Folgen Sie Ihrer Intuition (Tipp 57) und lassen Sie sich vom Leben überraschen. Manchmal müssen wir einfach eine andere Richtung einschlagen, um wieder den richtigen Weg zu finden.

Teil VII

Arbeiten Sie effektiver, nicht härter

Der Bescheidene wird gewöhnlich gelobt − falls die Leute je von ihm hören sollten.

E. W. Howe

Mich persönlich haben Sprüche wie „Arbeite effektiver, nicht härter" immer ziemlich geärgert. Wenn ich wüsste, wie ich effektiver arbeiten kann, würde ich das ja wohl auch tun. In Teil VII erfahren Sie, wie Sie besonders effektiv und produktiv arbeiten und dabei sogar Ihr Arbeitspensum reduzieren können. Sie haben sicherlich schon einmal gehört, dass 80 Prozent unserer Leistungen auf 20 Prozent unserer Arbeit zurückzuführen sind. Wenn wir wüssten, um welche 20 Prozent es sich dabei handelt, könnten wir uns 80 Prozent des Aufwands sparen.

Wenn wir überarbeitet oder angespannt sind, verlieren wir den Überblick. Wir wissen nicht mehr, worauf es wirklich ankommt (Tipp 35). Wir machen Flüchtigkeitsfehler und haben keinen Blick mehr für all die wunderbaren Möglichkeiten, die sich uns bieten. Wenn wir zu viel um die Ohren haben, ignorieren wir nur zu schnell die subtilen Botschaften des Universums, die Stimme unserer Intuition, und nicht selten machen wir unsere Probleme dadurch nur noch größer (Tipp 69).

Jetzt da Sie sich Ihrer persönlichen Stärken bewusst sind, können Sie sich darauf konzentrieren und die Aufgaben delegieren, die Ihnen Probleme bereiten. Sie werden lernen, wie Sie Ihren Stresspegel durch Zurückhaltung bei Terminzusagen senken können. Wenn Sie erst einmal erkannt haben, was Sie mit einem geringeren Arbeitsaufwand alles erreichen können, werden Sie vielleicht sogar Ihre To-do-Liste abschaffen (Tipp 64) oder bestimmte Ziele streichen. Gerade in unserer Gesellschaft, in der die Tatsache, dass man viele Verpflichtungen hat, häufig mit Erfolg gleichgesetzt wird, besteht die Gefahr, dass wir zu hart arbeiten. Ich erlebe es immer wieder, dass die Menschen härter und härter arbeiten und damit lediglich erreichen, dass sie sich immer weiter von ihren eigentlichen Zielen entfernen. Eine meiner Klientinnen arbeitete z. B. im Vertrieb und bemühte sich unentwegt, die Umsatzzahlen zu erhöhen. Dadurch erreichte sie jedoch lediglich, dass potenzielle Kunden sich von ihr abwendeten. Also forderte ich sie auf, einen Gang herunterzuschalten (Tipp 66). Auf diese Weise begegnete sie den Kunden sehr viel entspannter und erhielt so viele Aufträge wie nie zuvor. Sie konnte es nicht fassen, dass sie so erfolgreich war und die Arbeit ihr obendrein auch noch Spaß machte. Verstehen Sie mich bitte nicht falsch: Natürlich müssen Sie arbeiten, aber eben lange nicht so hart, wie Sie glauben. Die folgenden Tipps zeigen Ihnen, wie Sie effektiver vorgehen und auch noch Spaß dabei haben können, ganz egal ob es sich dabei um berufliche oder persönliche Ziele handelt.

Kapitel 61

Perfektionieren Sie Ihre Stärken

> *Ich glaube, es ist wichtiger zu wissen, was wir nicht können, als zu wissen, was wir können.*
>
> Lucille Ball

Viele Menschen sind der Überzeugung, sie müssten nicht nur alles selbst erledigen, sondern dabei auch noch perfekte Arbeit leisten. Wir leben jedoch in einer Welt, in der wir es uns nicht leisten können, alles selbst zu machen – willkommen im einundzwanzigsten Jahrhundert. Aber aus irgendeinem Grund glauben wir, wir müssten zur Arbeit gehen, ein vorzügliches Essen kochen, das Haus blitzsauber putzen, auf die Kinder aufpassen, unseren Partner glücklich machen, uns fortbilden – und das alles an einem Tag. Wie wäre es, wenn Sie sich auf Ihre Stärken konzentrieren, sie weiter ausbauen und alle anderen Aufgaben delegieren würden? Menschen, die eine Sache perfekt beherrschen und dies zu ihrem Vorteil einsetzen, ziehen in der Regel all die guten Dinge des Lebens magisch an. Wenn Sie verschiedene Dinge relativ gut beherrschen, bringt Ihnen das nicht halb so viel, als wenn Sie auf einem Gebiet wirklich perfekte Arbeit leisten. Auch wenn Sie ein besonderes Talent haben, nützt Ihnen das wenig, wenn Sie Ihre Fähigkeiten nicht perfektionieren. Natürlich hat Tiger Woods Talent zum Golfspielen, aber er hat diesen Sport mit viel Fleiß und hartem Training zu einer Kunst gemacht. Und interessiert es irgendjemanden, ob er seine Buchführung selbst macht? Natürlich nicht. Also hören Sie auf, alles selbst zu machen, und konzentrieren Sie sich auf Ihre Stärken.

Sollten Sie Schwierigkeiten haben, sich ausschließlich auf Ihre Stärken zu konzentrieren, führen Sie sich einmal vor Augen, wie viel Energie Sie mit all den anderen Dingen vergeuden, die eben nicht zu Ihren Stärken zählen. Welchen Preis zahlen Sie, wenn Sie sich um alles selbst kümmern? Wenn Sie eine Aufgabe ewig vor sich herschieben oder sich etwas einfach nicht zutrauen, dann fragen Sie sich, ob es das wirklich wert ist. Jonathan, ein hervorragender Programmierer, war z. B. ein richtiges Universalgenie. Er konnte die Reparaturen in seinem Haus selbst vornehmen, sein Auto reparieren und war ein exzellenter Koch. Als er bemerkte, dass sein Dach undicht war, beschloss er, es selbst auszubessern und sich das Geld für einen Dachdecker zu sparen. Das wäre ja nicht weiter schlimm gewesen, wenn er nicht ohnehin schon so viele Verpflichtungen gehabt hätte. Ich schlug ihm vor, das Dach einem Fachmann zu überlassen und sich in dieser Zeit mit einem Programm zu beschäftigen, mit dem er schon ein Jahr zuvor hatte beginnen wollen. Fehlanzeige! Er wollte sein Dach selbst reparieren und das Geld sparen. Er fiel von der

Leiter und zog sich einen komplizierten Beinbruch zu. Da er die subtilen Botschaften des Universums (Tipp 69) ignoriert hatte, blieb ihm jetzt nichts anderes übrig, als endlich einen Dachdecker zu beauftragen. Mit dem Bein in Gips fand er endlich die Zeit zum Programmieren, die ihm zuvor gefehlt hatte. Da er jedoch keine Krankenversicherung (Tipp 30) hatte, muss er jetzt nicht nur das Dach bezahlen, sondern auch die Arztrechnungen.

Wenn Sie sich mit ungeliebten Aufgaben beschäftigen, kostet Sie das unnötige Energie. Ein Bekannter von mir hat sogar einen persönlichen Problemlöser engagiert. Immer wenn er auf ein Problem stößt, mit dem er sich nicht auseinander setzen will, übergibt er es an diese Fachkraft. Er ist der Meinung, er könne es sich nicht leisten, auf den Problemlöser zu verzichten, da ihn seine Probleme zu viel Energie kosten. (Wenn Sie diese Aussage nicht nachvollziehen können, sollten Sie noch einmal das Kapitel über das Thema „Geld" – Teil III – lesen.) Sie können auch versuchen die unangenehmen Aufgaben an Freunde und Bekannte zu übertragen, die damit weniger Schwierigkeiten haben, und ihnen im Gegenzug Ihre Stärken zur Verfügung stellen: „Wenn du meine Steuererklärung machst, mähe ich den ganzen Sommer deinen Rasen." – „Du bügelst für mich und ich passe am Freitag auf deine Kinder auf." Es sollten jedoch beide Seiten von dem Tauschhandel profitieren.

Denken Sie einmal über Ihr Leben nach und schreiben Sie fünf Dinge auf, mit denen Sie sich auseinander setzen müssen, obwohl Sie es alles andere als gerne tun. Stellen Sie fest, wie teuer es wäre, diese Aufgaben einem Experten – einem Buchhalter, einer Putzfrau, einer Wäscherei, einem Koch, einer Sekretärin, einem EDV-Experten oder einem Klempner – zu übertragen. Meistens ist das sehr viel billiger, als Sie glauben. Und auf lange Sicht profitieren Sie in jedem Fall davon. – Herzlichen Glückwunsch! Sie haben soeben den ersten Schritt zur Perfektion Ihrer Stärken getan.

Kapitel 62

Beherrschen Sie die Kunst des Delegierens?

Es ist immer besser, jemanden zu haben, der erstklassige Arbeit für einen leistet, als selbst nur gute Arbeit zu leisten.

William Feather, *The Business of Life*

Sie müssen nicht unbedingt eine leitende Position bekleiden, um Aufgaben zu delegieren. Wir alle müssen delegieren. Wenn Sie das Leben führen wollen, das Sie sich wünschen, müssen Sie anfangen, ungeliebte Aufgaben zu übertragen und sich auf die Dinge zu konzentrieren, die Sie gerne tun. Und wenn Sie bislang nicht delegieren konnten, ist es höchste Zeit, dass Sie es lernen. Auch Eltern delegieren verschiedene Haushaltspflichten an ihre Kinder.

Um diese Kunst zu erlernen, sollten Sie die drei Geheimnisse des guten Delegierens kennen. Zunächst einmal müssen Sie die erforderliche Zeit und Energie investieren, um den Betreffenden vollständig in das entsprechende Aufgabengebiet einzuweisen. Das Schlüsselwort lautet „vollständig". Andernfalls können Sie den Betreffenden auch nicht zur Verantwortung ziehen, wenn ihm ein Fehler unterlaufen sollte. Delegieren bedeutet nicht, eine Aufgabe zu übertragen und dann abzuwarten, wie der andere damit zurechtkommt. Sie müssen schon genau erklären, wie die Aufgabe ausgeführt werden soll, auch wenn Sie sich dieser lästigen Pflicht möglichst schnell entledigen wollen. In manchen Fällen können Sie zwar eine Fachkraft engagieren, die Ihre Anweisungen nicht benötigt, aber das ist eben nicht immer der Fall. Ich habe z. B. eine Buchhalterin mit meiner Buchführung beauftragt. Und nach wenigen Stunden hatte sie mithilfe eines entsprechenden Softwareprogramms Ordnung in meine Finanzen gebracht. Ich selbst hätte gar nicht die Zeit gefunden, mir dieses Wissen anzueignen (abgesehen davon hasse ich Handbücher für Softwareprogramme.) In nur wenigen Stunden hatte sie das Programm auf meine Bedürfnisse zugeschnitten, mir eine aktuelle Bilanz ausgedruckt und mir die Funktionsweise des Programms erklärt. Ich hätte diese Aufgabe schon viel früher delegieren sollen. Denn ich habe Unmengen von Zeit und Energie vergeudet, um meine Buchführung selbst zu erledigen.

Das zweite Geheimnis des guten Delegierens besteht darin, die Aufgabe *komplett* zu übertragen. Erklären Sie dem Betreffenden, welches Ergebnis Sie erwarten, und lassen Sie ihn dann eigene Wege finden, um es zu erreichen. Mischen Sie sich nicht ein, denn dadurch begrenzen Sie die Kreativität des Betreffenden. Wenn Sie Ihrem Sohn z. B. die Aufgabe übertragen, sein Zimmer aufzuräumen, und dieser wiederum seinen kleinen

Bruder anheuert, dann ist das in Ordnung – vorausgesetzt, er hat seinen kleinen Bruder nicht dazu gezwungen. Ihr Sohn hat die Aufgabe kreativ gelöst.

Das dritte Geheimnis besteht in einem speziellen System der Berichterstattung bzw. der Kontrolle. Fordern Sie den Betreffenden auf, Sie auf dem Laufenden zu halten, und zwar so, wie Sie es für angemessen halten. Nehmen wir einmal an, Sie haben eine Putzfrau eingestellt. Sie haben sich die Zeit genommen und ihr erklärt, worauf es Ihnen ankommt. Bevor die Putzfrau nun mit der Arbeit beginnt, erstellen Sie eine Liste mit den zu verrichtenden Aufgaben. Bitten Sie sie, alles abzuhaken, was sie erledigt hat.

Nun kennen Sie die Geheimnisse des Delegierens. Fangen Sie einfach an und freuen Sie sich über die Ergebnisse!

Michael hatte einen großen Kredit aufgenommen und befürchtete, dass er sein Unternehmen aufgeben musste. Er hatte eine sehr fähige Mitarbeiterin, die er sich aber eigentlich nicht leisten konnte. Also riet ich ihm, sie zu entlassen. Das bedeutete jedoch, dass er alle anfallenden Arbeiten, vom Tippen der Geschäftsbriefe bis zur Buchführung, selbst erledigen musste. Zunächst war das für ihn kein Problem, doch als die Zahl seiner Kunden zunahm und sein Unternehmen wieder florierte, musste er Aufgaben delegieren. Also forderte ich ihn auf, eine Liste aller anfallenden Arbeiten anzufertigen. Dann sollte er alle Aufgaben auflisten, die er gerne ausführte, und eine separate Liste mit den Aufgaben erstellen, die er nicht gerne machte oder nicht besonders gut beherrschte. Wir begannen mit der Buchführung. Michael engagierte einen Buchhalter, der einmal pro Monat die Buchführung für ihn erledigte und dafür nicht viel Geld verlangte. Für Michael war das schon eine große Entlastung. Kurz darauf stellte er eine Aushilfe ein, die für 8 Euro die Stunde seine Pressemitteilungen und Geschäftsbriefe tippte. Sobald er es sich leisten konnte, erhöhte er das Gehalt seiner Mitarbeiter, da er sie nicht verlieren wollte. Auf diese Weise hatte Michael die Möglichkeit, sich auf seine Kunden und das Marketing zu konzentrieren – die Arbeit, die ihm Spaß machte. Nur ein wenig Hilfe durch einen Coach und Michael konnte sein Unternehmen vor dem Konkurs retten. Und nicht nur das – er erhält immer neue Aufträge.

Kapitel 63

Zurückhaltung bei Terminzusagen und Überpünktlichkeit

Man verspricht viel, damit man nicht zu wenig gibt.

Luc Marquis de Vauvenargues

Eine Möglichkeit, sich einen Zeitpuffer zu verschaffen, liegt darin, keine zu großen terminlichen Versprechungen zu machen und dann zu einem verfrühten Termin zu liefern. Räumen Sie sich doppelt so viel Zeit ein, wie Sie für die Fertigstellung benötigen, und stellen Sie die Arbeit vor dem vereinbarten Zeitpunkt fertig. Wenn uns unsere Vorgesetzte z. B. bittet, ein bestimmtes Projekt zu übernehmen, und uns fragt, bis wann wir es abschließen können, dann nennen wir in der Regel einen möglichst frühen Termin, um sie zu beeindrucken. Wir kalkulieren dann ungefähr so: „Wenn ich heute, morgen und Samstag noch ein paar Stunden daran arbeite, dann müsste ich bis Montagmittag fertig sein." Also vernachlässigen wir alle anderen Aufgaben, sitzen dann doch den ganzen Samstag an dem Projekt und können den Termin trotzdem nicht einhalten, weil uns wichtige Informationen fehlen, die uns nur eine bestimmte Abteilung geben kann, in der samstags nicht gearbeitet wird. Der Montag kommt und wir müssen beichten: „Ich bin so gut wie fertig. Aber mir fehlten noch einige Informationen aus der Finanzabteilung. Spätestens heute Nachmittag haben Sie den Bericht auf dem Tisch." Wir haben unsere Arbeit vernachlässigt, nur um dieses Projekt fertig zu stellen. Unsere Vorgesetzte ist alles andere als begeistert. Und das nur, weil wir zu große Versprechungen gemacht haben.

Und jetzt stellen Sie sich einmal Folgendes vor: Sie denken: „Ich schaffe das bis Montag." Zu Ihrer Chefin sagen Sie aber: „Ich brauche dafür bis Mittwochnachmittag." Was haben Sie getan? Sie haben sich einen Zeitpuffer verschafft – zwei Tage sogar. Sie können am Wochenende Golf spielen und sich am Montag frisch und ausgeruht an die Arbeit machen. Sie haben den Bericht am Dienstagmorgen ohne jeden Stress fertig gestellt und schaffen es sogar, ihn noch einmal von einem Kollegen gegenlesen zu lassen. Am Dienstagnachmittag können Sie den Bericht Ihrer Chefin vorlegen. Herzlichen Glückwunsch – Sie waren überpünktlich! Ihre Vorgesetzte ist begeistert und zutiefst beeindruckt. Durch diesen einfachen Trick können Sie Ihren Stresspegel drastisch senken. Sie haben den Kopf frei – eine wichtige Voraussetzung für den Erfolg. Wenn Sie regelmäßig eher zurückhaltende Terminzusagen machen und sich durch Überpünktlichkeit auszeichnen, wird das sicherlich irgendwann mit einer Beförderung oder einer Gehaltserhöhung honoriert.

Zurückhaltung bei Terminzusagen wirkt auch im Privatleben wahre Wunder. Wenn Ihre Frau Sie fragt, wann Sie endlich die Garage aufräumen, geben Sie sich einfach doppelt so viel Zeit, wie Sie dafür tatsächlich benötigen. Und wenn die Garage dann nach einem Monat und nicht erst nach zwei Monaten aufgeräumt ist, ist Ihre Frau schwer beeindruckt. Dasselbe Prinzip lässt sich auch auf Kinder anwenden. Versprechen Sie Ihren Kindern für den Urlaub in Kalifornien nicht viel Zeit am Strand, einen Besuch bei Sea World und im Zoo, sondern beschränken Sie sich auf Sea World. Wenn Sie dann doch Zeit für weitere Unternehmungen haben, ist die Freude doppelt so groß. Selbst wenn Sie Ihren Kindern erklären, dass Sie nur in den Zoo gehen, wenn Sie genug Zeit haben, sind sie enttäuscht, wenn es dann nicht klappt. Halten Sie die Erwartungen anderer möglichst gering und überraschen Sie sie dann positiv. So müssen Sie Ihre Zeit auch nicht mit unzähligen Entschuldigungen vertrödeln.

Kapitel 64

Trennen Sie sich von Ihrer To-do-Liste

*Ich beschäftige mich nicht mit dem, was getan worden ist.
Mich interessiert, was getan werden muss.*

Marie Curie

Eine Möglichkeit, sich mehr auf die Gegenwart zu konzentrieren und die eigene Produktivität zu erhöhen, liegt darin, die Liste mit all den zu erledigenden Dingen dem Feuer zu übergeben. Ich weiß, dass sich das nach Ketzerei anhört. Ich selbst bin ein begeisterter Anhänger von Listen. Im Berufsleben hat eine solche Liste auch durchaus ihre Berechtigung, aber im Privatleben sollten Sie künftig darauf verzichten. Versuchen Sie zumindest einmal eine Woche ohne diese Liste auszukommen und lassen Sie sich überraschen. Sie werden feststellen, dass Sie genau das tun werden, was zu tun ist.

Max organisierte sein Leben streng nach seiner To-do-Liste. Er erklärte: „Ich erledige zwar fast alles, was zu erledigen ist, aber ein paar Punkte schaffe ich doch wieder nicht." Und dann ärgerte er sich, dass er eben diese zwei oder drei Punkte nicht abgearbeitet hatte. Dabei sollte er sich gratulieren, dass er alle anderen Punkte abhaken konnte. Wenn Sie einfach tun, was zu tun ist, besteht auch keine Gefahr, dass Sie sich über die Dinge ärgern, die Sie nicht geschafft haben. Und alles, was Sie unzufrieden macht, hält den Erfolg von Ihnen fern. Waren Sie jemals wirklich zufrieden, weil Sie nicht alle Punkte auf einer To-do-Liste abgehakt haben? Wir nehmen uns nun einmal grundsätzlich mehr vor, als wir bewältigen können.

Häufig konzentrieren wir uns so stark auf unsere To-do-Liste, dass wir die Möglichkeiten, die sich uns bieten, gar nicht wahrnehmen. Eine Liste kann zwar eine durchaus wertvolle Hilfe sein, andererseits besteht aber die Gefahr, dass wir uns dadurch unnötige Grenzen setzen. Sofern Sie ein eingefleischter Listenschreiber sind, probieren Sie es einmal mit der Frage „Was ist heute wichtig?" (Tipp 35). Auf diese Weise können Sie sich auf die notwendigen Dinge konzentrieren, ohne dass Sie vor lauter Verpflichtungen den Blick für das Wesentliche verlieren. Vergessen Sie Ihre Liste. Sie werden feststellen, dass Sie sich deutlich besser fühlen.

Wenn Sie jedoch ohne Liste nicht leben können, selbst wenn Sie nur einen einzigen Punkt darauf notieren, dann sollten Sie weiterhin Listen schreiben. (Wenn Sie sich dabei wohl fühlen, ist es für Sie eben das Richtige.) Eine meiner Klientinnen entdeckte eine neue Form des Listenschreibens, durch die sie ihre Energie sogar steigern konnte. Sie streicht die erledigten Punkt nicht durch, sondern markiert sie mit einem Textmarker. So kann sie zu sich selbst sagen: „Das alles habe ich geschafft!" Das gibt ihr wiederum die Motivation, um auch die anderen Punkte auf der Liste zu erledigen. Sie möchte dieses Vergnügen gar nicht mehr missen.

Jetzt, da Sie sich von Ihrer To-do-Liste getrennt haben, ist es an der Zeit, dass Sie sich auch von der Liste mit Ihren Zielen trennen. Ich weiß, das hört sich noch schlimmer an als der erste Vorschlag, aber glauben Sie mir, wenn Ihre Ziele Ihnen wirklich wichtig sind, werden Sie sie auch nicht vergessen. Wenn Sie sich von Ihrer Intuition leiten lassen wollen, dann müssen Sie die Liste mit Ihren Zielen abschaffen, denn diese wurde Ihnen von Ihrem Verstand diktiert. Auf dieser Liste stehen all die Dinge, von denen wir glauben, dass wir sie erreichen sollten: das große Haus, das tolle Auto, die perfekte Beziehung, die teure Garderobe, die Weltreise, der Waschbrettbauch – welcher dieser Punkte stammt wirklich von Ihnen? Sicherlich, das sind ehrenwerte Ziele, aber die wurden Ihnen von den Medien suggeriert. Wenn Sie also die richtigen Quellen anzapfen wollen, müssen Sie sich von diesen Idealvorstellungen trennen.

Das bedeutet nicht, dass Sie keine Ziele haben sollten. In meinen Seminaren fordere ich die Teilnehmer sogar auf, ihre Ziele aufzuschreiben, weil sie sich dann eher realisieren. Gönnen Sie sich einen neuen Start, werfen Sie Ihre alten Ziele über Bord und warten Sie ab, was das Leben Ihnen bringt. Sie werden überrascht sein. Ich hatte z. B. die Idee, ein Video aufzunehmen, obwohl das nie auf meiner Liste stand. Die Idee kam mir erst, nachdem ich mich von meinen alten Zielen inklusive der Liste gelöst hatte. Dann fasste ich den Plan, ein Buch zu schreiben. Dafür habe ich aber andere Ziele von meiner Liste gestrichen – den Tanzkurs, den Französischkurs, das Leben im Ausland usw. Vielleicht nehme ich diese Ziele eines Tages in Angriff, aber jetzt stehen sie nicht auf meiner Liste. Ich lasse mich treiben. Und wenn ich tatsächlich in Paris landen sollte, dann lerne ich eben Französisch. Sie können unmöglich mit dem Strom schwimmen, wenn Sie sich von der Liste mit Ihren Zielen beherrschen lassen. Die richtigen Ziele werden Sie schon finden.

Karen war nicht gerade begeistert, als ich sie aufforderte, ihre Ziele aufzugeben. Sie war sicher, dass sie ohne klare Zielsetzung nur faul am Strand herumliegen und sich die Sonne auf den Bauch scheinen lassen würde. Also setzte sie sich selbst unter Druck und arbeitete 80 bis 100 Stunden pro Woche. Sie liebte ihre Arbeit, doch bei diesem Pensum blieb ihr keine Zeit für sich selbst. Irgendwann war sie so gestresst, dass sie ihren Job kündigte. Ihr Mann erklärte sich damit einverstanden und wollte sie in allem unterstützen, auch dann, wenn sie nur faul am Strand herumliegen wollte. Da sie von ihren Rücklagen ein Jahr lang ohne Einkommen leben konnte, konnte sie sich die Kündigung durchaus leisten (Tipp 27). Also legte sie sich an den Strand und nach nur zwei Wochen überkam sie schon die Langeweile. Sie hatte zwar versucht, ihr Leben am Strand zu vertrödeln, schaffte es aber nicht. Sie begann wieder zu malen – ein Hobby, das sie wegen ihres anstrengenden Jobs vernachlässigt hatte – und es stellte sich heraus, dass sie sehr talentiert war. Doch nicht nur das: Karen ist heute schöner denn je, denn sie ist entspannt und glücklich. Die Falte zwischen den Augenbrauen ist vollständig verschwunden, sie leitet Seminare und hat genug Zeit zum Malen. Glauben Sie mir, kein Mensch kann ewig faulenzen. Irgendwann überkommt uns der Drang, etwas Sinnvolles zu tun. Warten Sie in aller Ruhe ab, welche Chancen Ihnen das Leben bietet.

Michaels erfolgreiche Karriere als Vertriebsleiter basierte ausschließlich auf seinen Zielsetzungen. Er nannte seinen Mitarbeitern Jahresvorgaben, Vorgaben für das nächste Halbjahr, die kommende Woche, ja sogar für jeden Tag. Sein ganzes Leben drehte sich darum, das gesteckte Ziel zu erreichen und die Vorgaben sogar noch zu überrunden. Michael war von der Idee, seine Ziele aufzugeben, natürlich alles andere als begeistert. Also ließ ich ihm seine beruflichen Vorgaben, forderte ihn jedoch auf, sich zumindest für eine Woche von den privaten Zielen zu lösen. Ohne konkrete Vorgaben fühlte er sich zwar verloren, aber er erklärte sich mit meinem Vorschlag einverstanden. Er trennte sich von seiner Liste mit persönlichen Zielen: einen Waschbrettbauch antrainieren, im Kanu durch den Grand Canyon fahren, eine Safari in Afrika, Spanisch lernen, Karate lernen, neue Küchenschränke einbauen und mit den Kindern zelten gehen. Ich erklärte ihm, dass er die gesteckten Ziele ja nicht aufgeben, sondern nur die entsprechende Liste abschaffen musste, um sich die Möglichkeit einzuräumen, die Dinge zur rechten Zeit auf sich zukommen zu lassen.

In der Woche darauf rief er mich begeistert an. Völlig unerwartete und positive Dinge waren geschehen. Er fand jeden Morgen einen Parkplatz. Als er den Messestand seines Unternehmens betreute, kamen die Interessenten im Gegensatz zu früher, wo er sie regelrecht anwerben musste, aus freien Stücken zu ihm. Auch die Tatsache, dass es in dem Unternehmen seit der Übernahme einer anderen Firma drunter und drüber ging, konnte ihn nicht aus der Ruhe bringen. Und das Beste an der Woche ohne Ziele war für ihn die Tatsache, dass sich seine Leistungen beim Golf erheblich verbesserten. Schaffen auch Sie Ihre To-do-Liste ab und lassen Sie die Dinge auf sich zukommen.

Kapitel 65

Entspannen Sie sich

> *Scheuen Sie sich nicht davor, sich ab und zu einmal hinzusetzen und in Ruhe nachzudenken.*
>
> Lorraine Hansberry

Ich bin keine Expertin für Meditationstechniken. Ich weiß nicht einmal genau, wie man meditiert. Wenn Sie bereits regelmäßig meditieren, umso besser. Für Menschen wie mich, die keine Zeit zum Meditieren finden und der Meinung sind, dass das sowieso nicht funktioniert, hier meine Meditation für Gestresste:

Ich lege mich auf das Sofa und lege mir eine kleine Malachitpyramide auf mein drittes Auge – der Punkt in der Mitte der Stirn. Manchmal lege ich auch entspannende Musik auf. Ich schließe meine Augen und tue weiter gar nichts. Ich schlafe dabei eigentlich nie ein. Aber wenn Sie einschlafen sollten, ist das auch nicht weiter schlimm. In diesem Fall braucht Ihr Körper einfach den Schlaf. Dann stelle ich mir vor, dass sich meine Sinne für Botschaften aus dem Universum öffnen. Und schon kommen mir die verschiedensten Gedanken in den Sinn, in der Regel jedoch äußerst profane Dinge wie z. B. ein Kommentar einer Klientin oder die Frage, was ich zu Mittag essen soll. Trotzdem lege ich mir einen Block und einen Stift zurecht, um interessante Ideen zu notieren. Egal was passiert, ich bleibe so lange liegen, bis ich das Gefühl habe, dass ich aufstehen müsste.

Auch wenn keine göttliche Stimme zu mir gesprochen hat, habe ich nach meiner Meditation immer das Gefühl, etwas ganz Bestimmtes tun zu müssen. Ich bezeichne das als meinen Marschbefehl. Nehmen Sie sich die Zeit. Meditieren Sie, entspannen Sie sich oder machen Sie ein Nickerchen. Wer weiß, welche Botschaften Sie erhalten.

Meine Klientin Elaine, die als Produktionsleiterin in einem Mineralölkonzern arbeitet, hat ebenfalls eine ganz persönliche Entspannungstechnik. Immer wenn sie sich gestresst fühlt, spielt sie an ihrem Computer eine Runde Solitär. Für Außenstehende mag das zwar so aussehen, als würde sie sich vor der Arbeit drücken, doch während sie spielt, kann sie ihre Gedanken schweifen lassen und frische Energie tanken. Auf diese Weise gelingt es ihr, sich wieder auf das Wesentliche zu konzentrieren. Solitär hat sie schon vor so mancher Fehlentscheidung bewahrt. Darüber hinaus hat sie dabei die besten Ideen für die Lösung beruflicher Probleme. Zahlreiche Unternehmen haben mittlerweile Ruheräume für ihre Angestellten eingerichtet – genau aus diesen Gründen und weil sich auf diese Weise die Kosten für einen Unternehmensberater einsparen lassen.

Nehmen Sie sich die Zeit und lassen Sie Ihre Gedanken schweifen. Wie Sie das machen, bleibt Ihnen überlassen. Wichtig ist nur, dass Sie es tun.

Kapitel 66

Tun Sie es oder lassen Sie es bleiben

> *Egal ob Sie glauben, Sie könnten etwas tun, oder ob Sie glauben, Sie könnten etwas nicht tun: Sie haben Recht.*
>
> Henry Ford

Versuche kosten Zeit. Wie schon Yoda in *Star Wars* sagte: „Tu es oder lass es. Versuchen gibt es nicht." Er hat Recht. Wenn Sie ihm nicht glauben wollen, machen Sie bitte die folgende Übung. Legen Sie einen Stift auf den Tisch und versuchen Sie dann den Stift aufzuheben. Halten Sie den Stift jetzt in der Hand? Dann haben Sie die Aufgabe nicht gelöst. Sie sollten *versuchen* den Stift aufzuheben. Aber Sie *haben* den Stift aufgehoben. Sie haben es nicht *versucht*. Wenn wir etwas versuchen, führen wir es nicht aus. Also probieren Sie es noch einmal. Legen Sie die Hand über den Stift, grübeln und stöhnen Sie, aber lassen Sie den Stift liegen. Hervorragend. Das war ein Versuch. Also verzichten Sie künftig auf Versuche und ergreifen Sie die Initiative.

Was macht das Versuchen denn nur so unattraktiv? Wir alle kennen Menschen, die immer wieder etwas versuchen. Sie unternehmen wahnsinnige Anstrengungen, nur um etwas zu werden, was sie nicht sind. Also ergreifen Sie die Initiative. Entweder es klappt oder es klappt nicht. Wenn es klappt – wunderbar! Sie haben es geschafft. Es hat nicht geklappt? Was ist schief gelaufen? Was haben Sie daraus gelernt? Und bedenken Sie bitte: Ich habe gesagt, dass Sie es *tun* sollen – nicht, dass Sie es *versuchen* sollen. Sie haben etwas unternommen und entweder das gewünschte Ergebnis erreicht oder eben nicht. Wenn Sie nichts unternehmen, erzielen Sie gar keine Resultate. Das ist die Realität. Alles andere spielt sich nur in Ihrem Kopf ab. Versuche sind nichts weiter als vertane Zeit und führen dazu, dass Sie nicht mit dem Strom des Lebens schwimmen.

Das Leben war nie als Kampf gedacht. Richtig, es kann mit viel Arbeit und zahlreichen Verpflichtungen verbunden sein, aber für unsere Probleme sind wir grundsätzlich selbst verantwortlich. Die Arbeit können Sie vielleicht nicht umgehen, aber in jedem Fall die Probleme. Sie kennen ja selbst den Unterschied zwischen Arbeit, die Spaß macht, und Arbeit, die Ihnen schwer fällt. Und wenn etwas in Schwierigkeiten ausartet, was können Sie tun, um die ganze Angelegenheit angenehmer zu gestalten? Was lässt sich vereinfachen? Können Sie die Aufgabe automatisieren oder systematisieren, sodass sie Ihnen künftig leicht von der Hand geht? Können Sie die Angelegenheit delegieren? Machen Sie sich Ihr Leben nicht unnötig schwer!

Susan, eine Unternehmensinhaberin, hatte große Schwierigkeiten mit diesem Konzept. Immer wenn ich ihr ihm Rahmen des Coachings einen Rat gab, erwiderte sie: „Ich werde es versuchen." Damit gab ich mich allerdings nicht zufrieden. Ich forderte sie auf, den Rat entweder zu befolgen, abzulehnen oder einen Gegenvorschlag zu machen. Sie erkannte, dass die Aussage „Ich werde es versuchen." ihr lediglich die Motivation nahm und schon die Saat der Niederlage in sich trug, und zwar bevor sie überhaupt etwas unternahm. Also nahm sie den Ratschlag an und befolgte ihn. Und das war wesentlich einfacher, als es einfach nur zu versuchen. Es kostet Sie keine geistigen Anstrengungen, die Initiative zu ergreifen. Anstrengend wird es erst, wenn Sie *versuchen* etwas zu tun. Wenn ich etwas schreiben will, setze ich mich hin und schreibe. Manchmal ist der Text gut, manchmal ist er schlecht und muss gründlich überarbeitet werden. Aber schlimm wird es eigentlich erst, wenn ich mir Gedanken über das Schreiben mache, ohne wirklich zu schreiben. Sie haben das doch sicherlich auch schon einmal erlebt: Sie haben sich immer wieder Gedanken über eine bestimmte Sache gemacht und als Sie es dann endlich getan haben, war das Ganze nicht halb so schlimm, wie Sie es sich ausgemalt haben.

Kapitel 67

Öffnen Sie sich für Veränderungen

Das wahre Leben besteht in winzigen Veränderungen.

Leo Tolstoy

Große Veränderungen erreichen wir nur, wenn wir mit kleinen Veränderungen beginnen. Häufig haben wir so große Ziele vor Augen, dass wir uns der Aufgabe nicht gewachsen fühlen und aus diesem Grund nichts zu ihrer Verwirklichung unternehmen. Wir wünschen, hoffen und verharren – mehr nicht. Oder aber wir stecken in einem relativ angenehmen Trott fest. Führen Sie sich vor Augen, dass die Trägheit Sie genau dort stagnieren lässt, wo Sie gerade sind – und zwar so lange, bis Sie aktiv werden. Das, was Sie dann unternehmen, muss nicht einmal etwas mit dem zu tun haben, was Sie erreichen wollen.

Sie haben sicherlich schon einmal davon gehört, dass große Ziele in kleine Etappen unterteilt werden sollen. Das ist eine hervorragende Idee. Nur leider wissen wir manchmal nicht einmal, wo wir anfangen sollen. Der Tatsache, dass irgendeine Veränderung andere Veränderungen nach sich zieht, sind sich jedoch nur die wenigsten Menschen bewusst. Also ändern Sie irgendetwas. Tragen Sie anstelle der grünen Socken rote. Nehmen Sie einen anderen Weg zur Arbeit. Essen Sie in einem anderen Restaurant. Ändern Sie Ihre Frisur. Trinken Sie Tee statt Kaffee. Aber ändern Sie etwas. Es funktioniert. Denn auf diese Weise lösen sie sich aus dem Trott und öffnen sich für Neues. Und plötzlich treten immer größere Veränderungen ein – fast wie von selbst. Auf diese Weise können Sie sogar die erforderliche Motivation, Willenskraft und Entschlossenheit gewinnen, um endlich eines Ihrer großen Ziele oder Projekte in Angriff zu nehmen.

Dave, ein sechsundsechzigjähriger geschiedener Rentner, wusste nicht, was er mit seinem Leben anfangen sollte. Er war eigentlich ganz zufrieden. Er hatte ein schönes Haus, war finanziell abgesichert und musste nie wieder arbeiten. Ihm fehlte jedoch eine Aufgabe. Er wollte etwas ändern, wusste jedoch nicht was. Die Vorschläge seiner Freunde und Verwandten erschienen ihm auch nicht sonderlich verlockend. Er steckte im Alltagstrott fest. Ich schlug ihm vor, zunächst mit kleinen Veränderungen zu beginnen. Dave beschloss, künftig in einem anderen Restaurant zu essen. Dann nahm er alle Bilder von den Wänden und lagerte sie auf dem Dachboden. Er wollte einfach einmal mit leeren Wänden leben. Dann gab er seine Arbeitskleidung in die Altkleidersammlung. So kam eine Veränderung zur anderen und schließlich lud er seinen Sohn zu einer Safari nach Afrika ein: eine Reise, die er schon immer einmal antreten wollte, für die ihm bislang jedoch entweder das Geld oder die Zeit gefehlt hatten. Nach der Safari fuhr er mit dem

Fahrrad durch Frankreich – allein. Heute reist er durch die Welt, wann immer er Lust dazu hat, und erlebt mehr als je zuvor in seinem Leben.

Beth, eine attraktive Brünette, die als Verkaufsleiterin arbeitete, war mit ihrem Aussehen unzufrieden. Da sie bei einer Größe von 1,70 Meter 83 Kilo wog, wollte sie zwölf bis fünfzehn Kilo abnehmen. Ihr Terminplan ließ ihr jedoch keine Zeit für regelmäßiges Training und alle Diätversuche verliefen erfolglos. Also beschloss sie, zunächst mit kleinen Veränderungen zu beginnen und ihre Lebens- und Essgewohnheiten so lange zu verändern, bis sie schließlich ihr Wunschgewicht erreichte. Sie begann mit dem Frühstück und aß morgens nur noch Müsli und eine Banane und trank dazu grünen Tee. Dann verzichtete sie auf die U-Bahn und ging zu Fuß zur Arbeit. Mit der U-Bahn dauerte der Weg vierzig Minuten. Wenn sie jedoch noch zwanzig Minuten mehr einplante, konnte sie auch zu Fuß gehen und hatte so täglich eine Stunde Bewegung. Auf diese Weise verlor sie im ersten Monat bereits drei Kilo. Das motivierte sie natürlich. Also verzichtete sie auf das Fastfood in der Mittagspause und aß stattdessen Salat oder Gemüse. Und wieder nahm sie zwei Kilo ab. Dann begann sie an den Wochenenden zu joggen. Da sie selten kochte, hatte sie sich früher regelmäßig Pizza bestellt. Jetzt ging sie stattdessen chinesisch essen oder kaufte sich einen Salat. Nach und nach verschwanden die überflüssigen Pfunde. Nach sechs Monaten trennten sie nur noch wenige Kilos von ihrem Wunschgewicht. Sie beschloss abends auch zu Fuß vom Büro nach Hause zu gehen, also eine weitere Stunde Bewegung täglich. Darüber hinaus war der Fußweg auch sehr viel entspannender als die Fahrt in der überfüllten U-Bahn. Zwei Monate später hatte sie nicht nur ihr Wunschgewicht, sondern auch den ersehnten flachen Bauch. Und das nur, weil sie zunächst mit kleinen Veränderungen angefangen hatte.

Kapitel 68

Nehmen Sie drastische Veränderungen vor

Auch du wurdest wild geboren. Lass dich nicht von ihnen zähmen!

Isadora Duncan

Manche Klienten kommen ihren Zielen einfach keinen Schritt näher und scheinen regelrecht in einer Sackgasse zu stecken. Dann fragen sie mich, was sie tun sollen. In diesen Fällen ergründen wir zunächst einmal gemeinsam, warum sie keine Fortschritte machen. Hält sie irgendetwas davon ab, aktiv zu werden? Vielleicht fehlt den Betreffenden das erforderliche Wissen. Vielleicht verfügen sie nicht über die entsprechenden Fähigkeiten. Dann hilft es, die Aufgabe zu delegieren (Tipp 62). Eine meiner Klientinnen schob z. B. die Erstellung einer Website für ihr Unternehmen immer wieder vor sich her. Es stellte sich heraus, dass sie keine Lust hatte, all die Dinge zu lernen, die dafür erforderlich sind. Also übergab sie diese Aufgabe an eine entsprechende Agentur und das Problem war gelöst.

In manchen Fällen hält uns aber auch die Angst zurück. Also müssen wir dieser Angst auf den Grund gehen (Tipp 97) und sie bewältigen. Rob engagierte mich, weil er seinen Beruf aufgeben und sich selbstständig machen wollte. Da er den Absprung aus dem Berufsleben einfach nicht schaffte, dachte Rob zunächst, er sei einfach zu feige. Schließlich stellte sich jedoch heraus, dass seine Furcht durchaus begründet war. Er hatte nämlich über 8.000 Euro Schulden und keinerlei Rücklagen – definitiv zu wenig für eine Geschäftsgründung. Also erstellten wir einen konsequenten Plan zur Schuldenrückzahlung und einen strengen Sparplan (Tipp 24). Darüber hinaus arbeiteten wir verschiedene Möglichkeiten aus, mit deren Hilfe er zunächst nebenberuflich in seinem neuen Gewerbe arbeiten konnte – und zwar so lange, bis das Geschäft florierte und er nicht mehr auf seinen Beruf angewiesen war. Ich habe schon oft erlebt, dass Menschen ihren Job zu früh aufgaben und auf die Nase fielen, weil ihnen sowohl die erforderlichen finanziellen Mittel als auch die Kunden fehlten. Diese Erfahrung ist sehr viel schmerzhafter als eine gut geplante Veränderung.

Wenn jedoch alle Blockaden und Ängste beseitigt sind und der Betreffende seinem Ziel immer noch nicht näher kommt, liegt das häufig an einer falschen Zielsetzung. In diesem Fall rate ich meinen Klienten, das Ziel aufzugeben und sich ein neues zu setzen, dessen Verwirklichung sie ohne zusätzliche Motivation in Angriff nehmen können (Tipp 4). Es besteht jedoch auch die Möglichkeit, dass Sie sich ein Ziel gesetzt haben, über das sie etwas ganz anderes erreichen wollen – nämlich Ihr wirkliches Ziel. Vielleicht wollen Sie täglich trainieren, um endlich abzunehmen. Aber abnehmen wollen Sie eigentlich nur, weil Sie sich sehnlichst einen Partner wünschen. Und dann fragen Sie sich, warum Ihnen die Motivation für das Training fehlt. Das Abnehmen ist nicht Ihr eigentliches Ziel – Ihr wahres Ziel besteht darin, einen Partner kennen zu lernen. In diesem Fall sollten Sie *Nie mehr Single* von Sharyn Wolf lesen. Arbeiten Sie an Ihrem wirklichen Ziel, verschwenden Sie Ihre Zeit nicht mit anderen Dingen. Wenn das trotzdem nicht klappen sollte, können Sie immer noch auf Plan B zurückgreifen und ins Fitnessstudio gehen.

Und was ist, wenn das alles nicht hilft? Dann machen Sie zumindest irgendetwas anderes, auch wenn es das Gegenteil von dem ist, was Sie früher getan haben. Doch was immer Sie tun, kehren Sie nicht in Ihre alten Verhaltensmuster zurück, denn die haben Sie nicht weitergebracht. Sie können nicht an Ihrem Verhalten festhalten und dann hoffen, ein anderes Ergebnis zu erzielen. Das ist paradox. Wenn Sie andere Resultate erzielen wollen, müssen Sie auch etwas verändern.

Aber auch hier gibt es, wie immer, eine Ausnahme. Manchmal werden wir aktiv, tun genau das, was getan werden muss, und erreichen gar nichts – zumindest erscheint uns das so. Das bedeutet jedoch nicht, dass wir keine Fortschritte machen. Es sieht lediglich so aus. George Leonard bezeichnet dieses Phänomen in seinem Buch *Der längere Atem* als Plateau-Phänomen und erklärt, dass diese Phase häufig dazu dient, um die wahre Meisterschaft zu erreichen. Wenn Sie also die Meisterschaft auf einem bestimmten Gebiet erlangen wollen, werden auch Sie irgendwann dieses Plateau erreichen. Die meisten Menschen geben an diesem Punkt auf. Der wahre Meister jedoch hält durch und erreicht irgendwann die nächste Stufe. Leonard erklärt dieses Phänomen anhand seiner Erfahrungen im Judotraining. Er trainierte und trainierte, doch trotz aller Mühen schaffte er es nicht zum nächsten Grad. Und eines Tages war es dann so weit: Er hatte er es geschafft. An manchen Tagen werden Sie sogar Rückschritte machen. Doch das ist vollkommen normal.

Joshua war frustriert, weil sein Unternehmen keine Fortschritte machte. Er hatte alle erforderlichen Dinge in Angriff genommen, sich um die entsprechende Öffentlichkeitsarbeit bemüht und hatte hervorragende Beziehungen zu verschiedenen Journalisten, die wiederholt über sein Unternehmen berichteten. Alles schien zu stimmen. Also forderte ich Joshua auf, unbeirrt fortzufahren. Schon zwei Monate darauf erlebte sein Unternehmen einen ersten Aufschwung und heute floriert es wie nie zuvor. Joshua musste einfach nur am Ball bleiben.

Wie wäre es mit einer drastischen Veränderung? Wenn Sie absolut keine Fortschritte machen, sollten Sie vielleicht einmal das Gegenteil von dem tun, was Sie bislang getan haben. Eine meiner Klientinnen litt z. B. sehr unter ihrem Übergewicht. Sie hatte schon alle Diäten ausprobiert – ohne Erfolg. Ich erklärte ihr, dass in so einem extremen Fall nur ebenso drastische Maßnahmen helfen. Wenn Sie wirklich abnehmen wollte, musste sie ihren Lebensstil radikal ändern. Sie erkannte schließlich, dass das System mit den kleinen Änderungen in ihrem Fall nicht ausreichte. Sie suchte Hilfe bei einem Ernährungsberater und ließ sich einen auf sie persönlich zugeschnittenen Trainingsplan erstellen. Mittlerweile ist sie um dreißig Kilo leichter und hat sich für ihren ersten Marathonlauf angemeldet.

Ein anderer Klient arbeitete an einem Buch, war jedoch nicht in der Lage, seine Schreibblockade aufzulösen. Wir versuchten es mit dem anderen Extrem. Statt zu schreiben schaffte er in seinem Haus gründlich Ordnung und beauftragte einen Feng-Shui-Berater (Tipp 20) mit der Umgestaltung seines Büros und seiner Wohnung. Nachdem alle Möbel umgestellt waren, sprühte mein Klient vor Energie. Er ging alle Aktenordner durch und stellte dabei fest, dass er sogar Zeitungsartikel aus dem Jahr 1974 abgeheftet hatte. Nachdem er sich von all den überflüssigen Dingen befreit hatte, verfügte er endlich über Raum für neue Ideen und konnte die Arbeit an seinem Buch fortsetzen.

Und noch ein Beispiel: Marsha ist einer der nettesten Menschen, die ich kenne. Nett zu sein ist sicherlich eine feine Sache, aber bei Marsha war dieses Verhalten zwanghaft. Folglich konnte sie niemandem eine Bitte abschlagen oder auf Beleidigungen angemessen reagieren. Irgendwie war es immer Marsha, über die Witze gemacht wurden, und ihre Mitmenschen hänselten sie gnadenlos. Marsha machte zwar gute Miene zum bösen Spiel, litt jedoch sehr darunter. Alle, selbst ihre Freunde, schienen sie auszunutzen. Wenn sie Hilfe brauchten, war sie für ihre Freunde da, doch wenn sie einmal Hilfe brauchte, musste sie allein zurechtkommen. Nachdem ein guter Freund, mit dem sie sich öfter traf, ihre gemeinsamen Pläne für Helloween kurzfristig über den Haufen warf und lieber mit seinen Kumpels feierte, fühlte Marsha sich wie ein Fußabtreter – zu Recht.

Ich erklärte ihr, dass sie diesen Teufelskreis nur durch drastische Maßnahmen durchbrechen konnte. Sie war mittlerweile so verzweifelt, dass sie sich zu allem bereit erklärte. Ich forderte sie auf, eine Woche lang grundsätzlich nicht nett zu sein. Dieser Aufgabe fühlte sie sich jedoch nicht gewachsen. Also schlug ich ihr vor, zunächst mit kleinen Dingen zu beginnen. So sollte sie nicht sofort ans Telefon gehen, sondern den Anrufbeantworter einschalten, oder nicht zurückzurufen, wenn sie keine Lust dazu hatte. In der Woche darauf berichtete Marsha mir von all ihren „bösen" Taten. Sie hatte z. B. eine ehrenamtliche Tätigkeit aufgegeben und dazu nichts weiter gesagt als: „Ich glaube, ich kann das nicht länger machen." Sie weigerte sich, für einen guten Zweck zu spenden, und hatte sogar Spaß daran. Sie kaufte sich ein Paar hochhackige Schuhe – nicht nur nutzlos, sondern auch verrucht! Sie, die immer pünktlich war, kam zu allen Verabredungen zu spät.

Auf diese Weise wurde ihr klar, dass sie nicht immer nett sein musste und niemand sie hasste, wenn sie einmal Nein sagte. In der Woche darauf hatte sie die Aufgabe, deutlichere Grenzen zu setzen (Tipp 5). Und es geschah etwas Merkwürdiges: Ihre Mitmenschen machten sich nicht mehr lustig über sie und nutzten sie nicht länger aus. Im Gegenteil, endlich brachte man ihr Respekt entgegen. Versuchen Sie es. Seien Sie vierundzwanzig Stunden lang böse und schauen Sie, was passiert. Dann probieren Sie es einmal eine Woche lang. Keine Sorge, es wird Sie nicht den Kopf kosten. Nett sein können Sie immer noch. Aber rütteln Sie Ihre Mitmenschen einmal wach!

Natürlich müssen Sie auch die Konsequenzen für Ihr Handeln tragen. Ich spreche hier allerdings nicht davon, dass Sie Gesetze brechen oder sich und andere in Gefahr bringen sollen. Die meisten Frauen wurden jedoch zum Nettsein erzogen. Das ist ja auch nicht weiter schlimm, aber irgendwann sind wir nicht mehr nett, weil wir es *wollen*, sondern weil wir es *müssen*. Wir sind uns gar nicht mehr bewusst, dass wir die Wahl haben. Und das schränkt wiederum unsere Kreativität und unsere persönliche Entwicklung ein. Brechen Sie aus Ihren üblichen Verhaltensmustern aus und lassen Sie sich überraschen. Welche drastische Veränderung wollen Sie vornehmen?

Kapitel 69

Beachten Sie die Botschaften des Universums

Das Leben und ein Boxkampf haben Folgendes gemeinsam:
Auf einen Schlag in den Magen folgt in der Regel ein rechter Haken.

Amanda Cross

Das Leben ist ein hervorragender Lehrmeister – meistens sogar ein sehr umsichtiger. Wir erhalten immer wieder zahlreiche subtile Botschaften, die uns wachrütteln sollen. Doch leider nehmen wir sie viel zu selten wahr oder wir sind so beschäftigt, dass wir sie vergessen. Selbst wenn wir die Botschaft empfangen – z. B: „Hmm ... das Auto macht merkwürdige Geräusche. Ich sollte es in die Werkstatt bringen." –, ignorieren wir sie oder verschieben es auf später, uns darum zu kümmern. Wenn wir diesen Botschaften keine Beachtung schenken, werden sie ein bisschen lauter und wir bekommen ein ernsthaftes Problem. Ignorieren wir auch das, wird die Botschaft noch lauter und wir schlittern in eine Krise. Ignorieren wir selbst die Krise, endet das in der Regel in einer Katastrophe.

So ist es auch meiner Schwester ergangen, die fleißig für den New-York-Marathon trainierte. Als sie mit akuten Nierenproblemen ins Krankenhaus eingeliefert wurde, führte sie das darauf zurück, dass sie während des Trainings zu wenig Flüssigkeit zu sich genommen hatte. Nach ihrer Entlassung setzte sie ihr Lauftraining fort und nahm erfolgreich an ihrem ersten Marathon teil. Sie trainierte weiter, meldete sich für verschiedene weitere Wettkämpfe an und investierte Unmengen von Zeit und Energie in das Training. Kurz darauf ging sie mit ihrem Freund Skilaufen und zog sich dabei eine so schwere Knieverletzung zu, dass die Ärzte ihr zu einer Operation rieten. Sie humpelte erst einmal zwei Monate herum und hoffte, dass sich die Sache auch ohne Operation einrenken würde. Schließlich ließ sie sich doch noch operieren, was immerhin 6.000 Euro kostete. Die Ärzte entfernten ihr den Meniskus und rieten ihr, künftig auf das Laufen zu verzichten.

Ungefähr sechs Monate nach der Operation fragte ich sie, ob sie den Grund für den Unfall kannte (denn Unfälle haben immer einen tieferen Grund.) Nach einigem Überlegen kam meine Schwester zu dem Schluss, dass sie sich zu sehr auf das körperliche Training konzentriert hatte und ihr eigentlicher Lebensweg wohl eher geistiger Natur sei. Sie treibt zwar weiterhin Sport, das Training bildet jedoch nicht mehr den Mittelpunkt ihres Lebens. Der Unfall hat sie davor bewahrt, den falschen Weg einzuschlagen. Schon komisch, wie das Universum uns immer wieder auf den richtigen Weg bringt. Hätte sie diese Botschaft früher beachtet, wäre ihr schon bei ihrem ersten Krankenhausaufenthalt klar geworden, dass sie ihren Körper zu stark belastete. Die Nierenprobleme waren nur eine vorübergehende Sache, der Knieschaden bleibt ihr jedoch ein Leben lang erhalten. Welche Botschaften des Universums haben Sie schon ignoriert?

Achten Sie auf diese subtilen Botschaften und reagieren Sie – sofort und konsequent. Wenn Sie eine Überweisung vergessen, lassen Sie das Geld künftig automatisch abbuchen und achten Sie darauf, dass sich das entsprechende Guthaben auf Ihrem Konto befindet. Wenn Sie einen Kunden verlieren, laden Sie ihn zum Essen ein und finden Sie heraus, warum er abgesprungen ist. Sorgen Sie dann dafür, dass so etwas nicht noch einmal vorkommen kann. Wenn Sie einen Schnupfen haben, sorgen Sie für ausreichend Schlaf und gesunde Ernährung. Keinesfalls dürfen Sie den Schnupfen ignorieren und hoffen, dass er auch ohne Erholung verschwindet.

Luke, Inhaber einer Versicherungsgesellschaft, wollte unbedingt einmal ausspannen, war jedoch der Meinung, dass er sich das nicht leisten könnte, da er sich für den Monat August einiges vorgenommen hatte. Ich persönlich mache immer im August Urlaub, denn dann sind unsere Energiereserven grundsätzlich erschöpft. Auch wenn wir uns noch so viel vornehmen, schaffen wir in diesem Monat so gut wie gar nichts. Es ist einfach zu heiß, die Luftfeuchtigkeit ist zu hoch und das Ende des Sommers scheint die Menschen in Lethargie zu versetzen. Ich gab Luke zwar den Rat, die Botschaft nicht zu ignorieren und Urlaub zu machen, aber er redete sich ein, dass es ihm geschäftliche Vorteile einbringen würde, wenn er hart arbeitete, während alle anderen am Strand lagen. Er wollte einen zusätzlichen Mitarbeiter einstellen, neue Kunden anwerben und sich um ein größeres Büro kümmern.

Im September war Luke dann noch erschöpfter als zuvor. Er hatte weder ein neues Büro gefunden noch neue Kunden angeworben. Und den neuen Mitarbeiter hatte ihm das Arbeitsamt vermittelt. Statt sich den wohlverdienten Urlaub zu gönnen hatte er sich völlig verausgabt. Doch nicht nur das, er wurde auch noch krank und musste zwei Wochen zu Hause bleiben. (Sein Körper brauchte einfach Ruhe, ob Luke das nun wahrhaben wollte oder nicht.) Luke berichtete mir, dass er, ohne etwas dafür zu tun, einige interessante Anfragen erhielt, zwei neue Kunden an ihn herantraten und er seine finanziellen Vorgaben für den Sommer erreichte. Er erkannte, dass er schließlich doch noch zwei von seinen drei Zielen erreicht hatte, wenn auch nicht so, wie er sich das vorgestellt hatte. Natürlich wäre er zu demselben Ergebnis gekommen, wenn er sofort auf die subtilen Botschaften gehört hätte. Obendrein hätte er sich zwei Wochen Krankheit erspart.

Also seien Sie lieber ein bisschen übervorsichtig. Wenn auch nur eine kleine Wolke am Horizont auftaucht, betrachten Sie sie als erste Sturmwarnung. Und was noch viel wichtiger ist: Reagieren Sie so, als sei das bereits das größere Problem. Sie sollen keineswegs in Panik verfallen oder eine große Sache daraus machen. Reagieren Sie einfach so, dass Sie sich über dieses Thema keine Gedanken mehr machen müssen. Leisten Sie ganze Arbeit (Tipp 38). Denken Sie an Murphys Gesetz: Wenn Sie sich auf den schlimmsten Fall einstellen, tritt er garantiert nicht ein. Und sollte er doch eintreten, sind Sie immerhin darauf vorbereitet. Wenn Ihnen die Probleme über den Kopf wachsen, hält das den Erfolg von Ihnen fern. Also reagieren Sie, solange Sie Schlimmeres vermeiden können.

Kapitel 70

Nutzen Sie das Telefon zu Ihrem Vorteil

Das Leben ist zu kurz für lange Geschichten.

Lady Mary Wortley Montagu

Es gibt zahlreiche Möglichkeiten, um das Telefon zu Ihrem Vorteil zu nutzen. Zunächst einmal müssen Sie sich ein Zeitlimit für jedes Gespräch setzen. Zehn Minuten sollten ausreichen. Überlange Telefonate werden nicht nur schnell langweilig, sie machen auch müde. Versuchen Sie immer derjenige zu sein, der das Gespräch beendet, und zwar freundlich. Sie können z. B. sagen: „Es hat mich wirklich gefreut, mit Ihnen zu sprechen." Indem Sie Ihre Telefonate möglichst kurz halten und sich dabei auf das Wesentliche beschränken, werden Ihre Mitmenschen erkennen, dass Ihre Zeit kostbar ist. Dasselbe gilt allerdings auch für persönliche Gespräche. Wenn Sie das Telefonat beenden, wird Ihr Gesprächspartner mehr von Ihnen hören wollen und sich auf den nächsten Anruf freuen.

Die Aufmerksamkeit der meisten Menschen ist begrenzt, d. h. sie können Ihnen nur für eine gewisse, in der Regel relativ kurze Zeit folgen. Sobald sie erkennen, dass Sie gerne und lange reden, hören diese Menschen Ihnen ohnehin nicht mehr aufmerksam zu. Es besteht sogar die Möglichkeit, dass sie sich mit etwas völlig anderem beschäftigen, während sie mit Ihnen telefonieren. Wenn Sie sich jedoch auf kurze und knappe Telefonate beschränken, ist Ihnen die Aufmerksamkeit dieser Menschen sicher. Darüber hinaus gewinnen Sie auf diese Weise zusätzliche Zeit für sich. Für Ihre Eltern, Ihren Partner oder gute Freunde können Sie natürlich eine Ausnahme machen. Aber denken Sie immer daran, dass diese Gespräche viel Zeit kosten können. Sagen Sie Ihren Freunden ruhig, wann sie Sie anrufen sollen. Wählen Sie einen Zeitpunkt, an dem Sie auch wirklich Zeit haben, sodass Sie das Gespräch nicht als störend empfinden.

Nutzen Sie die moderne Technologie und lassen Sie Ihr Leben nicht länger vom Telefon bestimmen. Deborah, eine erfolgreiche Immobilienmaklerin, arbeitet z. B. in einem Unternehmen, in dem die Türen grundsätzlich für alle Mitarbeiter offen stehen. Sie hat zwar ein eigenes Büro, doch die Kollegen können eigentlich immer zu ihr kommen. Sie hielt es auch für sinnvoll, Telefonate grundsätzlich anzunehmen und sich sofort mit der Angelegenheit auseinander zu setzen. Ihr Arbeitstag begann morgens um 8.30 Uhr und endete zwischen 19.00 und 19.30 Uhr. Nach Feierabend war Deborah grundsätzlich vollkommen erschöpft. Auf meine Frage, zu welcher Tageszeit sie am besten mit der Arbeit vorankäme, erklärte sie mir, dass sie sich abends am besten konzentrieren könnte, da dann das Telefon nicht mehr klingelte. Tagsüber hielt sie das Telefon von der

Arbeit ab (sie hatte zwar eine Sekretärin, nahm die Gespräche aber lieber selbst an.) Mittlerweile hält Deborah sich jeden Tag zwei Stunden für wichtige Arbeiten frei. Zwischen 10.00 und 12.00 Uhr stellt sie das Telefon ab und überlässt die Anrufe dem Anrufbeantworter. Sie schließt ihre Bürotür und weist ihre Sekretärin an, allen, die sie sprechen wollen, zu erklären, dass sie erst ab 12.00 Uhr wieder zu sprechen sei. Mittlerweile nutzt Deborah ihr eigenes Büro, ihre Sekretärin und ihr Telefon zu ihrem persönlichen Vorteil.

Scheuen Sie sich nicht davor, Ihren Anrufbeantworter einzuschalten. Heute macht Deborah um 17.30 Uhr Feierabend und hat grundsätzlich das Gefühl, ganze Arbeit geleistet zu haben. Ihre neu gewonnene Freizeit nutzt sie für ein persönliches Trainingsprogramm in einem Fitnessstudio und sie hat auch endlich wieder Zeit für ihre Freunde. Und da sie durch diese Veränderungen sehr viel produktiver arbeitet, erhält sie jetzt eine sehr viel höhere Provision als je zuvor. Sie ist ausgeglichener und hat sogar einen netten Mann kennen gelernt. Nutzen Sie das Telefon, um Ihre Produktivität zu steigern, nicht um sie zu begrenzen.

Teil VIII

Kommunikation – überzeugend, charmant und mit Niveau

Mach das Beste aus dir, etwas Besseres kannst du nicht tun.
Ralph Waldo Emerson

Nachdem Sie die ersten sieben Teile dieses Buches gelesen und ihre Tipps befolgt haben, ziehen Sie wahrscheinlich mittlerweile all die Dinge an, die Sie sich vom Leben wünschen. Sie haben eine solide Basis für Ihren Erfolg geschaffen und Ihre natürliche Energie gesteigert, indem Sie die Energielöcher gestopft und durch positive Energiequellen ersetzt haben. Sie haben mehr als genug Zeit und Platz für die Dinge geschaffen, die Sie sich wünschen, sodass Geld und Liebe ganz natürlich in Ihr Leben fließen. Mit dieser Grundlage hatten Sie sicherlich keine Probleme, sich darüber klar zu werden, was Sie wirklich vom Leben wollen, und zwar unabhängig von den Idealen der Medien. Sie kümmern sich gut um sich selbst und wollen ein angenehmes Leben führen. Jetzt ist es ganz natürlich, dass Sie ohne weitere Anstrengungen all die Dinge anziehen, die Sie sich schon immer gewünscht haben.

Teil VIII handelt nicht davon, bestimmte Dinge zu tun, sondern von einer bestimmten Form des Seins, einer Form der Kommunikation – und zwar überzeugend, charmant und mit Niveau. Es geht nicht nur darum, klare Grenzen zu ziehen, für finanzielle Rücklagen zu sorgen, ein tolles Haus oder einen schönen Körper zu haben, sondern darum, erfolgreich zu sein. Wir alle kennen Menschen, die zwar so wirken, als hätten sie Erfolg, die aber eben nicht wirklich erfolgreich sind. Diese Menschen verfügen lediglich über die entsprechenden Accessoires – das Haus, das Auto, die tolle Garderobe. Wenn man Geld hat, ist es zwar wesentlich leichter, erfolgreich zu sein, der Erfolg ist jedoch nicht garantiert. Und ohne die entsprechende Basis ist es schwer, den Erfolg aufrechtzuerhalten.

In Teil I bis VII haben Sie gelernt, jederzeit das Beste aus sich zu machen und Ihr Bestes zu geben. Jetzt da Sie Ihr Leben und Ihr Umfeld zu Ihrem Vorteil strukturiert haben, ist es für Sie fast unmöglich, *nicht* Ihr Bestes zu geben. Nun ist es an der Zeit, dass Sie lernen, erfolgreich zu sein – Ihren Erfolg noch zu vergrößern –, und zwar indem Sie Ihre Fähigkeit zur Kommunikation verbessern.

Kapitel 71

Kein Klatsch und Tratsch mehr

Es ist so gut wie unmöglich, jemanden mit Dreck zu bewerfen, ohne dabei selbst etwas abzubekommen.

Abigail van Buren

Niemand vertraut einer Klatschbase. Und wer etwas wirklich Wichtiges zu sagen hat, wird das sicherlich nicht jemandem anvertrauen, der nichts für sich behalten kann. Also sprechen Sie über andere nicht hinter deren Rücken.

Einer meiner persönlichen Ansprüche an mich selbst (Tipp 8) lautet: Kein Klatsch und Tratsch. Und gerade für meinen Beruf ist das eine wichtige Voraussetzung. Im Gegenzug erwarte ich von meinen Mitmenschen, dass sie hinter meinem Rücken nicht über mich reden. Ein Bekannter von mir lässt sich in Abwesenheit anderer z. B. gerne über deren Art zu leben aus. Im Klartext: Er ist eine Klatschbase. Sobald ein Gespräch eine solche Wendung nimmt, sollten Sie ihm eine andere Richtung geben. Sagen Sie einfach: „Ich würde lieber über dich sprechen." Das wirkt so gut wie immer. Sollte das den Betreffenden nicht vom Tratschen abhalten, müssen Sie schon etwas direkter werden: „Merkst du eigentlich, dass du gerade über jemanden sprichst, der gar nicht dabei ist? Mir gefällt das nicht." Oder einfach: „Ich spreche nicht gerne über andere hinter deren Rücken."

Sie würden sich wundern, wenn Sie wüssten, was eine kleine Klatschgeschichte alles anrichten kann. Eine Freundin erzählte mir z. B., dass sie sich beruflich verändern und künftig eine wöchentliche Kolumne verfassen wollte. Ich freute mich sehr für sie und verkündete allen Freunden und Bekannten die frohe Botschaft. Doch kurz darauf rief meine Freundin mich an und fragte, was mir einfiele, das Gerücht zu verbreiten, sie wolle ihren alten Beruf aufgeben und sich nur noch aufs Schreiben konzentrieren. Sie wollte lediglich nebenbei schreiben. Meine Redseligkeit hätte sich durchaus negativ auf ihre berufliche Karriere auswirken können. Ich entschuldigte mich bei ihr und rief alle Freunde und Bekannten an, um das Missverständnis aus der Welt zu schaffen. Die Angelegenheit war mir ziemlich peinlich. Das wäre allerdings nicht passiert, wenn ich nicht hinter dem Rücken meiner Freundin über sie geredet hätte. Denn dann hätte sie die Sache sofort richtig stellen können.

Wenn Sie künftig auf jede Form von Tratsch verzichten, werden Ihre Freunde Ihnen auch ihr Vertrauen schenken. Wenn Sie allerdings schon den Ruf einer Klatschbase genießen, wird es Sie einige Anstrengungen kosten, dieses Verhaltensmuster zu durchbrechen und Ihre Umwelt vom Gegenteil zu überzeugen.

Kapitel 72

Tragen Sie Ihr Herz nicht auf der Zunge

Reden ist Silber. Schweigen ist Gold.

Deutsches Sprichwort

Wenn Sie zu den diskreten Menschen zählen, gilt dieser Ratschlag natürlich nicht für Sie. Falls Sie jedoch grundsätzlich Kollegen und neuen Bekannten Ihr Herz ausschütten, sollten Sie künftig lieber den Mund halten. Denn niemand will wirklich die Einzelheiten Ihrer letzten Beziehung oder Ihrer schweren Kindheit hören. Erzählen Sie das lieber Ihrer Mutter, Ihrem Therapeuten, Ihrem Coach oder Ihren langjährigen Freunden. Ihre Mutter wird Sie trotzdem lieben und Ihr Therapeut wird fürs Zuhören bezahlt. Sie können auch einer entsprechenden Selbsthilfegruppe beitreten und sich dort mit Menschen austauschen, die ähnliche Probleme haben.

Matt arbeitete in der Modebranche und müsste erkennen, dass seine Kollegen ihm keine Privatsphäre ließen. Man hatte keine Geheimnisse voreinander. Tratsch gehörte zur Tagesordnung und die größte Aufmerksamkeit genoss grundsätzlich derjenige, über den die neueste Klatschgeschichte im Umlauf war. Für Matts Kollegen war es selbstverständlich, ihn über sein Privatleben auszufragen – sie machten auch vor pikanten Details nicht halt. Matt fühlte sich dabei immer ein bisschen unbehaglich, wollte jedoch nicht ins Abseits geraten und stand seinen Kollegen Rede und Antwort. Schließlich wollte er akzeptiert werden.

Ich erklärte ihm, dass er hier eine Grenze setzen müsste: Ich möchte nicht, dass andere meine Privatsphäre verletzen. Ich forderte ihn auf, diese Grenze mithilfe des 4-Schritte-Kommunikationsmodells (Tipp 6) zu ziehen. Als ihn das nächste Mal jemand über sein Privatleben ausfragte, antwortete er kurz und knapp und behielt die Details für sich. Wenn der Betreffende sich damit nicht zufrieden gab, erklärte Matt: „Die Frage ist mir zu persönlich." Es funktionierte tatsächlich. Doch nicht nur das, die Sache hatte auch eine positive Begleiterscheinung: Er gewann nicht nur das Vertrauen, sondern auch den Respekt seiner Kollegen. Drei Monate später wurde er sogar befördert. Denken Sie daran: Wenn Sie persönliche Details ausplaudern, wirkt das nicht gerade professionell.

Beißen Sie sich lieber auf die Zunge, insbesondere dann, wenn Sie den anderen noch nicht besonders gut kennen. Warum sollten Sie schon zu Beginn einer Beziehung alles von sich preisgeben? Wenn die Beziehung sich gefestigt hat, können Sie den anderen immer noch in Ihre Vergangenheit oder Ihre persönlichen Probleme einweihen. Aber belasten Sie eine junge Beziehung nicht damit. Geben Sie sich lieber ein wenig geheimnisvoll und konzentrieren Sie sich auf das, was der andere Ihnen zu sagen hat.

Lois, eine Schauspielerin, sprach liebend gerne über sich selbst und nahm dabei keine Rücksicht darauf, ob es die anderen interessierte oder nicht. Sie durchforstete grundsätzlich die Zeitung nach interessanten Themen, nur damit ihr nicht der Gesprächsstoff ausging. Ich forderte sie auf, eine Woche lang zuerst den anderen zuzuhören (Tipp 73). Sie sollte nicht eher das Wort ergreifen, bis der andere ausgesprochen hatte. Lois war von dem Ergebnis begeistert. Seitdem sie sich nicht mehr für das Gespräch verantwortlich fühlte, war sie viel entspannter und konnte sich besser auf ihre Gesprächspartner konzentrieren. Sie lernte völlig neue Seiten an langjährigen Freunden und Kollegen kennen. Lois hatte ihnen nie die Chance gegeben, sich ihr gegenüber zu öffnen. Erst jetzt fühlte sie sich ihnen wirklich verbunden. Die meisten Menschen reden lieber selbst. Wenn Sie Freunde gewinnen und Einfluss ausüben wollen, behalten Sie Ihre Privatangelegenheiten lieber für sich und hören Sie den anderen zu.

Kapitel 73

Hören Sie aufmersam zu

Es ist nicht die Stimme, die den Verlauf einer Geschichte bestimmt: Es ist das Ohr.

Italo Calvino

Jetzt da Sie nicht mehr so viel reden müssen, können Sie Ihren Mitmenschen auch besser zuhören. Die meisten Menschen halten sich für gute Zuhörer, aber nur die wenigsten sind es wirklich. Wie viele Ihrer Freunde und Verwandten hören Ihnen wirklich zu? Zuhören ist eine Kunst und erfordert einiges an Übung. Niemand hat es uns jemals beigebracht. Wir haben nur das Sprechen gelernt. Doch das Zuhören ist es, das uns für andere attraktiv macht.

Wenn Sie anderen aufmerksam zuhören und das Gehörte für sich behalten, werden Sie erstaunliche Ergebnisse erzielen. Derjenige, der redet, hat nach dem Gespräch das Gefühl, den Zuhörer gut zu kennen und ihm zu vertrauen. Eigentlich müsste es ja umgekehrt sein, aber das ist eben nicht der Fall. Ein bekannter Reporter bestätigt diese These mit den Worten: „Vertrauen lässt sich nur durch Zuhören und noch etwas mehr Zuhören und durch noch mehr Zuhören gewinnen. Dabei spielt es keine Rolle, worüber Sie mit dem anderen sprechen. Lassen Sie den anderen einfach reden und über kurz oder lang wird Ihr Gesprächspartner Ihnen auch die interessanten Geschichten erzählen."

Als Faustregel gilt: Sprechen Sie 20 Prozent der Zeit und hören Sie 80 Prozent lang zu. Probieren Sie es aus. Sie werden überrascht sein, was Ihre Mitmenschen Ihnen anvertrauen, wenn Sie ihnen aufmerksam zuhören. Die Menschen werden Sie lieben, und das nur, weil Sie ihnen zuhören. Hier ein Tipp: Wenn Sie jemandem zuhören und dabei Ihren eigenen Gedanken nachhängen, sich vielleicht sogar ein Urteil über das Gehörte bilden, hören Sie nicht wirklich zu, sondern führen ein inneres Selbstgespräch. Wenn Sie das nächste Mal jemandem zuhören, achten Sie einmal darauf, wie viel Zeit Sie dabei mit inneren Monologen verbringen. Versuchen Sie sich ausschließlich auf Ihren Gesprächspartner zu konzentrieren. Und bevor Sie über eine Antwort nachdenken, hören Sie sich erst einmal an, was der andere zu sagen hat.

Richtiges Zuhören ist wirklich nicht einfach und erfordert einiges an Übung. Versuchen Sie in dieser Woche einmal, ihren Freunden, Kollegen, Verwandten und Ihrem Chef drei Minuten lang zuzuhören, bevor Sie das Wort ergreifen. Sie können den anderen auch bitten fortzufahren: „Oh, sehr interessant. Erzählen Sie mir mehr." Und achten Sie darauf, dass Sie wirklich zuhören und nicht bereits über eine mögliche Lösung des Problems oder eine Antwort nachdenken.

Philipp hielt sich für einen guten Zuhörer. Immer wieder traten andere an ihn heran und baten ihn um seine Meinung oder schütteten ihm ihr Herz aus. Erst als ich ihn aufforderte, wirklich aufmerksam zuzuhören, wurde ihm klar, wie oft er sich dabei mit seinen eigenen Gedanken beschäftigte. Er beschloss, den anderen seine ungeteilte Aufmerksamkeit zu schenken und dabei auf alle Urteile und jede Kritik zu verzichten. Dann geschah etwas Merkwürdiges: Die Menschen erzählten ihm Dinge, die sie früher nie angesprochen hatten. Außerdem erkannte Philipp, dass seine Gesprächspartner meistens selbst eine Lösung für ihre Probleme fanden. Er musste ihnen nur lange genug zuhören. Und waren sie ihm dankbar. Je aufmerksamer Sie anderen zuhören, desto eher werden Ihre Mitmenschen Ihre Gesellschaft suchen und desto mehr Möglichkeiten werden sich Ihnen bieten.

Kapitel 74

Machen Sie Beschwerden zu Vorschlägen

„Verlass dich drauf", sagte er, *„wenn dir jemand von seinem Missgeschick berichtet, dann tut er das so, dass du ihm nicht widersprechen kannst ..."*
Zitat aus James Boswells Biographie *Dr. Samuel Johnson: Leben und Meinungen*

Menschen, die sich beklagen, sind unattraktiv. Niemand fühlt sich zu ihnen hingezogen – auch Sie nicht. Wenn Sie also den Erfolg anziehen wollen, dann hören Sie auf, sich zu beklagen. Hören Sie gerne zu, wenn Ihnen jemand sein Leid klagt? Wahrscheinlich nicht. Warum sollten Ihre Probleme interessanter sein? Wenn Ihnen wieder einmal jemand von seinen Problemen berichtet, schauen Sie dem Betreffenden ins Gesicht. Finden Sie ihn attraktiv? Und genau das ist der Punkt. Wenn man sich gegenseitig sein Leid klagt, kann das zwar auf die eine oder andere Weise sogar befriedigend sein, produktiv ist es jedoch nur in Ausnahmefällen. In der Regel geht man dem eigentlichen Problem damit lediglich aus dem Weg.

Die Lösung ist einfach. Machen Sie aus der Klage einen Vorschlag. Nehmen wir einmal die beliebte Beschwerde über den Beruf: „Oh, ich hasse meinen Job!" Was genau stört Sie? „Eigentlich mag ich meinen Job, aber mein Chef verlangt einfach zu viel von mir und kontrolliert mich ständig." Was würden Sie Ihrem Chef gerne vorschlagen? „Er soll mich gefälligst in Ruhe meine Arbeit machen lassen!" Gut, und wie können Sie daraus einen konstruktiven Vorschlag machen? Wie wäre es damit: „Ich kann wirklich besser arbeiten, wenn ich mich nicht kontrolliert fühle. Ich würde es vorziehen, Sie einmal wöchentlich über den Stand meiner Arbeit zu informieren. Wären Sie damit einverstanden?"

Der Betreffende hat drei Möglichkeiten, um auf Ihren Vorschlag zu reagieren. Er kann ihn akzeptieren – „Ja, das ist eine hervorragende Idee." Er kann den Vorschlag ablehnen – „Nein." Oder er kann einen Gegenvorschlag machen – „Einverstanden, aber ich möchte Sie bitten, mich im ersten Monat zweimal wöchentlich anzurufen." Auf einen Gegenvorschlag können Sie wiederum mit einem neuen Vorschlag reagieren und so die Basis für eine Verhandlung schaffen. Wenn Sie sich das nächste Mal über etwas beschweren wollen, versuchen Sie einen Vorschlag daraus zu machen. Bitten Sie ruhig Freunde und Verwandte, Sie bei diesem Vorhaben zu unterstützen und Sie, wenn Sie sich wieder einmal beklagen, zu fragen, was Sie vorschlagen möchten.

Edward war Abteilungsleiter in einem großen Fertigungsbetrieb. Als er mich engagierte, war er frustriert und ausgebrannt. In seiner Position fühlte er sich für alle Probleme in seiner Abteilung verantwortlich. Den ganzen Tag hörte er sich die Klagen und Beschwerden seiner Mitarbeiter an. Nach Feierabend war er völlig erschöpft. Auch hier bestand das Problem eigentlich in Edwards fehlenden Grenzen. Bei dem nächsten Meeting erklärte er seinen Mitarbeitern, dass mit Beschwerden künftig anders verfahren werden sollte. Er wäre zwar immer für seine Leute da, doch Beschwerden seien ab sofort in Form eines konstruktiven Vorschlags vorzubringen. Also statt: „Es ist zu heiß hier.", sollte es heißen: „Könnten wir die Klimaanlage einschalten?" Es dauerte zwar einige Zeit, bis alle Mitarbeiter die Weisung befolgten, aber schließlich erreichte Edward sein Ziel und die Arbeit machte ihm wieder wesentlich mehr Spaß. Er ist abends nicht mehr so erschöpft und seine Mitarbeiter sind viel motivierter. Probleme werden zwar immer wieder in Ihrem Leben auftreten, aber ein Leben ohne Klagen und Beschwerden ist durchaus möglich.

Sie werden vielleicht bemerken, dass einige Ihrer Freunde und Bekannten chronische Nörgler sind. (Sie natürlich nicht!) Und dann wird Ihnen auch bewusst, wie viel Energie Sie die Gesellschaft dieser Menschen kostet. Sie müssen die Beziehung ja nicht abbrechen, Sie müssen lediglich das Verhalten der Betreffenden ein wenig manipulieren. Denken Sie daran: Sie haben Ihren Mitmenschen erlaubt, sich bei Ihnen zu beklagen, also geben Sie ihnen auch die Zeit, um sich an Ihre neuen Grenzen zu gewöhnen. Bleiben Sie konsequent und freundlich. Spätestens beim dritten Hinweis wird der Betreffende sich nicht mehr bei Ihnen beschweren. Als ich z. B. nach fünf Jahren einen alten Freund wiedertraf, musste ich feststellen, dass er sich noch immer über dieselben Dinge beklagte wie früher. Er war immer noch verschuldet, er hatte immer noch die gleichen Schmerzen und war unzufrieden mit seinem Job. Andererseits wurde mir auch klar, dass ich früher nicht anders war. Unsere Freundschaft basierte größtenteils darauf, dass wir uns gegenseitig unser Leid klagten. Ich hatte mich jedoch verändert und war nicht bereit, mir seine Litanei länger anzuhören. Also erklärte ich ihm: „Mitch, ist dir eigentlich klar, dass du dich die ganze Zeit nur bei mir beschwerst? Ich würde lieber die positiven Dinge hören, die in den letzten fünf Jahren passiert sind." Es funktionierte tatsächlich und wir hatten uns eine Menge zu erzählen.

Kapitel 75

Halten Sie Ihre Zunge im Zaum

Höflichkeit kostet nichts, aber mit Höflichkeit lässt sich alles erreichen.

Lady Mary Wortley Montagu

Wir alle sind der Meinung, unsere Mitmenschen wollten unbedingt unsere Meinung hören. Doch dem ist nicht so. Selbst unsere gut gemeinten und wertvollen Ratschläge sind längst nicht immer erwünscht. Also fragen Sie den anderen erst, ob er Ihre Meinung hören möchte. Nehmen wir einmal folgendes Beispiel: Sie essen mit einem Freund zu Abend und er erzählt Ihnen von seinem Problem mit seinem Chef. Sie haben ihm aufmerksam zugehört (Tipp 73) und sich ein Bild von dem Problem gemacht. Am besten lassen Sie ihn erst einmal ausreden und warten ab, bis er Sie um Rat fragt. Sie können ihn auch fragen, ob er Wert auf Ihre Meinung legt: „Hmm, ich hätte da eine Idee. Möchtest du sie hören?" oder „Möchtest du wissen, was ich in dieser Situation unternehmen würde?" oder „Darf ich dir einen Rat geben?" Fragen Sie immer nach, ob Ihr Rat erwünscht ist – das ist ein Gebot der Höflichkeit. Vielleicht ist der andere ja auch schon damit zufrieden, dass er Ihnen sein Herz ausschütten konnte.

Jeanne, eine fünfundvierzigjährige Managerin, war die älteste von sieben Geschwistern. Sie konnte gar nicht anders: Immer wieder gab sie Freunden, Bekannten, Kollegen, Verwandten und sogar den Männern, mit denen sie ausging, unaufgefordert Ratschläge. Jeanne war eine attraktive und sympathische Frau, doch bislang war es ihr noch nicht gelungen, den Mann fürs Leben zu finden. Ich erklärte ihr, dass sie künftig ihre Kritik für sich behalten müsste und die für sie interessanten Männer nicht weiter bevormunden sollte. Ich stellte ihr folgende Aufgabe: Immer wenn sie jemanden kritisierte, sollte sie einen kleinen Stein in eine Schüssel legen. Abends sollte sie dann die Steine zählen und die Anzahl in ihren Kalender eintragen. An einem einzigen Tag sammelte sie vierunddreißig Steine. Als einer ihrer Verehrer sie nur noch anrief, wenn er ihren Rat brauchte, erkannte sie, dass sie eigentlich nichts anderes tat, als anderen Leuten Ratschläge zu erteilen.

Das gab ihr die Motivation, um ihr Verhalten zu ändern. Ich erklärte ihr, dass Ratschläge und Kritik nur dann angebracht sind, wenn jemand darum gebeten wird. Jeanne musste sich wieder und wieder auf die Zunge beißen, aber sie schaffte es. Die ersten, die die Veränderung bemerkten, waren ihre Geschwister. Sie waren positiv überrascht, denn zum ersten Mal war Jeanne nicht „die große Schwester", sondern eine Freundin. Außerdem trifft sie sich mittlerweile mit einem äußerst sympathischen Unternehmer, der sie gerne heiraten möchte.

Kapitel 76

Sagen Sie, wie es ist – aber freundlich

> *Echte Freundlichkeit setzt die Fähigkeit voraus,*
> *sich in Freud und Leid anderer hineinzuversetzen.*
>
> André Gide

Wenn Sie immer wieder über bestimmte Dinge hinwegsehen (Tipp 7), ist es an der Zeit, dass Sie den Betreffenden auf das Problem ansprechen, und sei es Ihnen noch so unangenehm. Bereiten Sie den anderen zunächst darauf vor, dass Sie ihm etwas Unerfreuliches mitzuteilen haben. Stellen wir uns einmal vor, Sie müssten einer Ihrer Angestellten mitteilen, dass ihre Leistungen unzureichend sind: „Susan, ich muss Ihnen leider eine unerfreuliche Mitteilung machen, die Sie vielleicht nicht gerne hören. (Pause.) Ihre Leistung hat in den vergangenen zwei Wochen stark nachgelassen. Was ist denn los mit Ihnen?" Beschönigen Sie nichts, schaffen Sie sich einfach die Möglichkeit, das, was Sie zu sagen haben, klar und deutlich auszusprechen. Wenn Ihre Äußerungen den Betreffenden lediglich aufregen, er sein Verhalten jedoch nicht ändert, ist schließlich keinem geholfen.

Veronika ärgerte sich über ihren Mann. Er war ein hervorragender Elektriker, arbeitete aber immer wieder für ein viel zu geringes Gehalt. Veronika war Computerprogrammiererin und wollte nur noch halbtags tätig sein, um mehr Zeit mit den Kindern verbringen zu können. Das war jedoch unmöglich, da die Familie mehr oder weniger von ihrem Gehalt lebte. Immer wenn Veronika das Thema ansprach, reagierte ihr Mann aggressiv. Als er mit einem neuen Arbeitgeber verhandelte, traute sie sich schon gar nicht mehr, ihn auf dieses Problem anzusprechen. Dabei wusste sie sogar, dass die Firma ihrem Mann ein Gehalt angeboten hatte, das deutlich unter dem Tariflohn lag. Sie befürchtete, dass er das Angebot annehmen würde. Ihr Mann hatte hervorragende Zeugnisse und Veronika konnte einfach nicht verstehen, warum er ein so niedriges Gehalt akzeptierte.

Als sie mich daraufhin verzweifelt anrief, erkundigte ich mich zunächst einmal, ob er den Vertrag bereits unterzeichnet hatte. Nein, er hatte noch nichts unterschrieben. Sehr gut. Es bestand also die Möglichkeit für weitere Verhandlungen. Selbst wenn er eine mündliche Zusage gemacht haben sollte, war diese nicht bindend. Dann fragte ich Veronika, wie sie bislang versucht hatte ihren Mann davon zu überzeugen, dass er mehr verdiente, als seine Arbeitgeber ihm zahlten. Ihre Argumente lauteten wie folgt: „Liebling, du musst einfach mehr verdienen. Du bist doch gut in deinem Job. Sie zahlen dir nicht genug. Wenn du nicht mehr verdienst, kann ich nie zu Hause bleiben und mich um die

Kinder kümmern." Das war ganz offensichtlich keine große Motivation, sondern führte lediglich dazu, dass ihr Mann sich noch unzulänglicher fühlte. Woher sollte er dann das Selbstvertrauen nehmen, um mehr Gehalt zu fordern? Ich riet ihr, ihrem Mann ausschließlich konstruktive Vorschläge zu machen. Sie sollte einfach voraussetzen, dass er die richtige Entscheidung trifft, und ihn liebevoll unterstützen. Sie sollte ihm erklären, wie wunderbar er wäre, und ihn an seine beruflichen Erfolge erinnern.

Am Tag darauf rief sie mich an und berichtete mir, dass sie meine Anweisungen befolgt und ihn davon überzeugt hatte, dass er sehr viel mehr verdiente als den Tariflohn. Sie hatte auf jegliche Kritik verzichtet und ihrem Mann das Gefühl vermittelt, der Beste zu sein. Am nächsten Morgen bedankte er sich bei ihr für ihre Unterstützung und erklärte ihr, dass er mehr Gehalt verlangen und den Arbeitgeber dezent darauf hinweisen wollte, dass er auch noch weitere Angebote hätte. Das hatte Veronika nicht einmal vorgeschlagen. Schließlich erhielt er von seinem neuen Arbeitgeber erheblich mehr als den Tariflohn sowie die Zusage für weitere Vergütungen. Veronika war glücklich und ihr Mann war stolz, dass er endlich den Lebensunterhalt für seine Familie verdiente. Sie suchten einen Finanzberater auf und stellten fest, dass sie jetzt sogar von seinem Einkommen leben konnten. Veronikas Traum war endlich Realität – sie konnte zu Hause bleiben und sich um die Kinder kümmern. Und das nur, weil sie ihren Mann nicht kritisiert, sondern unterstützt hatte.

Kapitel 77

Anerkennung anstelle von Komplimenten

Worte, die die Seele erhellen, sind wertvoller als Juwelen.

Hazrat Inayat Kahn

Ein einfacher und äußerst effektiver Weg zum Erfolg besteht darin, Ihren Mitmenschen anstelle eines Kompliments Ihre Anerkennung auszusprechen. Komplimente sind für die meisten Menschen eine Selbstverständlichkeit: „Was für ein schicker Pulli." – „Du siehst heute wieder großartig aus." Solche Komplimente sind eine tolle Sache, aber Anerkennung ist einfach besser. Denn sie richtet sich an die Person selbst, also an das, was dieser Mensch ist. Ein Kompliment bezieht sich jedoch in der Regel auf etwas, das der Betreffende hat oder tut. „Robert, es freut mich, dass du dir die Mühe gemacht hast, an diesem Workshop teilzunehmen. Deine Anwesenheit verleiht dem Treffen einen ganz besonderen Glanz." Das ist kein Kompliment, sondern eine Anerkennung, die Robert das Gefühl vermittelt, etwas ganz Besonderes zu sein. Komplimente sind eine feine Sache, Sie können jedoch Ihre persönliche Attraktivität erhöhen, indem Sie den Menschen stattdessen Ihre Anerkennung aussprechen.

Also sprechen Sie Ihren Mitmenschen Ihre Anerkennung aus. Aber verzichten Sie dabei auf Allgemeinplätze. Sagen Sie nicht: „Sie sind klasse!", sondern: „Sie sind ein hervorragender Redner. Ich bewundere Ihre Reaktion auf diesen unfreundlichen Kommentar!" oder „Du bist ein wirklich liebevoller Mensch. Du weißt immer, was du tun oder sagen musst, damit ich mich besser fühle." Wenn Sie sich bei dem Koch für das gute Essen bedanken, sagen Sie nicht einfach: „Das Essen war köstlich!", sondern: „Das Essen war köstlich. Ich bewundere Ihren Sinn fürs Detail. Es hat nicht nur hervorragend geschmeckt, sondern war auch herrlich angerichtet." Wandeln Sie Ihre Komplimente in Anerkennung um und die Menschen werden Ihre Nähe suchen.

In meinen Seminaren erläutere ich den Unterschied zwischen einem Kompliment und einer Anerkennung immer an einem praktischen Beispiel. Bei einem Seminar sagte ich zu einem der männlichen Teilnehmer z. B.: „Was für eine hübsche Krawatte!", worauf dieser sich bedankte. Dann blickte ich einer der Teilnehmerinnen in die Augen und sagte: „Vielen Dank, dass Sie gekommen sind. Ihre Kommentare haben die Diskussion sehr bereichert." Die Frau war zu Tränen gerührt. Nach dem Seminar trat sie an mich heran und bedankte sich bei mir. Sie lud mich zum Essen ein und zeigte mir ihre Stadt. Wir haben auch heute noch Kontakt zueinander.

Kapitel 78

Sagen Sie einfach Danke

> *Lasst uns aufgeschlossen sein, die Türen zu unseren Herzen weit öffnen und dem Sonnenschein des guten Willens und der Freundlichkeit Einlass geben.*
>
> O. S. Marden

Die meisten Menschen machen gerne Geschenke oder Komplimente. Doch aus irgendeinem Grund haben die meisten von uns Probleme, Geschenke und Komplimente anzunehmen. Indem Sie Geschenke dankend annehmen, ziehen Sie die Dinge, die Sie sich wünschen, magisch an. Wenn wir Geschenke oder Komplimente mit Ausflüchten wie „Das ist doch nicht nötig!" oder „Das ist doch nicht der Rede wert!" oder „Ach, das alte Ding!" ausschlagen, ist das nicht nur unhöflich, sondern auch unattraktiv. Sagen Sie einfach Danke und lächeln Sie. Jeder andere Kommentar ist nichts anderes als ein subtiler Weg, um den anderen wissen zu lassen, dass er eigentlich nicht weiß, wovon er spricht. Und das ist nicht nur eine Beleidigung für den Beschenkten, sondern auch für den Gebenden. Das dankende Annehmen eines Kompliments ist eine Kunst für sich und erfordert einiges an Übung. Aber es lohnt sich.

Stellen Sie sich einmal vor, Sie haben einem Freund ein Geschenk gemacht. Wie fühlen Sie sich? Sie fühlen sich hervorragend. Denn das Schenken macht häufig mehr Freude, als beschenkt zu werden. Dann aber entgegnet der Beschenkte: „Das ist doch nicht nötig." Und schon macht das Schenken nur noch halb so viel Freude. Wenn Sie also das nächste Mal ein Geschenk erhalten, gönnen Sie dem Schenkenden die Freude und bedanken Sie sich.

Dasselbe gilt auch für Komplimente. Wenn Sie versuchen, das Kompliment auszuschlagen, ist das so, als würden Sie ein Geschenk zurückgeben. Das ist unhöflich. Also hören Sie auf damit. Sagen Sie einfach Danke. Lassen Sie dem anderen die Freude. Nehmen Sie Geschenke, Komplimente, Anerkennungen oder ein Dankeschön einfach lächelnd an. Mit ein bisschen Übung wird das für Sie zur Selbstverständlichkeit. Suchen Sie nach Möglichkeiten, um Ihren Mitmenschen Ihre Anerkennung auszusprechen. Machen Sie in der kommenden Woche täglich drei Komplimente und achten Sie auf die Reaktion der Betreffenden. Sie werden feststellen, dass Sie denjenigen, die Ihre Komplimente dankend annehmen, mehr Komplimente machen wollen. Denn sie vermitteln Ihnen ein gutes Gefühl. Öffnen Sie Ihr Herz und bedanken Sie sich.

Sie sollten jedoch nicht nur dankend annehmen können, sondern auch versuchen, dankbar zu sein. Sharon und Steve z. B. luden alle Mitarbeiter ihres Unternehmens auf ihr

Hausboot ein. Die einzige Voraussetzung war, dass sich jeden Abend jemand anders um das Essen und die Getränke kümmerte. Während alle anderen Hamburger oder Hotdogs zubereiteten, machte Patty sich die Mühe und kochte ein hervorragendes Curry. Während des Kochens verschüttete sie jedoch Safran auf die Topflappen und die Küchenmatte. So sehr sie sich auch bemühte, die Flecken ließen sich nicht entfernen. Also beichtete sie ihrer Gastgeberin ihr Missgeschick. Sharon, die so gut wie nie kochte, war völlig außer sich. Patty fühlte sich schrecklich und ersetzte Sharon die Topflappen und die Küchenmatte. Sharon ist das beste Beispiel für eine undankbare Gastgeberin. Wenn Sie Ihre Freunde einladen, sollen sie sich schließlich wie zu Hause fühlen. Und wenn Sie ihnen erlauben, in Ihrer Küche zu kochen, dann müssen Sie auch damit rechnen, dass es Flecken gibt. Jeder Koch wird Ihnen erklären, dass Kochen ohne Flecken ganz unmöglich ist (darum tragen Köche ja auch Schürzen.) Patty, die den Schaden ersetzte, war hingegen ein höflicher Gast. Also seien Sie dankbar und bleiben Sie höflich, denn das wirkt auf Ihre Mitmenschen äußerst attraktiv.

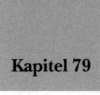

Kapitel 79

Versuchen Sie nicht Menschen zu ändern

> *Ein paar Würmer können der Reife eines Geistes nichts anhaben.*
>
> Friedrich Nietzsche

Seine Mitmenschen ändern zu wollen – nichts als Energieverschwendung! Sie können lediglich mit gutem Beispiel vorangehen. Wenn die Betreffenden sich nicht daran orientieren, ziehen Sie einfach Ihrer Wege. Das Leben ist kurz. Vergeuden Sie es nicht, indem Sie versuchen andere zu ändern.

Die Menschen in unserer Umgebung reflektieren uns selbst. Wenn Sie an einem Ihrer Mitmenschen etwas stört, ist das häufig eine Charaktereigenschaft, die Sie an sich selbst auch nicht mögen. Vielleicht spiegelt der Betreffende das Gegenteil einer Ihrer Eigenschaften wider und sorgt so für den notwendigen Ausgleich. Wenn Sie z. B. pedantisch ordentlich sind, dann lernen Sie unter Umständen einen absolut chaotischen Menschen kennen, sodass Sie die Sache mit der Ordnung weniger ernst nehmen lernen. Oder aber es ist einfach ein Zeichen dafür, dass es an der Zeit ist, sich von dieser Person zu lösen und Ihren eigenen Weg zu gehen.

Laura hatte große Probleme mit ihrem Mann. Er wollte immer Recht haben und das machte sie wahnsinnig. Wenn sie sagte: „Wir müssen da vorne links abbiegen.", antwortete er: „Ich weiß." Gab sie ihm einen Ratschlag, entgegnete er: „Ich weiß." Mittlerweile reichten Kleinigkeiten aus, um zwischen den beiden einen Streit zu entfachen. Laura und ich kamen zu dem Schluss, dass Laura das Bedürfnis nach Anerkennung hatte. Immer, wenn ihr Mann mit einem „Ich weiß." antwortete, fühlte sie sich wertlos. Ich forderte sie auf, ihrem Mann die Situation zu erklären. Also setzte sie sich mit ihm zusammen und kam zu einem überraschenden Schluss. Ihr Mann schätzte sie und ihre Ratschläge sehr, und wenn er sagte: „Ich weiß.", meinte er: „Du hast Recht."

Als wir das nächste Mal miteinander telefonierten, fragte sie: „Warum kann er denn nicht sagen, was er meint?" Ich erklärte ihr, dass jeder Versuch ihn zu ändern sinnlos ist. Stattdessen sollte sie sich auf die eigentlichen Aussagen konzentrieren. Antwortete ihr Mann mit „Ich weiß.", sollte sie es in „Du hast Recht." übersetzen. Vielleicht hat das sogar ihre Ehe gerettet. Heute fühlt sie sich von ihrem Mann respektiert und lebt nicht mehr in der ständigen Angst, dass er wieder etwas Falsches sagen und so eine ihrer gefürchteten Schimpftiraden auslösen könnte. Lernen Sie von Ihren Mitmenschen, aber versuchen Sie niemals sie zu ändern. Sparen Sie sich Ihre Energie lieber für Ihr eigenes Leben. Schließlich möchten Sie doch auch, dass Ihre Mitmenschen Sie mögen, wie Sie sind. Also gehen Sie mit gutem Beispiel voran und akzeptieren Sie Ihre Mitmenschen so, wie sie sind. Vielleicht können Sie ja auch lernen, mit den Fehlern anderer umzugehen.

Kapitel 80

Sprechen Sie so, dass man Sie auch versteht

Spare an der Rede, und die Dinge werden wie von selbst zu dir kommen.

Laotse

Wenn Ihnen jemand nicht zuhört, liegt das meistens daran, dass der Betreffende noch nicht ausgesprochen hat. Wenn Sie jemanden unterbrechen, ist er mit seinen Gedanken noch immer bei dem, was er sagen wollte, und hört Ihnen nicht wirklich zu. Wenn Sie wollen, dass andere Ihnen zuhören, dann sollten Sie sie immer erst ausreden lassen. Wie funktioniert das? Sie fragen einfach: „Möchten Sie noch etwas hinzufügen?" Denn in 99 Prozent der Fälle will der Gesprächspartner noch etwas hinzufügen, selbst wenn es so aussieht, als hätte er bereits alles gesagt. Geben Sie Ihrem Gesprächspartner die Möglichkeit fortzufahren. Stellen Sie sicher, dass der andere bereit ist, Ihnen zuzuhören.

Wenn man Ihnen nicht zuhört, kann das aber auch daran liegen, dass Sie nicht laut bzw. deutlich genug sprechen. Kann der andere Sie hören? Wenn Sie eine nasale oder schrille Stimme oder auch einen starken Akzent haben, kann es sein, dass Ihre Mitmenschen Ihnen nicht wirklich zuhören, weil sie es einfach als zu anstrengend empfinden. Zum Glück haben wir ja die Kontrolle über unsere Stimme. Zeichnen Sie Ihre Worte auf Tonband auf oder bitten Sie Ihre Freunde um ein Feedback. Und dann machen Sie sich daran, die entsprechenden Techniken zu erlernen. Senken Sie Ihre Stimme, unternehmen Sie etwas gegen Ihren Akzent usw.

Vielleicht drücken Sie sich aber auch nicht deutlich genug aus. Reden Sie nicht zu viel und zu umständlich. Langwierige Erklärungen langweilen die Zuhörer nur – das gilt ganz besonders im Geschäftsleben. Sagen Sie, was Sie zu sagen haben – mehr nicht.

Hier einige Tipps, mit denen Sie Ihre Fähigkeit zur Kommunikation erheblich verbessern können: Streichen Sie das Wort „Ich" aus Ihrem Wortschatz. Gehen wir einmal davon aus, dass Sie an einem Meeting teilnehmen und etwas nicht verstanden haben. Sie heben Ihre Hand und sagen: „Ich habe Ihre Ausführungen zu Punkt XYZ nicht verstanden. Könnten Sie das bitte noch einmal erläutern?" Streichen Sie das „Ich" und kommen Sie direkt zum Kern Ihrer Aussage: „Würden Sie bitte Ihre Ausführungen zu Punkt XYZ noch einmal erläutern?" Sie müssen nicht erwähnen, dass Sie den Zusammenhang nicht verstanden haben. Verzichten Sie auf: „Ich habe da eine Frage ...", sondern fragen Sie: „Wie sieht die Terminplanung für dieses Projekt aus?" Und schon wird man Sie ganz anders wahrnehmen, selbst wenn Ihre Frage im Endeffekt auf dasselbe hinausläuft.

Gleiches gilt auch für Komplimente und Anerkennungen. „Du bist klasse!" hört sich doch wirklich besser an als „Ich finde dich klasse." – „Du bist klasse!" ist eine Aussage, während es sich bei „Ich finde dich klasse." lediglich um eine persönliche Meinung handelt. Also streichen Sie für eine Woche das Wort „Ich" aus Ihrem Wortschatz und beobachten Sie die Reaktionen. Sie werden in jedem Fall überzeugender auf Ihre Mitmenschen wirken.

Ein weiteres Hilfsmittel für die Kommunikation besteht darin, Fragen in Aussagen zu verwandeln. Gerade Frauen sind häufig der Meinung, es sei höflicher, eine Frage zu stellen, als eine deutliche Anweisung zu geben. Bei Frauen untereinander klappt das in der Regel auch ganz gut, doch im Gespräch mit Männern treten in diesem Fall häufig Probleme auf. Männer reagieren eher auf klare Aussagen. Sollte Ihr Vorgesetzter ein Mann sein, fragen Sie nicht: „Wie kann ich meine Leistung verbessern?", sondern: „Erklären Sie mir bitte, wie ich meine Leistung verbessern kann." Dann wird er Ihnen voraussichtlich auch eine Antwort geben. Dasselbe gilt auch für das Privatleben. Wenn Ihr Mann von der Arbeit kommt und Sie ihn fragen: „Wie war dein Tag, Liebling?", wird er wahrscheinlich mit einem kurzen „gut" antworten. Versuchen Sie es einmal mit: „Erzähl doch mal, wie dein Tag war." Dann wird er Ihnen wahrscheinlich haarklein von seinem Tagesablauf berichten – also stellen Sie sicher, dass Sie Zeit und Lust haben, ihm zuzuhören.

Teil IX

Pflegen Sie Ihren wichtigsten Aktivposten

Ein Mann hat immer den Wert, den er sich selbst beimisst.
François Rabelais, *Gargantua und Pantagruel*

Sie wissen jetzt, was Sie vom Leben erwarten, und haben Ihr Leben so eingerichtet, dass Sie genau das erhalten (Teil VI). Sie haben auch Ihre finanziellen Angelegenheiten so geregelt, dass Geld für Sie kein Problem mehr darstellt (Teil III). Jetzt kommen wir zu Ihrem wichtigsten Aktivposten: Sie selbst! Sie sind jetzt so weit, dass Sie Ihr Leben so gestalten können, wie Sie es sich wünschen – Beruf, Haus, Familie, Beziehungen, Gesundheit und Körper. Also müssen Sie auch sich selbst nur das Beste gönnen. Alle Bereiche in Ihrem Leben, die nicht so sind, wie Sie es sich wünschen, kosten Sie Energie, während perfekte Lebensbereiche Ihre Energie steigern. „Perfekt" bedeutet in diesem Zusammenhang, dass diese Bereiche für *Sie* perfekt sind sowie *Ihrem* Geschmack und *Ihrem* Stil entsprechen. Über je mehr Energie Sie verfügen, desto mehr Erfolg haben Sie und desto eher können Sie auch andere daran teilhaben lassen. Jetzt da Sie über mehr als genug Zeit und Geld verfügen, ist es ganz natürlich, dass Sie Ihre Lebensqualität verbessern.

Sich selbst regelmäßig verwöhnen – das war für mich immer ein Privileg der Reichen. Wir anderen mussten uns eben mit dem zufrieden geben, was das Leben uns bot. Mittlerweile weiß ich, dass es genau andersherum ist: Indem wir uns selbst nur das Beste gönnen, ziehen wir den Wohlstand und günstige Gelegenheiten magisch an. Mein erstes Aha-Erlebnis auf diesem Gebiet hatte ich, als ich endlich meinen abgestorbenen Vorderzahn überkronen ließ (Tipp 83). In Anbetracht meiner Schulden war das ziemlich unvernünftig. Doch kurz darauf erhielt ich eine Gehaltserhöhung, durch die ich diese Extrakosten locker abdecken konnte – also nicht weniger, sondern mehr Geld. Daraufhin gönnte ich mir sogar einen persönlichen Trainer (Tipp 85) und kurz darauf erhielt ich eine Sonderprovision. Steckte etwa ein Muster dahinter? Kurz nachdem ich mich ein Wochenende lang in einem Kurbad verwöhnen ließ, lud mich ein Freund für eine Woche nach Mexiko ein. Sobald ich mich selbst besser behandelte, taten das auch die Menschen in meiner Umgebung. Indem ich zehn Prozent meines Einkommens für die Rückzahlung meiner Schulden verwendete und so die Gegenwart meinem Ideal näher brachte, erhielt ich Geld aus völlig unerwarteten Quellen: Die Bank, in der ich arbeitete, zahlte allen Mitarbeitern völlig unerwartete Prämien. Alle Mitglieder in meiner Abteilung erhielten einen Bonus. Mein Steuerberater stellte fest, dass mir eine Steuerrückzahlung zustand. Und so konnte ich mich sogar selbstständig machen – ohne mir Gedanken über die Finanzierung machen zu müssen. Eine meiner Kolleginnen stellte mir für zwei Monate ihr Haus zur Verfügung. Ich war selbst überrascht über den Überfluss, der plötzlich in meinem Leben herrschte. Innerhalb von drei Jahren hatte ich nicht nur alle Schulden zurückgezahlt, sondern auch so viel Geld gespart, dass ich davon ein Jahr leben konnte. Und das alles ohne besondere Anstrengungen. Ich hätte mir nie träumen lassen, dass ich mir eine Putzfrau, einen persönlichen Trainer, eine wöchentliche Massage, regelmäßige Maniküre und einen Innenausstatter leisten und meine Wochenenden in einem Wochenendhaus verbringen könnte.

Wir erhalten immer das, von dem wir glauben, wir hätten es verdient. Napoleon Hill beschreibt dieses Phänomen in seinem Buch *Denke nach und werde reich* mit folgenden Worten: „Niemand ist für eine bestimmte Sache bereit, solange er nicht davon überzeugt ist, dass er sie erreichen kann. Wir müssen also den Wunsch und die Hoffnung hinter uns lassen und an unseren Erfolg glauben." Wir müssen fest davon überzeugt sein, dass wir unser Ziel erreichen. Solange wir wünschen und hoffen, senden wir eine Botschaft des Mangels aus. Also gestalten Sie Ihre Gegenwart so perfekt wie möglich und gönnen Sie sich all die Dinge, von denen Sie glauben, dass Sie sie verdienen.

Sie müssen nicht unbedingt Unmengen von Geld ausgeben, um sich selbst zu verwöhnen, auch wenn das erforderliche „Kleingeld" die Sache natürlich erheblich erleichtert. Sollten Sie Ihre finanziellen Angelegenheiten bereits geregelt haben – umso besser. Viele der folgenden Tipps lassen sich aber auch mit wenig Geld nachvollziehen. Ihrer Fantasie sind keine Grenzen gesetzt; achten Sie auf die vielen Möglichkeiten, die das Universum Ihnen bietet. Konzentrieren Sie sich ausschließlich auf Ihren Wunsch und nicht auf das dafür erforderliche Geld. Sie können diese Tipps auch dann befolgen, wenn Sie Ihre Schulden noch nicht abgezahlt haben. Dann müssen Sie eben im Rahmen Ihrer finanziellen Möglichkeiten handeln.

Warten Sie nicht länger auf den Lottogewinn. Verwöhnen Sie sich selbst im Rahmen Ihrer Möglichkeiten (machen Sie dafür keine Schulden) und passen Sie auf, dass Sie Ihr Geld nicht für Dinge ausgeben, die Sie nicht wirklich wollen (Tipp 52). Welchen Luxus können Sie sich bereits jetzt leisten? Zögern Sie nicht. Ganz egal wie viel oder wie wenig Geld Ihnen zur Verfügung steht, verwöhnen Sie sich noch heute. Keine Ausflüchte!

Kapitel 81

Kleider machen Leute

*Ich bin diesen Unsinn leid, dass Schönheit nur äußerer Schein ist.
Ein schöner Schein reicht doch! Was wollen Sie? Einen anbetungswürdigen Pankreas?*

Jean Kerr

Wie oft haben Sie schon etwas gekauft, nur weil es billig war? Sie haben es vielleicht sogar ein- oder zweimal getragen, aber seitdem hängt es in Ihrem Schrank und Sie haben ein schlechtes Gewissen. Wenn Sie sich nicht sicher sind, ob es Ihnen steht, ist es wahrscheinlich nicht das Richtige. Sie kennen das doch bestimmt: Sie probieren ein Kleidungsstück und fühlen sich sofort darin wohl. Die Farbe, der Schnitt, der Stoff – alles ist perfekt. Und genau so muss es sein, wenn Sie sich ein neues Kleidungsstück kaufen.

Dasselbe gilt auch für fehlerhafte Artikel. Wie oft haben Sie schon eine heruntergesetzte Hose gekauft, an der ein Knopf fehlte oder der Reißverschluss kaputt war? „Den Knopf kann man ja wieder annähen." Und wie oft verschwinden dann auch diese Kleidungsstücke für immer in unserem Kleiderschrank? Stellen Sie sich einmal vor, wie schön es wäre, wenn Sie Ihren Kleiderschrank öffnen und nur Kleidungsstücke vorfinden würden, in denen Sie sich hundertprozentig wohl fühlen. Wenn wir uns großartig fühlen, fällt es wesentlich leichter, erfolgreich zu sein.

Und warum sollten Sie durch Ihre Kleidung betonen, dass Sie sich unattraktiv fühlen? Lassen Sie Ihre Mitmenschen doch lieber wissen, dass Sie schön sind. Bitten Sie einen Freund oder einen Typberater um Hilfe und machen Sie das Beste aus Ihrem Typ. Die Investition lohnt sich in jedem Fall. Denn danach wissen Sie, welche Farben, welche Stoffe und welche Schnitte Ihren Typ am besten zur Geltung bringen. Unsere äußere Erscheinung sagt viel über unser Selbstwertgefühl und unser Wesen aus. Carolyn Gustafson, eine hervorragende Typberaterin aus New York, drückte diesen Zusammenhang mit folgenden Worten aus: „Damit wir mit unserem Äußeren zufrieden sein können, müssen wir das Gefühl haben, so auszusehen, wie wir wirklich sind."

Marylin, Verwaltungsangestellte bei einem Investmentunternehmen, engagierte mich, weil sie mit ihrem Job unzufrieden war. Sie arbeitete seit einundzwanzig Jahren für dieselbe Firma, hatte jedoch das Gefühl, dass ihre Leistungen nicht anerkannt wurden. Sie steckte in einer Sackgasse und ihre Arbeit langweilte sie. Ich empfahl ihr eine Typberaterin und eine ihrer ersten Aufgaben im Rahmen des Coaching-Programms bestand darin, gemeinsam mit der Typberaterin ihren Kleiderschrank auszumisten. Alles, was die falsche Farbe hatte, wanderte in die Altkleidersammlung. Verwaschen? Ab damit! Zu groß oder zu klein? Weg damit! Aus der Mode? Weg! Schließlich hatte sie nur noch drei Kostüme in ihrem Schrank. Dasselbe Schema wendeten sie auch auf Marylins Accessoires, ihr Makeup, ihren Schmuck und ihre Schuhe an. Nach dem gemeinsamen Einkauf war Marilyn wie verwandelt. Ihr Stil war nicht länger steif und konservativ, sondern sie trug elegante, klassische und fließende Kleidung. Marilyn war nicht nur froh über ihre neue Garderobe, sondern hatte auch ein völlig neues Selbstbewusstsein, dass auf dem Wissen beruhte, das Beste aus ihrem Typ gemacht zu haben.

Ihr neues Selbstbewusstsein zahlte sich auch im Beruf aus. Nach vier Monaten wurde sie befördert und erhielt eine Gehaltserhöhung. Die Arbeit in der neuen Abteilung und mit den neuen Kollegen macht ihr viel Spaß. Mit ihrer alten Garderobe hatte sie auch ihr altes Image abgelegt. Sie hatte um das gebeten, was sie wollte (Tipp 44), und es schließlich auch erhalten. Marilyn fühlt sich attraktiver denn je und verfügt über ein ihr bislang unbekanntes Selbstbewusstsein.

Gordon, ein gepflegter und erfolgreicher Verkaufsleiter, erhielt durch seine Beförderung Zugang zu einer ihm bislang unbekannten sozialen Schicht. Plötzlich spielte er Golf mit Senatoren, leitenden Angestellten und Unternehmensführern. Gordon war ein ausgeglichener, humorvoller Mensch, in dessen Gesellschaft sich jeder wohl fühlte. Durch die Beförderung und die damit verbundene Verantwortung fühlte er sich jedoch befangen und verlor seinen Sinn für Humor. Obwohl er immer korrekt gekleidet war, empfahl ich ihm einen Besuch bei einer Typberaterin. Sie schlug ihm einige Veränderungen vor, sodass seine Kleidung seine berufliche Position unterstrich. Ein neuer Haarschnitt und eine neue Brille rundeten das Gesamtbild ab. Mit der Gewissheit, dass seine äußere Erscheinung seiner beruflichen Position entsprach, verlor er auch seine Befangenheit und macht heute seine Scherze mit den Senatoren.

Wenn Sie das Beste aus Ihrem Typ machen wollen, sollten Sie jedoch auch auf gesunde Ernährung achten. Reine Haut, glänzende Augen, gesunde Haare und Nägel, das lässt sich nur durch die richtige Ernährung erreichen. Wir sind jedoch alle verschieden und was für den einen richtig ist, kann für den anderen falsch sein. Das Buch *4 Blutgruppen – 4 Strategien für ein gesundes Leben* von Dr. Peter J. D'Adamo beschäftigt sich z. B. mit den richtigen Ernährungsformen für die verschiedenen Blutgruppen. Wenn Sie etwa die Blutgruppe 0 haben, verlieren Sie Dr. D'Adamo zufolge am ehesten Gewicht, wenn Sie viel Eiweiß und wenig Kohlenhydrate zu sich nehmen und auf Getreideprodukte verzichten. Wenn Sie jedoch an einer Essstörung leiden oder stark übergewichtig sind, sollten Sie professionelle Hilfe in Anspruch nehmen. Das Leben ist zu kurz, um uns nur mit unserer Ernährung und unserem Gewicht zu beschäftigen. Einer meiner Klienten, der weder die Zeit noch die Energie fand, für sich zu kochen, stellte schließlich einen Koch ein. Zunächst war er zwar der Meinung, er könnte sich das nicht leisten, stellte jedoch sehr bald fest, dass sich die Investition lohnte. Und letztendlich kostete der Koch ihn weniger als die Restaurantbesuche und Fertiggerichte. Was immer Sie auch tun, nehmen Sie die Hilfe in Anspruch, die Sie benötigen, und konzentrieren Sie sich auf die schönen Dinge des Lebens.

Kapitel 82

Tanken Sie auf

> *Ich kann nackte Glühbirnen ebenso wenig ausstehen*
> *wie rüde Bemerkungen oder vulgäre Handlungen.*
>
> Tennessee Williams

Ihre Umwelt hat großen Einfluss auf Ihre Psyche. Genau genommen spiegelt Ihre Umgebung Ihren psychischen Zustand wider. Schauen Sie sich um. Was sagt Ihr Büro über Sie aus? Wie würde ein Bekannter Ihr Haus beschreiben? Ist es warm, gemütlich und ordentlich? Ist es kühl, distanziert, fröhlich oder modern? Wie fühlen Sie sich in Ihren eigenen vier Wänden? Können Sie sich dort entspannen? Fühlen Sie sich dort wohl? Sind Sie von Dingen umgeben, die Sie mögen? Umgeben Sie sich mit schönen Dingen. Hängen Sie nur Bilder auf, die Ihnen wirklich gefallen. Wenn Ihnen etwas nicht gefällt, Sie es aber auch nicht wegwerfen wollen, verschenken Sie es. Sie können die Sachen auch erst einmal in eine Kiste packen und im Keller verstauen. Verschenken können Sie sie dann immer noch.

Das Ziel liegt darin, nicht nur Ordnung in Ihr Büro und Ihre Wohnung zu bringen, sondern Ihrer Umgebung eine persönliche Note zu verleihen. In Ihrem Büro sind Ihnen vielleicht Grenzen gesetzt, aber eine Pflanze oder ein schönes Bild dürfen Sie sicherlich mitbringen. Zu Hause haben Sie jedoch vollkommen freie Hand. Ihre eigenen vier Wände sollen Ihnen schließlich Raum zur Entspannung bieten, sodass Sie wieder mit frischer Kraft an die Arbeit gehen können. Beginnen Sie zunächst im Schlafzimmer. Es dient ausschließlich der Entspannung. Sollte Ihr Fernseher sich dort befinden, stellen Sie ihn in einen anderen Raum und Sie werden viel besser schlafen. June sah sich z. B. regelmäßig die Spätnachrichten im Bett an und schlief dabei häufig ein. Sie konnte sich nicht erklären, warum sie immer so depressiv und unmotiviert war. Ich riet ihr, künftig auf die Spätnachrichten zu verzichten. Beschäftigen Sie sich kurz vor dem Schlafengehen lieber mit positiven Dingen und lassen Sie die Nachrichten weg. June fühlte sich schon eine Woche, nachdem sie den Fernseher aus ihrem Schlafzimmer verbannt hatte, sehr viel besser und hatte so viel Energie wie schon lange nicht mehr.

Auch neue Farben an den Wänden – warum nicht einmal blau oder hellgelb? – verleihen den Räumen eine persönliche Note. Gönnen Sie sich hier und da neue Vorhänge und ersetzen Sie alte Möbelstücke durch etwas Neues – das wirkt oft Wunder!

Kapitel 83

Schluss mit dem lästigen Makel

Es ist schon eine komische Sache mit der Perfektion. Es ist nicht die einzige Ironie des Lebens, dass die Perfektion, nach der wir alle streben, besser unerreicht bleibt.

W. Somerset Maugham

Wenn Sie Ihre gegenwärtige Situation perfektionieren wollen, sollten Sie dabei auch Ihren Körper nicht außer Acht lassen. Ein perfekter Körper ist nicht nur gesund und fit, sondern spiegelt auch Ihre Persönlichkeit wider. Unser Körper und unser Geist bilden eine Einheit. Es stört Sie etwas an Ihrem Körper? Dann kümmern Sie sich darum. Denn diese Unvollkommenheit kostet Sie Energie und hindert Sie daran, das Beste aus sich zu machen. Wenn Sie sich in Ihrer Haut wohl fühlen, wird das auch nach außen deutlich. Das bedeutet jedoch nicht, dass wir alle den Körper eines Supermodels haben müssen. Auch Supermodels sind nicht perfekt und die Fotos, die wir tagtäglich sehen, sind retuschiert. Selbst der Bauch von Cindy Crawford wird im Nachhinein bearbeitet.

Ihr Körper ist ein Spiegel Ihrer Persönlichkeit. Wenn Sie mit einem bestimmten Teil Ihres Körpers nicht zufrieden sind, wird Sie das im Umgang mit anderen hemmen. Ich hatte z. B. seit meiner Schulzeit einen abgestorbenen Vorderzahn, der sich im Laufe der Jahre verfärbt hat. Bei jeder Präsentation befürchtete ich, dass alle nur darauf starren würden. Natürlich hat kein Mensch auf meinen Zahn geachtet, aber er machte mich befangen. Er ist ein hervorragendes Beispiel für einen lästigen Makel – der Zahn kostete mich unnötige Energie und hinderte mich daran, mein Bestes zu geben. Ich traute mich nicht einmal mehr zu lächeln. Schließlich suchte ich mir einen guten Zahnarzt und ließ den Zahn überkronen. Heute verschwende ich keinen Gedanken mehr daran und kann mich voll und ganz auf meine Seminare konzentrieren.

Wenn Sie einen ähnlichen Makel haben, lassen Sie ihn regulieren. Lassen Sie sich das störende Muttermal entfernen. Es lohnt sich. Wenn Sie mit dem Muttermal kein Problem haben, dann lassen Sie es da, wo es ist. Wenn Sie 25 Kilo Übergewicht haben und sich damit wohl fühlen, dann ist das in Ordnung. Problematisch wird es erst, wenn der Makel uns im Umgang mit anderen hemmt. Das soll jedoch nicht bedeuten, dass Sie jetzt Ihre Brüste vergrößern und Ihre Nase verkleinern lassen sollen. Denken Sie nur an Barbra Streisand. Sie ist trotz ihrer großen Nase überaus attraktiv. Konzentrieren Sie sich auf die Dinge, die Sie stören und gegen die Sie etwas unternehmen können. Kaufen Sie sich eine hübsche Brille oder Kontaktlinsen. Lassen Sie die störenden Haare epilieren. Denn das steigert Ihr Selbstbewusstsein und macht Sie für die Welt und den Erfolg attraktiver.

Kapitel 84

Gönnen Sie sich regelmäßige Massagen

Je höher die Technologie, desto höher das Kontaktbedürfnis.

John Naisbitt, *Megatrends*

Gehören auch Sie zu den viel beschäftigten und permanent gestressten Menschen? Dann gönnen Sie sich regelmäßige Massagen. Eine Massage ist eine wunderbare Sache und für viele vielleicht die einzige Möglichkeit zur Entspannung. Es gibt die verschiedensten Formen der Massage – Sportmassage, Physiotherapie, Reiki, Akupressur, Fußreflexzonenmassage. Ich besuchte früher regelmäßig einen Physiotherapeuten, bis ich Reiki entdeckte. Beim Reiki werden die Muskeln ohne das übliche Durchkneten gelockert, was ich persönlich als sehr viel angenehmer empfinde. Suchen Sie sich einen Masseur, bei dem Sie sich wirklich wohl fühlen.

Massagen sind eine hervorragende Möglichkeit, um den Stress des hektischen Alltags abzubauen. Neben den offensichtlichen Vorteilen einer Massage habe ich jedoch weitere Veränderungen an mir bemerkt. Seitdem ich mich regelmäßig massieren lasse, fällt mir auch das Meditieren wesentlich leichter. (Früher war ich zum Meditieren viel zu beschäftigt und wenn ich es dann doch versuchte, konnte ich mich einfach nicht entspannen.) Auch meine innere Stimme höre ich seitdem deutlicher. Ohne ein Mindestmaß an Entspannung können wir unsere intuitiven Ideen gar nicht wahrnehmen (Tipp 57). Auch mein persönlicher Trainer ist begeistert, da meine Muskeln selbst bei hartem Training immer locker bleiben. Auch Spitzensportler schwören auf regelmäßige Massagen. Warum sollten wir uns nicht auch für das Berufsleben möglichst fit halten? Sie wünschen sich mehr Wohlbefinden und Erfolg? Gönnen Sie sich mindestens einmal im Monat, besser noch einmal pro Woche, eine Massage.

Probieren Sie verschiedene Massagetherapien und Masseure aus, bis sie die für Sie geeignete Massagepraxis gefunden haben. Ein guter Masseur stellt sich auf die Bedürfnisse seiner Patienten ein. Während der Massage kann es Ihnen sogar passieren, dass sich Emotionen lösen, die Sie bislang in den verkrampften Muskeln festgehalten haben. Es ist vollkommen normal, wenn während einer Massagebehandlung auch einmal die Tränen fließen. Nach der Massage fühlen Sie sich dann physisch und psychisch wie neugeboren.

Eine Marketingleiterin engagierte mich, weil ich Ihr bei Ihrem beruflichen Durchbruch zur Seite stehen sollte. Sie bildete sich für ihren neuen Arbeitsplatz weiter, arbeitete ihre Nachfolgerin ein und organisierte den Umzug für sich und ihre beiden Töchter. Ich erklärte ihr, dass sie drei große Stressfaktoren gleichzeitig meistern und darum besonders gut auf sich aufpassen müsste. Sie musste extreme Maßnahmen ergreifen, um sich körperlich und geistig fit zu halten. Sie beichtete mir, dass sie sich nichts sehnlicher wünschte als eine tägliche Massage. Und genau das machte ich ihr zur Aufgabe. Als Katholikin betrachtete sie diesen Wunsch zwar als selbstsüchtig, erklärte sich aber bereit, es eine Woche lang zu versuchen. In der Woche darauf erklärte sie mir, dass sie die Massagen als ein Geschenk Gottes empfände. Für sie war das die einzige Zeit am Tag, die sie nur für sich hatte. Während der Massage ließ sie ihre Gedanken schweifen und fand dabei Lösungen für die bis zu diesem Zeitpunkt schier unüberwindlichen Probleme. Für die kommenden Wochen erhielt sie von mir dieselbe Anweisung: eine Massage täglich. Drei Wochen später erklärte sie mir, dass sie langsam genug von den Massagen hätte. Heute ist sie mit einer Massage pro Woche mehr als zufrieden.

Edward war seit einem Jahr ohne Partnerin. Ich erklärte ihm, er solle sich regelmäßig massieren lassen, um den fehlenden Körperkontakt auszugleichen. Körperkontakt ist nun einmal ein natürliches Bedürfnis. Ein Mangel daran gefährdet sowohl unsere geistige als auch unsere körperliche Gesundheit. Also gönnte Edward sich eine wöchentliche Massage und wenige Monate darauf fand er auch wieder eine Freundin. Denn alles, was wir nicht brauchen, ziehen wir automatisch an (Tipp 43).

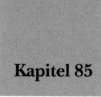

Kapitel 85

Werden Sie aktiv

Ein Mädchen, das nicht tanzen kann, behauptet, die Band könne nicht spielen.

Jüdisches Sprichwort

Wie lange nehmen Sie sich schon vor, abzunehmen oder wieder in Form zu kommen? Mehrere Jahre? Dann haben Sie genau zwei Möglichkeiten: Streichen Sie das Ziel (Tipp 4) und sparen Sie sich die Energie für die Dinge, die Sie wirklich erreichen wollen. Oder delegieren Sie die Arbeit und engagieren Sie einen persönlichen Trainer, der Ihnen dabei hilft. Denken Sie nur an Ophra Winfrey, die auch erst dann abgenommen hat, nachdem sie sich nach zwei vergeblichen Versuchen von der Vorstellung gelöst hatte, dass sie es allein schaffen könnte. Sie übertrug die Verantwortung für ihre körperliche Fitness einem Experten.

Vielleicht sagen Sie jetzt: „Ich bin nicht Ophra Winfrey und kann mir ein persönliches Training nicht jeden Tag leisten." Und wie wäre es mit einem wöchentlichen Training? Wenn Sie sich auch das nicht leisten können, dann gehen Sie eben einmal im Monat trainieren. Oder lassen Sie sich von einem Trainer genaue Instruktionen geben, die Sie dann auch allein ausführen können. Besuchen Sie einen Yoga- oder einen Tanzkurs. (Und wenn Ihnen das Geld für sich selbst fehlt, dann nehmen Sie sich noch einmal das Kapitel über Geld und das Kapitel über die persönlichen Bedürfnisse vor.) Alles, was Sie brauchen, ist ein wirkungsvolles System zu Ihrer Unterstützung. Das kann auch ein Joggingpartner sein, der Sie pünktlich um 6.00 Uhr weckt.

Überwinden Sie Ihre Trägheit. Trägheit ist wissenschaftlich betrachtet nichts anderes als die Tendenz von ruhenden Körpern, im Ruhezustand zu bleiben. Dynamik hingegen ist die Kraft, die Körper, die sich in Bewegung befinden, in Bewegung hält. Das erklärt auch, warum wir einfach nicht vom Sofa hochkommen (die Trägheit hält uns dort!) und warum es uns im Fitnessstudio so gut gefällt, wenn wir erst einmal da sind (Dynamik). Der Schlüssel zum Erfolg liegt also in der von außen einwirkenden Kraft, die uns den erforderlichen Anstoß gibt. Und dazu ist jedes Mittel recht, solange es funktioniert. Da es sich bei Willenskraft um eine innere Kraft handelt, reicht Willenskraft allein in der Regel nicht aus. Darum möchte ich Ihnen raten, sich anderer Kräfte zu bedienen.

Meine Klientin Yvette war auf dem besten Wege, zur Couchpotato (wenn Sie so viel auf dem Sofa sitzen, dass Sie drohen festzuwachsen ...) zu mutieren. Sie hatte einen anstrengenden Beruf und machte sich nebenbei auch noch selbstständig, sodass ihr wirklich kaum Zeit blieb. Irgendwann bemerkte sie, dass ihre einst straffen Oberschenkel mehr und mehr erschlafften. Ich schlug ihr vor, sich wenigstens ein bisschen Bewegung zu verschaffen und einen persönlichen Trainer zu engagieren, mit dem sie an ihrem freien Tag trainieren konnte. Einige Monate darauf meldete sie sich für einen Aerobic-Kurs an und mittlerweile trainiert sie fünf- bis sechsmal pro Woche ohne ihren Trainer. Yvette selbst betrachtet sich auf sportlicher Ebene zwar nach wie vor als nicht besonders „motiviert", doch sie fühlt sich jetzt viel besser und an ihren Oberarmen zeichnen sich sogar schon erste Muskeln ab – der Trizeps, um genau zu sein. Das ist doch schon ein Fortschritt! Die Energie, die Yvette fehlt, macht ihr Trainer, ein äußerst attraktiver und dynamischer Mann, wieder wett. Er weiß genau, wie hart sie trainieren muss und kann. Ohne ihren Trainer würde sie sich nicht halb so hart engagieren. Sie muss ihn nur anschauen, um sich zu motivieren. Er hat ihr geholfen, ihre Grenzen zu überschreiten. Yvette gibt es zwar nicht gerne zu, aber wenn sie die Wahl hätte, würde sie nach wie vor das Sofa bevorzugen. Meinen männlichen Klienten empfehle ich grundsätzlich, sich eine attraktive Trainerin zu suchen. Wichtig ist, dass Sie sich von jemand anderem motivieren lassen. Vergeuden Sie nicht Ihre Energie, indem Sie es auf eigene Faust versuchen.

Mein Klient Howard, ein Unternehmer, erkannte, dass ihn das Training im Fitnessstudio nach ein paar Wochen langweilte. Er ärgerte sich zwar über die Fehlinvestition, fand aber einfach nicht die nötige Motivation, um weiter dorthin zu gehen. Howard brauchte beim Training, wie auch in allen anderen Lebensbereichen, Abwechslung. Sie müssen ja nicht zwangsläufig ins Fitnessstudio gehen, um sich fit zu halten. Howard spielt jetzt einmal pro Woche Tennis und fährt Inlineskates. An den Wochenenden geht er Golf spielen oder segeln. Wenn er Lust hat, geht er morgens joggen, und einmal pro Woche besucht er einen Yogakurs. Kein Mensch zwingt Sie, sich auf eine Sportart festzulegen. Howard ist jetzt vollkommen durchtrainiert, da bei jeder Sportart andere Muskeln beansprucht werden. Wichtig ist, dass Ihnen das Training Spaß macht. Wenn Sie sich beim Aerobic langweilen, nehmen Sie stattdessen Tanzstunden.

Coachpotatos sind alles andere als attraktiv. Versuchen Sie gar nicht erst sich selbst zu motivieren. Rufen Sie Ihre Freunde an und finden Sie jemanden, der mit Ihnen gemeinsam trainiert, oder engagieren Sie einen persönlichen Trainer.

Kapitel 86

Umgeben Sie sich mit Luxus

Schönheit ist Verzückung; sie ist so einfach wie Hunger. Es gibt rein gar nichts über sie zu sagen. Sie ist wie der Duft einer Rose: Wir können ihn riechen, und das ist alles.

W. Somerset Maugham

Sie können auch Ihre alltäglichsten Handlungen mit einem Hauch von Luxus umgeben. Häufig müssen Sie nur ein oder zwei kleine Veränderungen vornehmen, um diese Handlungen zu etwas ganz Besonderem zu machen. Ein Müsli, in einer schönen Schüssel angerichtet und mit ein paar frischen Beeren garniert, wird zu einer außergewöhnlichen Mahlzeit. Eine einfache Tasse Tee wird durch einen kleinen Schuss Sahne zu einem echten Genuss. Wie viel Zeit kostet es, um auf dem Esstisch eine Kerze anzuzünden? Nur wenige Sekunden – und schon haben Sie eine ganz besondere Atmosphäre geschaffen. Trinken Sie Ihr Wasser aus einem besonders schönen Weinglas. Ein Vollbad wird durch Badesalz, Lavendelöl und einen weichen Schwamm zu einer echten Wohltat. Zünden Sie eine Kerze an, legen Sie Musik auf und entspannen Sie sich. Gönnen Sie sich ein paar elegante Badetücher. Ersetzen Sie die billigen Stifte durch einen wirklich teuren Stift, mit dem das Schreiben Ihnen Spaß macht.

Was betrachten Sie als Luxus? Einen ergonomischen Schreibtischstuhl? Oder ein Daunenbett? Decken Sie den Tisch mit Stoffservietten. Kaufen Sie sich ein edles Service. Stellen Sie frische Blumen neben Ihr Bett. Ihre Türklingel, Ihr Telefon oder Ihr Wecker klingen zu schrill? Stellen Sie einen anderen Ton ein oder wechseln Sie sie aus. Sie werden feststellen, dass diese Kleinigkeiten Ihre Lebensqualität erheblich verbessern. Heutzutage ist es schon ein Luxus, nicht erreichbar zu sein. Zögern Sie nicht: Schalten Sie den Anrufbeantworter ein oder stellen Sie das Telefon ab. Investieren Sie Geld in ein echtes Gemälde für Ihr Büro oder Ihre Wohnung. Achten Sie darauf, dass auch die Alltagsgegenstände wie Kaffeetassen oder Geschirrtücher nicht nur nützlich, sondern auch schön sind. Kaufen Sie sich ein gutes Küchenmesser. Trinken Sie Ihren Tee aus einer besonders schönen Tasse. Ziehen Sie frische Kräuter auf dem Fensterbrett und geben Sie frisches Basilikum in Ihren Salat, frischen Schnittlauch in Ihr Rührei usw. Umgeben Sie sich mit Luxus und Sie werden immer mehr Luxus anziehen.

Frische Blumen sind eine einfache und effektive Möglichkeit, um selbst das kargste Büro mit einem Hauch von Luxus zu versehen. Blumen sind stille Gesellschafter und sprechen mehrere Sinne zugleich an. Der schnellste und billigste Weg, um einem Raum ein bisschen Eleganz zu verleihen, sind frische Blumen in einer schönen Vase.

Gönnen Sie sich diesen Luxus! Sie werden staunen, wie sehr das Ihre Stimmung hebt. Schon das Kaufen der Blumen wird Ihnen Freude bereiten. Wenn Sie nicht immer wieder Geld für Schnittblumen ausgeben wollen, kaufen Sie sich eine Topfblume und pflanzen Sie sie in einen schönen Blumentopf aus Keramik oder legen Sie ein Blumenbeet in Ihrem Garten an.

Damit Sie sich länger an Ihren Schnittblumen erfreuen können, hier einige Tipps von Douglas Koch, einem der bekanntesten New Yorker Floristen:

- Schneiden Sie die Stiele diagonal an, bevor Sie die Blumen ins Wasser geben. Werden die Stiele gerade abgeschnitten, können die Blumen nicht genug Wasser aufnehmen.
- Geben Sie ein wenig Dünger für Schnittblumen in das Wasser.
- Achten Sie darauf, dass weder Grün noch Blätter in das Wasser geraten; schneiden Sie sie gegebenenfalls ab.
- Wechseln Sie alle zwei Tage das Wasser.
- Wenn eine Rose den Kopf hängen lässt, schneiden Sie den Stiel erneut an und tauchen Sie die ganze Rose für einige Minuten in warmes Wasser. (Häufig unterbricht eine Luftblase den Weg des Wassers vom Stängel zur Blüte und die Rosen beginnen zu welken. Durch das warme Wasser löst sich die Blase auf.)

Kapitel 87

Denken Sie zuerst an sich selbst

> *Sie wissen ja gar nicht, wie vielversprechend die Welt erscheint, wenn Sie erst einmal beschlossen haben, dass Sie alles haben wollen, und wie viel gesünder Ihre Entscheidungen werden, wenn Sie sie nur noch zu Ihren eigenen Gunsten treffen.*
>
> Anita Brookner

Wir alle wurden in dem Glauben erzogen, Egoismus sei etwas Negatives. Und das ist auch richtig, sofern wir andere Menschen dadurch verletzen. Im Allgemeinen ist Egoismus jedoch etwas Positives – denn damit zeigen wir, dass für uns nur das Beste gut genug ist. Wenn wir den Erfolg anziehen wollen, müssen wir zunächst an uns selbst denken. Wenn Sie sich selbst nicht achten, können Sie auch anderen Menschen nicht die nötige Achtung entgegenbringen. Auch die Einführung Ihres persönlichen heiligen Abends (Tipp 40) erfordert eine gesunde Portion Egoismus. Als ich das Projekt „Saubere Straße" (Tipp 56) ins Leben rief, steckte dahinter nichts weiter als die pure Selbstsucht. Ich wollte in einer ordentlichen Straße leben und fühlte mich in Gegenwart der Obdachlosen nicht wohl. Und immer wenn mich heute ein Obdachloser um Geld bittet, biete ich ihm einen Job als Straßenreiniger an – in Manhattan gibt es schließlich mehr als genug dreckige Straßen. Wenn wir alle ein wenig egoistischer wären und uns daran machen würden, etwas gegen die Dinge zu unternehmen, die uns stören, gäbe es keine Alarmanlagen, keine Umweltverschmutzung, keine Obdachlosigkeit und keinen Hunger. Denn wirklich gefallen tut das niemandem. Wenn Sie sich für sich und Ihre Familie saubere Luft wünschen und die entsprechenden Schritte unternehmen, dann greift diese Initiative möglicherweise auch auf Ihre Nachbarn über. Vielleicht können Sie gemeinsam eine Bürgerinitiative ins Leben rufen oder auch Fahrgemeinschaften bilden. Selbst die kleinste Initiative schlägt Wellen. Und Sie würden sich wundern, wenn Sie wüssten, welch große Kreise diese Wellen ziehen. Also kümmern Sie sich zunächst einmal um sich selbst und die Welt wird sich auch um Sie kümmern.

Und wie funktioniert das mit dem Egoismus? Wenn Sie absolut egoistisch wären, was würden Sie dann an Ihrem Leben ändern? Meine Klientin Carlotta war so sehr damit beschäftigt, sich um ihre beiden Töchter und ihre berufliche Karriere zu kümmern, dass Sie überhaupt keine Zeit mehr für sich fand. Sie war zwar Mitglied in einem Fitnessstudio, verbrachte aber so viel Zeit damit, ihre Töchter zu verschiedenen Kursen zu fahren, dass sie es so gut wie nie von innen sah. Ich forderte Carlotta auf, zunächst einmal an sich selbst zu denken. Sie musste dringend etwas ändern. Also beschloss sie, ihre Töchter nicht mehr unentwegt zu chauffieren. Sie war zwar der Meinung, dass sie möglichst viel unternehmen sollten, es sollte jedoch nicht mehr nur auf ihre Kosten geschehen. Also erklärte sie ihren Töchtern, dass sie mehr Zeit für sich selbst brauchte. Die beiden hörten sich um und fanden eine Mitfahrgelegenheit für ihr Volleyballtraining. Durch das Gespräch mit ihrer Mutter erkannten die Mädchen, dass auch sie sich durch die zahlreichen Freizeitaktivitäten gestresst fühlten. Also beschlossen die beiden, künftig wenigstens einen ihrer Kurse ausfallen zu lassen und die Zeit lieber mit der Familie zu verbringen. Carlotta hatte zunächst befürchtet, dass ihre Töchter ihr ihren Egoismus verübeln würden. Es stellte sich jedoch heraus, dass alle Familienmitglieder davon profitierten.

Ich erlebe es immer wieder: Sobald jemand wirklich zuerst an sich selbst denkt, profitieren alle Beteiligten davon. Als einer meiner Kollegen sich einmal nicht wohl fühlte, beschloss er, alle Termine mit seinen Klienten abzusagen. Das war zwar völlig egoistisch, doch als er seine Klienten anrief, waren sie alle froh, dass sie ihren Termin verschieben konnten. Indem er sich und seine Bedürfnisse an die erste Stelle stellte, gab er seinen Klienten die Möglichkeit, dasselbe zu tun.

Merkwürdigerweise macht eine gesunde Portion Egoismus Sie für Ihre Mitmenschen attraktiver. Probieren Sie es aus und schauen Sie, was passiert. Verwechseln Sie den Egoismus aber nicht mit Rücksichtslosigkeit! Wenn Sie der alten Frau oder dem Behinderten Ihren Platz nicht anbieten – was glauben Sie, wer sich dann letztendlich wirklich schlecht fühlt? Kein anderer als Sie! Wenn Sie jedoch Platz machen, fühlen Sie sich gut. Auch wenn Sie Geschenke und Komplimente machen, ist das letztendlich nur egoistisch – denn Sie haben die Freude am Geben (Tipp 49). Also denken Sie künftig zuerst an sich selbst.

Kapitel 88

Investieren Sie in Ihre Bildung

> *In Zeiten dramatischen Wandels sind es die Lernenden, die die Zukunft erben. Denn die Lernenden sind in der Lage, in einer Welt zu leben, die nicht länger existiert.*
>
> Eric Hoffer

Was ist Ihr größtes Kapital? Sie. Ich wundere mich immer wieder, wenn die Menschen zögern, in sich selbst zu investieren. Sie verdienen nicht nur eine Weiterbildung, Sie brauchen sie sogar, wenn Sie sich weiterentwickeln wollen. Als Faustregel gilt: Investieren Sie fünf bis zehn Prozent Ihres Einkommens in Ihre Fortbildung. Studienergebnisse belegen, dass Menschen mit guter und fachspezifischer Ausbildung mehr verdienen als andere. Mit dem nötigen „Kleingeld" können Sie sich also auch eine bessere Ausbildung leisten. Alle drei Monate sind z. B. 25 Prozent unseres Wissens über Computer bereits veraltet. Wenn Sie sich also nicht auf dem Laufenden halten, ist ein Großteil Ihres Wissens nach einem Jahr überholt. Und jemand anders, der über das aktuelle Wissen verfügt, beherrscht Ihre Arbeit besser als Sie. Also sorgen Sie vor und bilden Sie sich weiter.

Neugier ist unwiderstehlich. Neugierige Menschen wollen immer etwas dazulernen, ganz egal wie alt sie sind. Wenn Sie nicht lernen und sich nicht weiterentwickeln, ist das so, als wären Sie bereits tot. In der heutigen Zeit, in der jeder Mensch umfassende Informationen aus dem Internet beziehen kann, müssen Sie ja auch nicht alles wissen. Sie müssen nur wissen, wo und wie Sie die erforderlichen Informationen finden. Künftig kommt es nicht mehr auf das erworbene Wissen an, sondern auf unsere Fähigkeit, möglichst schnell zu lernen und uns anzupassen. Den Schnellen und den Neugierigen gehört die Welt.

Wie können Sie Ihre Neugier trainieren? Machen Sie sich zunächst einmal klar, dass Sie nicht alles wissen. Je mehr wir über ein bestimmtes Thema wissen, desto mehr gibt es darüber zu lernen. Neugierigen Menschen ist das klar. Und das macht sie bescheiden und offen für alles Neue, was sie wiederum für andere anziehend macht. Wenn Sie sich erst einmal klarmachen, dass Sie nicht alles wissen und auch nicht alles wissen können, wird es Ihnen leichter fallen, mit offenen Augen durchs Leben zu gehen und Ihre Lernbereitschaft zu erhöhen. Ist Ihnen schon einmal aufgefallen, dass die vermeintlichen Alleswisser gar keinen Raum für neue Informationen haben? Sie verwenden ihre ganze Energie darauf, ihrer Umwelt zu beweisen, dass sie immer Recht haben. Sie können sich einfach nicht entspannen und Neues auf sich zukommen lassen.

Die Ursache für unsere Neugier ist unser innerer Wunsch nach Wachstum und Entwicklung. Ich persönlich bin der Überzeugung, dass es sich dabei auch um den Sinn unseres Lebens handelt. Es ist also nur natürlich, dass wir unser ganzes Leben lang nach Wegen für unsere persönliche Entwicklung suchen. Wir kommen jedoch nie ans Ziel, weil es sich um einen stetigen Entwicklungsprozess handelt. Wir können uns nur verbessern. Alle meine Klienten sind neugierig. Sie wollen sich und ihr Leben verbessern. Sie sind bereit, neue Ideen und Wege auszuprobieren. Wenn Sie nicht den Erfolg haben, den Sie verdienen, und Sie alles in Ihrer Macht stehende tun, um diesen Erfolg zu erreichen, dann fehlt Ihnen etwas. Nur besonders starke Persönlichkeiten sind tatsächlich dazu in der Lage, dann die Hilfe in Anspruch zu nehmen, die Sie benötigen, und die erforderlichen Maßnahmen zu ergreifen. Aus irgendeinem Grund sind einige Leute jedoch gar nicht daran interessiert, der beste Mensch zu werden, der sie sein können. Für alle, die glauben, bereits alles zu wissen, ist Coaching eindeutig nicht das Richtige.

Rob war ein schrecklich arroganter Besserwisser. Wenn man sich mit Rob unterhielt, hatte man grundsätzlich das Gefühl, dass er auf einen herabblickte. Er arbeitete in einer renommierten Investmentbank an der Wall Street und konnte einfach nicht verstehen, warum seine Vorgesetzte seine Arbeit nicht in der Form anerkannte, die er verdiente. Für Rob war seine Chefin eine Idiotin. Er beklagte sich fürchterlich darüber, dass er ein ganzes Wochenende an einem Bericht für sie gearbeitet hatte, den sie dann am Montag grundlegend änderte (wobei die Änderungen seiner Meinung nach völlig unnötig waren) und ihn bat, noch einmal zu schreiben. Er konnte sich eine bissige Bemerkung nicht verkneifen und rauschte aus ihrem Büro. Zu Besprechungen kam er grundsätzlich zu spät – da dort ja ohnehin nur Belanglosigkeiten diskutiert wurden. Seine Projekte waren eigentlich nie rechtzeitig fertig. Mich überraschte es nicht, dass er schließlich die Kündigung erhielt. Rob allerdings fiel aus allen Wolken. Immerhin war das schon die zweite Stelle, die er innerhalb eines Jahres verlor. Sein Selbstbewusstsein hatte mittlerweile erheblich gelitten. Schließlich sah er ein, dass er sich seiner Fehler bewusst werden musste, wenn er endlich den gewünschten Erfolg haben wollte. Und genau das war der Wendepunkt in seinem Leben. Endlich hatte er erkannt, dass er eben nicht alles wusste und Hilfe brauchte. Nachdem er mir seine Geschichte erzählt hatte, empfahl ich ihm einen Coach, der über dreißig Jahre lang in leitenden Positionen verschiedener Unternehmen gearbeitet hatte. Rob war zwar ein schwieriger Klient, aber er war immerhin bereit, sich zu ändern. Einige Monate darauf fand er eine neue Stellung und hatte so die Möglichkeit für einen Neuanfang. Dieses Mal war er bereit, von seinen Kollegen und seinen Vorgesetzten so viel wie möglich zu lernen – auch wenn sie seiner Meinung nach längst nicht immer Recht hatten. Er arbeitet jetzt seit mehr als einem Jahr in der Firma und seine beruflichen Aussichten sind relativ gut. Seine Unzufriedenheit ist verschwunden und mittlerweile ist er sogar ein recht angenehmer Zeitgenosse.

Ein weiterer Weg, um für Neues offen zu bleiben, ist, sich mit einem Gebiet zu beschäftigen, auf dem Sie keinerlei Erfahrung haben. Beschäftigen Sie sich mit Literaturwissenschaft oder Physik. Lernen Sie Tango tanzen. Es kommt nicht darauf an, was Sie lernen – entscheiden Sie sich für ein Gebiet, das Sie interessiert. Werden Sie wieder zum Schüler und beginnen Sie noch einmal ganz von vorn. Umgeben Sie sich mit Menschen, die zumindest auf einigen Gebieten über mehr Wissen verfügen als Sie.

Fort- und Weiterbildung galt früher als Luxus. Heute handelt es sich um eine Notwendigkeit. Sie wissen immer noch nicht, wie Ihr PC eigentlich funktioniert? Vergessen Sie das Handbuch und besuchen Sie einen Computerkurs oder lassen Sie sich von einem Fachmann in die Materie einweihen. Sie möchten in der Abteilung für internationale Angelegenheiten arbeiten? Bitten Sie Ihren Arbeitgeber, Ihnen einen Fremdsprachenkurs zu finanzieren. Nehmen Sie möglichst alle Weiterbildungsangebote Ihrer Firma in Anspruch. Und wenn Sie sich auf einem Gebiet weiterbilden möchten, das von Ihrem Arbeitgeber nicht angeboten wird, erkundigen Sie sich bei Ihrem Vorgesetzten nach entsprechenden Möglichkeiten. Ich rate meinen Klienten grundsätzlich, so viele Fortbildungen wie möglich auf Kosten des Arbeitgebers zu belegen. Sie sollten ihm jedoch glaubhaft vermitteln können, dass diese Fortbildung sich positiv auf Ihre Leistungen auswirkt, und möglichst einen genauen Terminplan vorlegen. Wenn Sie selbstständig sind oder freiberuflich arbeiten und sich um alles selbst kümmern, müssen Sie sich wahrscheinlich sogar noch auf sehr viel mehr Gebieten fortbilden. Ihnen fehlen die erforderlichen Führungsqualitäten? Sie müssen Ihre Computerkenntnisse auffrischen? Bleiben Sie am Ball. Wenn Sie durch Inkompetenz glänzen, wird der Erfolg auf sich warten lassen. Also nehmen Sie sich die Zeit. Lernen Sie alles über Ihr persönliches Fachgebiet und bilden Sie sich dann auch auf weiteren Gebieten weiter.

Kapitel 89

Ein freier Tag pro Woche ist Pflicht

> *Sabbat: Ein wöchentliches Fest, dessen Ursprung in der Tatsache liegt,
> dass Gott die Welt in sechs Tagen erschuf und am siebten verhaftet wurde.*
>
> Ambrose Bierce

Wenn Sie sich nicht jede Woche mindestens einen freien Tag gönnen, besteht die Gefahr, dass Sie sich sehr schnell ausgebrannt fühlen. Doch aus irgendeinem Grund verdrängen wir diese Tatsache. Mittlerweile verplanen wir auch unsere Wochenenden. Aber sowohl unser Körper als auch unsere Seele brauchen mindestens einen freien Tag pro Woche. Der Bibel zufolge gönnte selbst Gott sich einen freien Tag. Auch Sie brauchen einen Tag, an dem Sie tun können, was Sie wollen. Ein Tag ohne Pläne, To-do-Listen oder Verpflichtungen – ohne feste Termine mit Freunden oder Bekannten. Das bedeutet nicht, dass Sie den Tag allein verbringen müssen (wobei das auch eine wunderbare Abwechslung sein kann.) Nehmen Sie sich nichts vor. Und wenn Sie dann Lust haben, den ganzen Tag im Schlafanzug herumzulaufen, tun Sie es. Gläubige Menschen halten sich grundsätzlich einen Tag frei, an dem sie sich auf ihre Spiritualität besinnen – sei es nun in der Synagoge, der Kirche oder in der freien Natur.

Mona, eine vierunddreißigjährige Journalistin, war mit sich und der Welt unzufrieden, konnte sich jedoch die Ursache für diese Unzufriedenheit nicht erklären. Sie hatte einen wunderbaren Mann, einen tollen Job und hatte sich neben dem Beruf auf einem Gebiet, das sie sehr interessierte, selbstständig gemacht. Doch die Unzufriedenheit nagte an ihr. Ich fand ziemlich schnell heraus, dass Mona sich keinen freien Tag gönnte. Selbst ihre Wochenenden waren fest verplant – und das, obwohl das die einzigen Tage in der Woche waren, die sie mit ihrem Mann verbringen konnte. Da sie aufgrund ihrer Selbstständigkeit jedoch auch an den Abenden arbeitete, wollte sie das Wochenende für Verabredungen mit Freunden und Bekannten nutzen. Ich schlug ihr den Freitag vor. Mona war jedoch der Meinung, sie könnte sich das nicht leisten. Ich erklärte ihr, dass sie keine Wahl hatte. Wenn sie aus sich und ihrem Leben das Beste machen wollte, brauchte sie diesen freien Tag. Dieses Argument überzeugte sie schließlich. Zunächst nahm sie sich freitags nur den halben Tag frei. Doch schon bald organisierte sie ihre Arbeit so, dass sie sich den ganzen Tag freinehmen konnte. Dieser freie Tag veränderte ihre Lebenseinstellung. Sie erkannte, dass sie sich zunächst besser um sich selbst kümmern musste, bevor sie ihre Arbeit und die Zeit mit ihrem Mann und ihren Freunden wirklich genießen konnte.

Ein Vollbad bietet eine weitere kostengünstige Möglichkeit zum Abschalten. Wir sind zu einem Volk von Duschenden geworden und es kann durchaus passieren, dass wir ein ganzes Jahr lang kein Vollbad nehmen und vergessen, wie herrlich so ein Bad eigentlich ist. Ein Vollbad bietet im Vergleich zur Dusche zahlreiche Vorteile. Sie können sich herrlich entspannen. Mit dem entsprechenden Badeschaum und weiteren Zutaten wird ein Bad ganz schnell zu etwas ganz Besonderem, zu Ihrem persönlichen kleinen Luxus. In der Badewanne können Sie ein Glas Champagner oder Fruchtsaft trinken oder sich einfach zurücklehnen und meditieren. Sie können ein Buch oder eine Zeitschrift lesen. Sie können Ihre Lieblingsmusik auflegen. Wenn Sie so beschäftigt sind, dass Sie keine Zeit für sich finden, ist ein Bad ein hervorragender Vorwand für eine persönliche Auszeit. Schließen Sie die Tür und ziehen Sie sich von der Außenwelt zurück. Nach dem Bad fühlen Sie sich wie neugeboren.

Mein Vater schrieb z. B. einen Großteil seines Romans in der Badewanne. Viele Menschen haben in der Badewanne die besten Ideen. Ich folgte dem Beispiel meines Großvaters und verfasste einen Großteil dieses Buches, während ich mir den Luxus eines Schaumbads gönnte. Die Ideen flogen mir nur so zu. Meine Mutter, die einige Jahre in der Wüste von Arizona gelebt hatte, musste lernen, mit dem Wasser Haus zu halten. Sie liebte langes Duschen, doch da sie Wasser sparen wollte, nahm sie lieber ein Bad. So konnte sie sich entspannt zurücklehnen – und das ganz ohne Schuldgefühle. Mit einem Vollbad können Sie sich jederzeit und völlig kostenlos verwöhnen. Genießen Sie das Bad und entspannen Sie sich. Schalten Sie mindestens einmal pro Woche richtig ab und Sie werden leistungsfähiger und glücklicher sein.

Kapitel 90

Verwöhnprogramm mit minimalem Budget

Nehmen Sie das Leben nicht zu ernst. Sie kommen sowieso nicht lebend heraus.

Elbert Hubbard

Hier ein paar kostengünstige Verwöhnideen:

1. Setzen Sie sich für mindestens zwanzig Minuten an einen See, einen Fluss oder einen Teich.
2. Machen Sie ein Picknick im Garten oder im Park und nehmen Sie ein gutes Buch mit.
3. Besuchen Sie ein Museum und lassen Sie sich von den Kunstwerken inspirieren.
4. Gehen Sie in eine Gärtnerei und genießen Sie den Duft der Blumen.
5. Leihen Sie sich Bücher, CDs oder Videos aus der Bücherei.
6. Nehmen Sie an kostenlosen Veranstaltungen in einem nahe gelegenen Freizeitpark teil.
7. Legen Sie sich an den Strand.
8. Verbringen Sie ein Wochenende in einem Kloster (das keine Kosten für den Aufenthalt berechnet.)
9. Besuchen Sie eine Kirche und beten oder meditieren Sie.
10. Gehen Sie in den botanischen Garten.
11. Besuchen Sie unbekannte Orte und Plätze in Ihrer Stadt.
12. Trinken Sie einen Tee in einem noblen Restaurant oder Hotel.
13. Pflanzen Sie Blumen, Kräuter oder Gemüse in Ihrem Garten bzw. auf Ihrem Balkon oder Fensterbrett an.Gehen Sie ins Tierheim und streicheln Sie dort die Hunde und Katzen.
14. Betrachten Sie den Sternenhimmel.
15. Schauen Sie sich mit einem Freund oder einer Freundin den Sonnenuntergang an und trinken Sie dabei ein Glas Sekt oder Wein.
16. Gehen Sie essen.
17. Schauen Sie sich einen Videofilm an und essen Sie dazu Popcorn.
18. Stellen Sie sich als Platzanweiser für Theateraufführungen o. Ä. zur Verfügung und sparen Sie sich so das Eintrittsgeld.

Teil X

Müheloser Erfolg

Würde besteht nicht im Besitz von Auszeichnungen, sondern in dem Bewusstsein, dass wir sie verdienen.

Aristoteles

In dieser Phase des Coaching-Programms sind wahrscheinlich schon zahlreiche wunderbare Dinge, Möglichkeiten und Menschen in Ihr Leben getreten. Sie haben sich von all den Unannehmlichkeiten, die Sie bislang toleriert haben, befreit. Sie verfügen über ausreichend Energie, Zeit, Geld und Liebe. Sie wissen, was Sie wirklich wollen, und tun genau das, was Ihnen Spaß macht. Sie verwöhnen sich selbst. Jetzt sind Sie auch in der Lage, bestimmte Dinge zu erreichen. Vielleicht wünschen Sie sich den Traumjob, einen perfekten Geschäftspartner, die Liebe Ihres Lebens oder das ideale Zuhause. Zunächst einmal müssen Sie sich klarmachen, dass Sie alles haben und erreichen können, wenn Sie sich nur erlauben, diese Dinge zu besitzen bzw. zu erreichen. Die Voraussetzungen dafür finden Sie in Teil IX. Dort lernen Sie, sich mit Schönheit und Luxus zu umgeben. Viele Menschen betreiben in diesem Punkt Selbstsabotage, da sie aus irgendeinem Grund kein angenehmes Leben führen wollen. Indem Sie sich selbst verwöhnen, trainieren Sie Ihr Bewusstsein darauf, zu akzeptieren, dass Sie alles, was Sie sich wünschen, auch verdienen. Solange Sie jedoch nicht überzeugt sind, etwas zu verdienen, ist es auch so gut wie unmöglich, es zu erreichen. Wenn auch Sie zur Selbstsabotage neigen, sollten Sie Teil IX noch einmal gründlich lesen. Diejenigen unter Ihnen, die sich bereits selbst verwöhnen, sind bereit für den nächsten Schritt. Hier einige Tipps, wie Sie all Ihre Ziele erreichen können.

Kapitel 91

Verwirklichen Sie Ihre Ziele – mühelos

*Die Reichweite des Menschen sollte sein Fassungsvermögen überschreiten.
Oder worin liegt sonst der Sinn des Himmels?*

Robert Browning

Bevor Sie all das erreichen können, was Sie sich wünschen, müssen Sie sich selbst erlauben, diese Ziele zu realisieren. Können Sie sich an etwas erinnern, das Sie unbedingt haben wollten, z. B. einen bestimmten Job, eine Auszeichnung oder einen bestimmten Geldbetrag? Haben Sie gedacht: „Ich wünsche es mir, aber ich kriege es ja sowieso nicht."? Die Realität basierte dann voraussichtlich auf der Aussage: „Ich kriege es ja sowieso nicht." und Sie haben es nicht bekommen. Wenn Sie stattdessen jedoch in Kategorien wie z. B. „Ich kann es erreichen." – „Wie kann ich es erreichen?" oder einfach „Ich habe es." denken, dann werden Sie Ihr Ziel auch erlangen. Ihre Gedanken sind äußerst mächtig und manifestieren sich in Ihrer Realität. Schauen Sie sich das Leben Ihrer Mitmenschen an und Sie wissen, was diese Menschen von sich selbst denken. Wir erhalten immer das, von dem wir glauben, dass wir es verdienen.

Als meine Klientin Josephine ihre Stellung bei einer Versicherung aufgeben und sich als Unternehmensberaterin selbstständig machen wollte, fusionierte die Firma mit einem anderen Unternehmen und Josephine beschloss, sich um eine Abfindung zu bemühen. Als sie sich bei dem Leiter ihrer Abteilung danach erkundigte, erklärte er ihr, dass eine Abfindung für sie nicht in Frage käme. Sie müsste erst achtzehn Monate in einem Team arbeiten, bevor sie ein Anrecht darauf hätte. Josephine ließ sich von ihrem Vorgesetzten beeinflussen und machte sich keine großen Hoffnungen mehr. Dann hörte sie jedoch von einem anderen Mitarbeiter, der das Unternehmen aus persönlichen Gründen verlassen und eine Abfindung erhalten hatte. Das veränderte ihre Denkweise. Wenn dieser Mitarbeiter eine Abfindung erhalten hatte, dann stand ihr auch eine zu. Sie lag also durchaus im Bereich des Möglichen. Josephine wünschte sich die Abfindung nicht länger, sondern war sicher, sie zu erhalten. Durch die neue Einstellung änderte sich auch ihr Handeln. Sie forderte den Unternehmensleiter auf, ihr die Abfindung auszuzahlen, und zwei Monate darauf erhielt sie nicht nur die Abfindung, sondern auch weitere Prämien. Hätte sie ihre Denkweise nicht verändert, hätte sie nicht auf die Abfindung bestanden und diese voraussichtlich auch nicht erhalten.

Ihre persönliche Realität ist nichts anderes als die Reflektion Ihrer Gedanken. Bevor Sie ein Ziel erreichen, müssen Sie davon überzeugt sein, dass Sie es auch erreichen *können*. Peter, ein Schauspieler aus New York, war ziemlich frustriert, weil er in einem winzigen Apartment am Stadtrand lebte. Er hasste dieses Apartment. Seine Freunde und Bekannten lebten in gepflegteren und teureren Stadtteilen im Zentrum der Stadt. Er war jedoch fest davon überzeugt, dass er in der von ihm gewünschten Lage keine für ihn erschwingliche Wohnung finden würde. Ich erklärte ihm, dass er seine Denkweise ändern müsste. Solange er davon überzeugt war, keine Wohnung zu finden, würde er das auch nicht zuwege bringen. Ich forderte ihn auf, sich seine Traumwohnung so detailliert wie möglich vorzustellen und dabei die Höhe der Miete nicht zu vergessen. Er wünschte sich ein helles und geräumiges Apartment im West Village, und zwar mit Garten und ruhigen Nachbarn. Obendrein sollte sich die Wohnung in der Nähe eines Fitnessstudios befinden und nicht mehr als 500 Euro pro Monat kosten. Die Mieten für so eine Wohnung in dieser Gegend betrugen allerdings mindestens 750 Euro. Da es obendrein kaum freie Wohnungen gab, war es eigentlich ziemlich unvernünftig, sich Hoffnungen zu machen. Ich erklärte Peter, dass er sich nicht weiter um die vernünftigen Argumente kümmern und sich einfach vorstellen sollte, wie er in seiner Traumwohnung lebte. Und nur drei Wochen später wurde das Unmögliche möglich. Der Freund eines Freundes suchte einen Untermieter für sein Studio im West Village – die Wohnung hatte einen Garten, das Fitnessstudio lag ganz in der Nähe und die Miete betrug nur 400 Euro pro Monat. Peter hatte seine Traumwohnung gefunden.

Ihre Gedanken bestimmen Ihre Handlungen und Ihre Handlungen bestimmen das, was Sie erreichen. Das ist leicht gesagt, aber wie, bitte schön, sollen Sie Ihre Gedanken verändern? Keine Sorge, lesen Sie einfach weiter.

Kapitel 92

Schreiben Sie Ihre Ziele täglich fünfzehnmal auf

> *Die Wörter „Ich bin ..." sind unglaublich mächtig.*
> *Also achten Sie darauf, wie Sie den Satz beenden,*
> *denn Ihr Anspruch wird Sie erreichen und dann wiederum Sie beanspruchen.*
>
> A. L. Kitselman

Um Ihr Denken vom reinen Wunschdenken zu einer Überzeugung werden zu lassen schreiben Sie Ihren Wunsch täglich fünfzehnmal auf. Ich weiß, das hört sich simpel an. Aber wenn es bei Scott Adams, dem populärsten Cartoonisten Amerikas und Erfinder von „Dilbert", geklappt hat, warum soll es dann bei Ihnen nicht funktionieren? Adams selbst stand dieser Methode anfangs ebenfalls ziemlich skeptisch gegenüber. Also fing er zunächst mit kleinen Zielen an – er stellte sich z. B. eine bestimmte Frau vor. Und als das klappte, beschloss er, seine Versuche auszuweiten. Bei seinem Eignungstest für die Wirtschaftsschule wollte er genau 94 Punkte erreichen und er erhielt 94 Punkte. Als er davon überzeugt war, dass das Niederschreiben der Wünsche diese Realität werden ließ, schrieb er täglich fünfzehnmal: „Ich werde der beste Cartoonist der Welt sein." Zu der Zeit, als er diesen Wunsch äußerte, schien dieses Ziel absolut utopisch. Schließlich waren da noch Gary Wilson und Bill Watterson. Doch dann geschah etwas Seltsames: Beide Cartoonisten zogen sich aus dem Berufsleben zurück. Aber vergessen Sie nicht, dass Adams nebenbei auch hart an der Verwirklichung seines Ziels gearbeitet hat.

Adams benutzte bei der Formulierung seines Ziels zwar die Zukunft, aber noch besser funktioniert dieses Prinzip, wenn Sie dabei die Gegenwart verwenden. Schreiben Sie also nicht: „Ich werde Millionär sein.", sondern: „Ich bin Millionär." Sofern dieser Wunsch nicht zu Ihrem Besten ist oder den Beteiligten daraus Nachteile entstehen könnten, kann es jedoch passieren, dass Ihr Ziel sich nicht realisiert. Das wäre z. B. der Fall, wenn Sie Ihren Konkurrenten den Tod wünschen, nur um selbst zur Nummer eins zu werden. Achten Sie darauf, dass Sie nur positive Gedanken aussenden. Negative Gedanken kommen wie ein Bumerang zu Ihnen zurück und Sie müssen sich dann mit den Konsequenzen auseinander setzen. Wer bzw. was wollen Sie sein? Schreiben Sie Ihr größtes Ziel fünfzehnmal täglich auf und das Universum wird sich daranmachen, es zu verwirklichen.

Jetzt werden Sie sich natürlich fragen, ob dieser Punkt nicht im Gegensatz zu der Aufforderung steht, Ihre To-do-Liste wegzuwerfen. Da haben Sie natürlich Recht. Doch mittlerweile sollten Sie sich von Ihren alten Zielen gelöst haben und sich darüber im

Klaren sein, was Sie wirklich wollen. Sofern Sie allerdings nach wie vor lieber ohne feste Ziele leben wollen, können Sie das natürlich tun. Wenn Sie jedoch ein ganz bestimmtes Ziel vor Augen haben, dann versuchen Sie es einmal mit dieser Technik.

Matthew, Lektor in einem renommierten Verlag, hatte sich um einen neuen Arbeitsplatz beworben. Er wusste, dass man ihn im Rahmen des Vorstellungsgesprächs nach seinen Gehaltsvorstellungen fragen würde, und hatte sich mit seiner Frau bereits auf einen bestimmten Betrag geeinigt. Dann schrieb er fünfzehnmal täglich den Satz: „Ich verdiene XYZ Euro und habe sechs Wochen Urlaub pro Jahr." Seine Gehaltsvorstellung war beträchtlich höher als sein jetziges Gehalt und sechs Wochen Jahresurlaub waren in seinem Job die große Ausnahme. Kurz darauf wurde ihm die Stelle tatsächlich angeboten und man fragte ihn nach seinen Gehaltsvorstellungen. Matt zögerte nicht eine Sekunde und bekam tatsächlich das Gehalt, das er sich gewünscht hatte. Und die sechs Wochen Urlaub bekam er auch! Er erklärte mir, dass er seine Gehaltsvorstellung nicht so selbstverständlich hätte nennen können, wenn er sie nicht täglich aufgeschrieben hätte. Jetzt bereut er lediglich, dass er nicht ein höheres Gehalt vorgeschlagen hat.

Wenn Sie Ihren Wunsch täglich fünfzehnmal niederschreiben, akzeptiert Ihr Unterbewusstsein diese Aussage schließlich als Tatsache. Wenn Sie Ihren Wunsch das erste Mal aufschreiben, wird Ihr Verstand protestieren: „Was glaubst du eigentlich, wer du bist? Das kriegst du nie! Bleib auf dem Teppich!" Irgendwann werden Sie jedoch den Punkt erreichen, an dem die Stimme Ihres Verstandes sagt: „Du kannst es schaffen!" Und genau das ist der Punkt, an dem ein Wunsch zur Überzeugung wird. Also nehmen Sie Papier und Stift zur Hand und schreiben Sie Ihre Ziele auf!

Kapitel 93

Kein Platz für negative Gedanken

Der Geist ist eine eigene Welt für sich, in der die Hölle zum Himmel und der Himmel zur Hölle werden kann.

Milton, *Das verlorene Paradies*

Ein wichtiges Prinzip der Kriegsführung lautet: kein Gedanke an eine mögliche Niederlage. Wenn Sie sich also auf einen Zweikampf einlassen, entscheiden Sie sich, was Sie tun wollen, und tun Sie genau das. Denken Sie nicht darüber nach, dass Sie den Kürzeren ziehen könnten. Denn dann ist es wahrscheinlich, dass dieser Fall eintritt. Konzentrieren Sie sich einfach auf das, was Sie tun. Ich habe die Erfahrung gemacht, dass dieses Prinzip sich auch auf das Fahrradfahren übertragen lässt. Als ich meine Schwester in Colorado besuchte, lud mein Schwager mich zu einer Radtour durch die Berge ein. Er setzte mich auf ein Mountainbike, erklärte mir kurz die Gangschaltung und schon ging es los. Ich hatte jedoch große Probleme mit der Schaltung. Bergab fuhr ich grundsätzlich in einem zu niedrigen Gang, während ich mich bergauf mit den hohen Gängen abmühte. Zu allem Überfluss fuhren wir auch noch an einem steilen Abhang entlang. Als ich nach unten schaute, konnte ich einfach nicht anders, ich stellte mir den schlimmsten aller Fälle vor und sah mich schon hinunterstürzen. Und prompt stürzte ich. Zum Glück kam ich mit dem Schrecken davon. Dasselbe gilt auch für Ihre Gedanken. Wenn Sie sich auf die negativen Dinge konzentrieren, werden diese wahrscheinlich auch eintreten.

Positiv denken – das hört sich leichter an, als es ist. Und wenn wir mit einem Fahrrad an einem Abhang entlang fahren, dann wird es schwierig, den Gedanken an einen möglichen Sturz zu verbannen. Was sollen Sie also tun, wenn Ihnen diese negativen Gedanken in den Sinn kommen – und das auch noch, wenn Sie sie am wenigsten gebrauchen können? Versuchen Sie doch einmal mit dem negativen Gedanken zu sprechen: „Hallo, du schon wieder? Was machst du denn hier? Lass mich doch bitte in Ruhe." Konzentrieren Sie sich dann auf das, was Sie erreichen wollen: „Ich bin sportlich und komme ohne Probleme diesen Berg hoch." Mit diesem kleinen Trick können Sie die negativen Gedanken schnell abschalten.

Meine Klientin Birgit, eine einundvierzigjährige Designerin, berichtete mir, dass sie mit ihrem Freund einen gemeinsamen Urlaub geplant hätte. Sie befürchtete das Schlimmste und sah sich mit ihm schon in einen handfesten Streit verwickelt. Denn sie lag für ihr Leben gerne am Strand, während er sich immer irgendwie beschäftigen musste. Ich erklärte ihr, dass sie die negativen Gedanken aufgeben müsste. Sie bereitete sich im Geiste bereits auf einen schrecklichen Urlaub vor – und das ist fatal. Als sie erkannte, was sie da tat, brach sie in Gelächter aus. Stattdessen stellte sie sich vor, wie sie und ihr Partner den Urlaub genossen. Zwei Wochen darauf rief sie mich an und berichtete, dass sie einen herrlichen Urlaub verbracht hätten. Die Zeit hatte sie einander sogar wieder näher gebracht. Das Leben hält das Beste für uns bereit, wenn wir es nur lassen.

Nun wollen wir uns noch ein wenig eingehender mit den negativen Gedanken beschäftigen. Ein Gedanke oder eine Beobachtung kann negativ sein, aber Ihre Reaktion darauf nicht unbedingt. Nehmen wir einmal folgendes Beispiel: „Der Kerl ist völlig rücksichtslos." Das ist eine Feststellung. Jetzt haben Sie verschiedene Möglichkeiten. Sie können diesen Gedankengang fortführen: „Wie kommt der dazu, sich vor einem Behinderten vorzudrängeln?" und dann im Nachhinein allen von diesem rücksichtslosen Kerl erzählen. Sie können aber auch direkt reagieren und jemanden auf Ihre Beobachtung ansprechen: „Haben Sie das gesehen?" Wenn Sie die Dinge nicht einfach hinnehmen (Tipp 7) und stattdessen sofort ansprechen, können Sie sie auch loslassen. Das ist wesentlich effektiver, als wenn Sie sich die ganze Zeit mit den negativen Gedanken über diesen Rüpel beschäftigen.

Vielleicht fallen Ihnen auch andere negative Dinge auf. Wenn Sie z. B. nicht mehr in Ihre Hose passen, haben Sie ebenfalls verschiedene Möglichkeiten. Negativ: „Ich muss unbedingt abnehmen. Ich habe einfach keine Disziplin. Ich bin schrecklich. Wenn ich noch fetter werde, will niemand mehr etwas mit mir zu tun haben." Kopf in den Sand: „Meine Hose ist wohl im Trockner eingelaufen." Positiv: „Oh, ein deutliches Zeichen, dass ich mich selbst vernachlässigt habe. Es wird höchste Zeit, dass ich mich einmal wieder richtig verwöhne!" Wenn Sie sich auf die positive Seite konzentrieren, bedeutet das nicht, dass Sie deswegen die negativen Fakten verleugnen. Negative Ereignisse sind ein häufiges Indiz dafür, dass wir einen anderen Weg einschlagen sollten (Tipp 69). Wenn Sie nichts gegen diesen negativen Gedanken unternehmen wollen, dann akzeptieren Sie ihn. Wenn Sie ihn jedoch nicht akzeptieren können, dann müssen Sie etwas unternehmen.

> **Hier sind zwei hilfreiche Tipps, wie Sie sich von Ihren negativen Gedanken lösen können:**
>
> - Legen Sie einen Pfennig in eine Schale, sobald Sie sich bei einem negativen Gedanken ertappen. Wenn wir uns bewusst werden, wie häufig wir negativ denken, reicht das häufig schon aus, um unser Verhalten zu ändern. Eine meiner Klientinnen, ein besonders schwerer Fall, forderte ich auf, über all ihre negativen Gedanken Buch zu führen. „Ich bin so dumm." belegte ganz klar Platz eins. Dieser Satz ging ihr an einem Tag siebenundfünfzigmal durch den Kopf. Also ersetzte sie ihn durch: „Eigentlich bin ich ja ganz schön clever."
> - Schreiben Sie alle negativen Gedanken auf ein Blatt Papier und verbrennen Sie es anschließend.
> - Lesen Sie das Buch *Lebe ohne Sorge! Die Nacht des Optimismus* von Peter McWilliams (Ullstein 1994).

Kapitel 94

Behalten Sie immer ein Ass im Ärmel

Je weniger einer braucht, desto mehr nähert er sich den Göttern.

Sokrates

Das Geheimnis, alles zu erreichen, was Sie sich wünschen, liegt darin, sich nichts zu wünschen. Warum erhalten wir das, was wir uns wünschen, gerade dann, wenn wir es eigentlich gar nicht wollen? Ist Ihnen nicht auch schon einmal aufgefallen, dass der Mann oder die Frau, an dem bzw. der Sie überhaupt nicht interessiert sind, Sie immer wieder anruft? Ich habe zahlreiche Bücher zu diesem Thema gelesen, in denen mir geraten wurde, mich von meinen Zielen zu lösen. Aber wie soll das funktionieren, wenn ich es mir doch von ganzem Herzen wünsche? Und ebenso viele Bücher haben mir genau das Gegenteil geraten. Ich solle mich mit aller Macht um die Verwirklichung meines Wunsches bemühen und mich ausschließlich auf dieses Ziel konzentrieren. Die Wahrheit und somit auch das Problem liegt in der Mitte. Um genau das zu erreichen, was Sie wollen, müssen Sie es sich von Herzen wünschen, andererseits dürfen Sie es jedoch weder brauchen noch unbedingt haben wollen. Das ist wahrlich keine leichte Aufgabe. Am besten können Sie sich von dem Ergebnis lösen, wenn Sie noch ein Ass im Ärmel haben. Auf diese Weise können Sie sich auch zunächst auf die Befriedigung Ihrer Bedürfnisse konzentrieren. So verringern Sie Ihre Bedürftigkeit und erhöhen Ihre Fähigkeit, genau das zu erreichen, was Sie sich wünschen (Tipp 43). Im nächsten Schritt sollten Sie dafür sorgen, dass Ihnen möglichst viele Möglichkeiten offen stehen (Tipp 95). Wenn Sie unbedingt eine bestimmte Stelle haben möchten, sollten Sie sich bei mehreren Arbeitgebern bewerben. Wenn Sie einen einzigen Menschen oder eine bestimmte Person für die Befriedigung Ihrer Bedürfnisse verantwortlich machen, laufen Sie Gefahr, dass diese sich von Ihnen abwenden (Tipp 44). Wenn Sie unsterblich in eine bestimmte Frau oder einen bestimmten Mann verliebt sind, schaffen Sie einen Ausgleich, indem Sie sich auch mit anderen Männern oder Frauen treffen. Natürlich können Sie sich diesen Job oder diesen Mann immer noch von ganzem Herzen wünschen, nur *brauchen* Sie ihn nicht mehr. Je weniger Sie auf andere angewiesen sind, desto eher werden sie Ihre Gesellschaft suchen. Das ist zwar nicht unbedingt gerecht, aber das Leben ist nun einmal so. Also finden Sie sich damit ab.

Nehmen wir doch einmal dieses Buch als Beispiel. Ich liebe meinen Beruf und es macht mir Spaß, anderen zu einem erfolgreichen Leben zu verhelfen. Ich wünsche mir auch, dass dieses Buch ein Erfolg wird. Ich bin bereit, alle notwendigen Maßnahmen zu ergreifen. Aber ich bin nicht auf dieses Buch angewiesen. Auch wenn es ein Flop werden sollte, kann ich meine Miete bezahlen. Ich habe ein erfolgreiches Unternehmen und muss mir keine Gedanken mehr darüber machen, wie ich meine Rechnungen begleichen soll. Das Buch ist nur eine Zugabe. Wenn ich auf dieses Buch angewiesen wäre, hätte ich verzweifelt nach einem Agenten und einem Verleger gesucht und sie auf diese Weise vielleicht sogar vertrieben. Menschen können Verzweiflung schon aus großer Entfernung riechen. Das war aber nicht der Fall und ich konnte mich ganz entspannt um die Veröffentlichung meines Ratgebers kümmern. So fand ich eine der besten Agentinnen der Branche – und das ohne besonders große Anstrengung. Meine Agentin bemühte sich wiederum, den richtigen Verleger zu finden. Für den Fall, dass ich keinen Verleger finden sollte, hatte ich sogar schon darüber nachgedacht, das Buch selbst zu veröffentlichen. Wenn mir dieses Buch nicht wirklich wichtig gewesen wäre, hätte ich es andererseits niemals bis hierher geschafft. Denn es steckt eine Menge Arbeit dahinter. Mein sehnlicher Wunsch, dieses Buch zu veröffentlichen, war es, der mich an dem Manuskript arbeiten ließ, während alle meine Freunde und Bekannten sich am Strand tummelten. Ich empfand das jedoch niemals als Opfer, sondern es machte mir Spaß.

Maxine arbeitete im Vertrieb und hatte große Schwierigkeiten in ihrem Beruf. Sie konnte es nicht mehr ertragen, potenzielle Kunden anzurufen und dann zu erleben, wie diese den Hörer auflegten, und zwar mit dem Kommentar: „Mich rufen täglich mindestens zwanzig Vertreter an, bitte belästigen Sie mich nicht weiter." Es überraschte mich nicht, als sie mir erklärte, dass sie unglücklich war. Sie hatte sich darauf versteift, dass sie bei jedem Anruf auch einen Termin vereinbaren musste. Erreichte sie dieses Ziel nicht, fühlte sie sich als Versagerin. Also musste sie ihre Zielsetzung ändern. Künftig sollte sie sich bei den Anrufen lediglich bemühen, eine persönliche Beziehung zu den potenziellen Kunden aufzubauen. Sie sollte die Menschen nicht überzeugen, sondern versuchen ihnen zu helfen. Maxine ist ein sehr geselliger Mensch und mit der neuen Zielsetzung machte ihr die Arbeit wieder Spaß. Sie konzentrierte sich darauf, die Kunden und ihre Bedürfnisse kennen zu lernen, und versuchte nicht mehr mit aller Macht ihr Produkt zu verkaufen. Und schon erreichte sie mühelos die gewünschten Verkaufszahlen.

Wenn uns der Weg zum Ziel Spaß macht, können wir uns auch leichter von dem Ergebnis lösen. Fragen Sie einmal Ihre Mitmenschen, was sie an ihrem Leben ändern würden, wenn sie eine Million gewinnen würden. Nur wenige werden Ihnen antworten, dass sie nichts ändern wollen, weil sie mit ihrem Leben vollkommen zufrieden sind. Und genau diese Menschen führen ein wirklich lebenswertes Leben. Kürzlich habe ich einen Artikel über einen Multimillionär gelesen, der absolut bescheiden lebt. Er hat kein großes Haus, trägt keine teure Kleidung und verzichtet auf jeden Luxus. Er liebt seine Arbeit und es ist ihm ganz egal, wie viel Geld er dabei verdient. Seien Sie ehrlich: Würden Sie Ihre Arbeit auch lieben, wenn Sie dafür sehr viel weniger Gehalt beziehen würden oder damit kein besonderer Status verbunden wäre? Organisieren Sie Ihr Leben so, dass Sie nur noch die Dinge tun müssen, die Ihnen Spaß machen – das ist der wahre Erfolg. Fangen Sie klein an und wenden Sie sich nach und nach den wichtigeren Bereichen zu.

In welchem Lebensbereich wollen Sie unbedingt ein bestimmtes Ziel erreichen? Was fehlt Ihnen zum Glück? Finden Sie andere Wege, um Ihre Bedürfnisse zu befriedigen. Und sobald Sie etwas nicht mehr brauchen, ist es auch wahrscheinlicher, dass Sie es erhalten.

Kapitel 95

Halten Sie sich möglichst viele Türen offen

Wirf immer deine Leinen aus. In dem Teich, in dem du es am wenigsten erwartest, ist bestimmt ein Fisch.

Ovid

Wenn Sie erfolgreich sein wollen, müssen Sie sich entspannen und Ihren Wünschen und Ihren Mitmenschen die Möglichkeit bieten, zu Ihnen zu kommen. Wenn Sie kämpfen, überzeugen und betteln, kann das zwar klappen, aber es ist ganz einfach nicht attraktiv. Nur zu oft verschwenden wir mit der Verfolgung eines bestimmten Ziels unsere Zeit und unsere Energie. Dabei wäre es viel einfacher, mehrere Leinen auszuwerfen und abzuwarten, wo ein Fisch anbeißt. Wenn Sie nicht genau wissen, welchen beruflichen Weg Sie einschlagen wollen, oder wenn Sie sich eine glückliche Partnerschaft wünschen, sollten Sie sich nicht auf eine Richtung festlegen. Experimentieren Sie herum. Bewerben Sie sich bei verschiedenen Stellen, auch wenn Ihnen die erforderliche Ausbildung oder Berufserfahrung fehlt. Verabreden Sie sich mit möglichst vielen Männern bzw. Frauen. Halten Sie sich möglichst viele Türen offen. Durch eine dieser Türen wird auch Ihr richtiger Job oder Ihr Traumpartner zu Ihnen kommen.

Frank hatte eine neue Geschäftsidee entwickelt und bei dem Versuch, die renommierten Unternehmen dafür zu interessieren, sowohl teures als auch umfangreiches Informationsmaterial versendet. Die Resonanz war jedoch enttäuschend. Ich schlug ihm vor, zunächst ein kurzes Schreiben zu verfassen, in dem er sein Konzept vorstellte, und es an mehrere tausend Unternehmen zu schicken. Denjenigen, die Interesse zeigten, sollte er dann das ausführliche Informationsmaterial zusenden. Auf diese Weise senkte er nicht nur seine Werbekosten, sondern vergeudete seine Energie auch nicht länger mit Unternehmen, die kein Interesse an seinem Konzept hatten.

Wenn Sie einen bestimmten Menschen für sich gewinnen wollen, bleibt Ihnen nur eine Möglichkeit: Lassen Sie ihn gehen. Verschwenden Sie Ihre Energie nicht für diesen einen Menschen. Entweder es macht Spaß, eine neue Beziehung einzugehen, oder die Sache ist es nicht wert. Wenn es Sie so viel Energie kostet, jemanden von Ihren Vorzügen zu überzeugen, dann besteht die Möglichkeit, dass die Beziehung auf lange Sicht ohnehin scheitert. Also begrenzen Sie den Schaden und gehen Sie Ihrer Wege. Das bedeutet jedoch nicht, dass es sich nicht lohnt, um eine bestehende Beziehung zu kämpfen. Aber wenn gleich zu Anfang Probleme auftreten, wird sich das voraussichtlich auch im Verlauf der Beziehung nicht ändern.

Kapitel 96

Heben Sie sich positiv von der Menge ab

Mit Absichten kann man nicht berühmt werden.

Henry Ford

Wenn Sie etwas Besonderes zu bieten haben, ist Ihnen der Erfolg sicher. Stellen Sie sich vor, Sie hätten ein eigenes Unternehmen. Wenn Ihr Unternehmen erfolgreich sein soll, müssen Sie Ihre Kunden für Ihr Produkt bzw. Ihre Dienstleistung begeistern. Denn das ist immer noch die beste Werbung. Nehmen Sie sich die Zeit und erforschen Sie die Bedürfnisse Ihrer Kunden. Sorgen Sie dafür, dass sie mehr erhalten, als sie erwartet haben – finden Sie zuerst heraus, was Ihren Kunden gefällt. Wann wurden Sie von einem Unternehmen das letzte Mal positiv überrascht? Dieser besondere Service muss nicht unbedingt mit Mehrkosten verbunden sein. So könnte eine Boutique den Kunden erlauben, so viele Kleidungsstücke mit in die Kabine zu nehmen, wie sie wollen. Ein Gemüsehändler könnte den Kunden die Möglichkeit bieten, sich die Erdbeeren selbst auszusuchen, und darauf verzichten, die Beeren abzupacken. Zahlreiche Einzelhändler verpacken die Waren auf Wunsch auch als Geschenk. Andere tauschen Waren, die doch nicht gefallen, anstandslos um.

Sie können dieses Prinzip auch mit Ihrem persönlichen Lebensziel verbinden. So beschäftigt die Greystone Bakery in New York Obdachlose. Doch nicht nur das, die Waren werden ausnahmslos aus naturbelassenen Materialien hergestellt. Und genau das unterscheidet sie von allen anderen Bäckereien. Wer dort einkauft, unterstützt gleichzeitig auch die Obdachlosen und tut etwas für seine Gesundheit.

Und wie steht es mit Ihnen und Ihrem Privatleben? Wie können Sie jede Situation zu etwas Besonderem machen? Lächeln Sie den Busfahrer an. Schenken Sie Ihren Mitmenschen Anerkennung für das, was sie sind (Tipp 77). Verzeihen Sie (Tipp 42). Tun Sie anderen einen Gefallen und verlieren Sie kein Wort darüber. Rufen Sie einen Freund an, nur um ihm zu sagen, wie sehr Sie ihn schätzen. Hören Sie anderen aufmerksam zu (Tipp 73). Jetzt wissen Sie, worauf es ankommt. Also legen Sie los – es macht Spaß! Aber Vorsicht: Wenn Sie meinen, Sie „sollten" etwas tun, dann lassen Sie es lieber (Tipp 4). Tun Sie das Unerwartete und der Erfolg wird seinen Weg zu Ihnen finden.

Kapitel 97

Besiegen Sie Ihre Angst

Je nachdem, wie viel Mut ein Mensch hat, schrumpft oder weitet sich sein Leben.

Anaïs Nin

In manchen Fällen entschuldigen meine Klienten ihre Passivität mit ihrer Angst – auch wenn sie das nicht gerne zugeben, da Angst als etwas Negatives gilt. Ich hake hier grundsätzlich nach und erkundige mich nach den Ursachen. Wovor haben diese Menschen wirklich Angst? Angst ist allerdings nichts Negatives, sondern eher unser Freund. Für unsere Angst haben wir immer einen guten Grund. Und in der Regel sollten wir uns erst mit unserer Angst auseinander setzen, bevor wir etwas unternehmen.

Ron arbeitete seit zwölf Jahren für dasselbe Unternehmen, und das obwohl er in seinem Job nicht einmal besonders glücklich war. Eigentlich wollte er am liebsten kündigen und sich als Unternehmensberater selbstständig machen. Also fragte ich ihn, warum er diesen Weg nicht wagte. Er hatte Angst zu versagen. Nun, das ist eine Möglichkeit, doch was war die Ursache für diese Angst? Ron befürchtete, dass er nicht genug einnehmen könnte und schließlich auf der Straße landen würde. Diese Angst ist durchaus begründet. Doch geht es dabei weniger um die Angst vor der Selbstständigkeit als um die Angst, nicht genug Geld zum Leben zu haben. Es stellte sich heraus, dass Ron lediglich drei Monate ohne das Einkommen aus seinem Beruf auskommen könnte. Nun, vor diesem Hintergrund war seine Angst durchaus verständlich. Denn das war definitiv nicht genug Geld. Ich fragte ihn, ob seine Angst nachlassen würde, wenn er neun bis zwölf Monate mit seinen Ersparnissen auskommen könnte. Natürlich. Also erstellten wir gemeinsam einen Finanzplan, damit Ron zunächst einmal genug Geld für seinen Schritt in die Selbstständigkeit ansparen konnte, und das Problem war gelöst.

Die Angst bewahrt uns nicht selten vor Fehlern. Also gehen Sie ihr auf den Grund. Warum haben Sie Angst? Beseitigen Sie den Ursprung Ihrer Befürchtungen. Dann fällt es auch leichter, die erforderlichen Schritte zu unternehmen.

In manchen Fällen sollten Sie den Versuch, Ihre Angst zu besiegen, lieber unterlassen. Ein Bekannter von mir ließ sich z. B. hypnotisieren, weil er mit dem Rauchen aufhören wollte. Er war von dem Ergebnis so begeistert, dass er den Therapeuten bat, ihm auch seine Angst vor Haien zu nehmen, die ihn als begeisterten Wassersportler häufig hemmte. Sein Therapeut weigerte sich jedoch, da er die Angst vor Haien als eine durchaus berechtigte Angst betrachtete.

In vielen Fällen werden Sie feststellen, dass Ihre Angst vollkommen unbegründet ist. Häufig wurde sie uns auch von unseren Eltern eingeimpft. „Sprich nicht mit Fremden." – das ist zwar ein guter Ratschlag für ein fünfjähriges Kind, doch irgendwann erreichen wir einen Punkt, an dem wir mit Fremden sprechen müssen, wenn wir überleben wollen. Ängste können auch religiöse oder kulturelle Ursprünge haben. Zahlreiche Ängste werden uns auch durch die Nachrichten vermittelt. Meine Großmutter sah z. B. einmal einen Bericht über eine Frau, die allein verreiste und auf dieser Reise vergewaltigt und ermordet wurde. Seitdem wollte sie kein Familienmitglied mehr allein verreisen lassen. Aber wie soll ich mein Leben genießen und im ganzen Land Seminare abhalten, wenn ich nicht allein verreisen kann? Unsere Angst ist häufig durchaus begründet, wir lassen jedoch außer Acht, dass gerade die Nachrichten nur einen Teil der Wirklichkeit – zumeist die negative Seite – widerspiegeln. Von den 500.000 Frauen, die allein reisen und wohlbehalten wieder zurückkehren, wird nie berichtet.

Mir war zwar immer klar, dass die Fernsehnachrichten häufig unnötige Hysterie schüren, doch wie weit das wirklich geht, erkannte ich erst nach dem Bombenattentat auf das World Trade Center. Kurz nach dem Attentat wurde ich auf meinem Weg zur Arbeit von einem Reporter vor laufender Kamera gefragt, ob ich nun keine Angst hätte, einen öffentlichen Platz zu betreten. Ich erwiderte darauf: „Nein. Man kann schließlich nicht ängstlich durchs Leben gehen. Das ist doch genau das, was die Terroristen erreichen wollen." Das war jedoch nicht die Antwort, die der Reporter gerne gehabt hätte. Also fragte er den nächsten Passanten, doch auch der hatte keine Angst. Und beim nächsten war es auch nicht anders. Ich hörte noch, wie der Reporter zu dem Kamerateam sagte: „Hat denn in dieser Stadt niemand Angst? Wir haben immer noch kein einziges brauchbares Interview." Ich verkniff mir eine Antwort und war stolz auf uns New Yorker. Wir lassen uns nicht von ein paar dahergelaufenen Terroristen unterkriegen.

Noch am selben Abend sah ich den Reporter in den Nachrichten wieder. Ich erwartete nun Aufnahmen all der furchtlosen New Yorker, doch stattdessen erschienen auf dem Bildschirm nur hysterische Menschen, die sich darüber ausließen, wie schrecklich doch die Welt ist. Das Fernsehteam muss wirklich lange nach diesen Hysterikern gesucht haben. Dieses Erlebnis öffnete mir die Augen. Bei den Nachrichten handelt es sich keinesfalls um eine Darstellung der Realität, sondern um inszenierte Dramen. Seitdem schaue ich mir keine Nachrichten mehr an, denn meiner Meinung nach ist das nichts weiter als Zeitverschwendung. Wenn Sie Ihre Träume verwirklichen wollen, müssen Sie schon das eine oder andere Risiko eingehen – lassen Sie sich nicht von den Medien davon abhalten.

Sie können Ihre Ängste auch besiegen, indem Sie einfach mehr Risiken auf sich nehmen. (Das bedeutet jedoch nicht, dass Sie sich in körperliche Gefahr begeben sollen!) Gehen Sie ein paar kleinere oder auch größere Risiken ein. Warum? Weil wir uns wirklich lebendig fühlen, wenn wir uns der Herausforderung stellen. Unser Herz schlägt schneller und unser Puls steigt an. Doch nicht nur das, wir werden auch stärker.

Und was hat das damit zu tun, dass Sie Ihre Ziele erreichen wollen? Menschen, die keine Risiken eingehen, entwickeln sich nicht weiter. Ein bisschen Risiko wird Sie wachrütteln. Wovor haben Sie Angst? Tun Sie es noch in dieser Woche! Fordern Sie sich selbst heraus und Ihnen werden sich wunderbare Möglichkeiten eröffnen.

Hier einige Tipps, wie Sie Ihr Risikopotenzial erhöhen können:

1. Bitten Sie Ihren Chef um eine Gehaltserhöhung. Die meisten Menschen sind unterbezahlt, also bitten Sie um mehr Gehalt.
2. Führen Sie ein Telefonat, für das Sie bislang nicht den Mut gefunden haben.
3. Bitten Sie andere, Sie bei der Befriedigung Ihrer Bedürfnisse zu unterstützen (Tipp 44).
4. Entschuldigen Sie sich bei jemandem, den Sie verletzt oder beleidigt haben, auch dann, wenn der Betreffende sich dieser Tatsache nicht einmal bewusst ist.
5. Geben Sie etwas zurück, das Sie gestohlen oder sich „ausgeliehen" haben, und entschuldigen Sie sich für Ihr Verhalten.
6. Halten Sie freiwillig einen Vortrag.
7. Verreisen Sie allein.
8. Widersprechen Sie, setzen Sie sich für Ihre Meinung ein.
9. Gehen Sie allein essen.
10. Lernen Sie tauchen.

Kapitel 98

Nehmen Sie sich Zeit zum Spielen

Das Kind in uns ist die Quelle unserer Einzigartigkeit und Kreativität.
Der Spielplatz ist die optimale Umgebung für die Entfaltung unserer Talente und Fähigkeiten.

G. K. Chesterton

Häufig sind wir zu beschäftigt, um uns den Dingen zu widmen, die uns wirklich Spaß machen – die Dinge, die uns gut tun. Doch irgendwann sollten Sie sich fragen, was Ihnen die ganze Arbeit bringt, wenn Sie keine Zeit mehr für sich selbst finden. Meinen neuen Klienten rate ich grundsätzlich, sich mehr auf die Dinge zu konzentrieren, die Sie gerne tun. Die traurige Wahrheit ist allerdings, dass die meisten von ihnen nicht einmal wissen, was ihnen wirklich Spaß macht. Spielen entspannt und erfrischt. Danach können wir uns wieder mit frischer Energie unserer Arbeit zuwenden. Jeder Job – ganz egal wie viel Spaß er uns macht – wird zur Qual, wenn wir nicht genügend Zeit für die Dinge haben, die wir gerne tun. Wenn Sie das Beste aus sich und Ihrem Leben machen wollen, brauchen Sie Zeit zum Spielen.

Wenn Sie herausfinden möchten, welche Aktivitäten bei Ihnen ein Flow-Erlebnis (Tipp 55) hervorrufen, denken Sie einmal darüber nach, was Sie in Ihrer Kindheit gerne getan haben. Als Kind kannten Sie die Verpflichtungen des Erwachsenenlebens noch nicht und haben sich instinktiv den Dingen gewidmet, die Ihren Energiepegel erhöhten. Sofern Sie sich nicht mehr erinnern können, fragen Sie Ihre Eltern, was Sie als Kind am liebsten gespielt haben.

Meine Mutter musste mich in meiner Kindheit aus jeder Pfütze ziehen. Ich spiele auch heute noch gerne mit Schlamm. Als Erwachsene verlegte ich mich dann allerdings aufs Töpfern. Dann nahmen mein Beruf und mein Partner mich so sehr in Anspruch, dass ich dieses Hobby aufgab. Meine Verwandten, denen ich immer schöne Teller und Schalen geschenkt hatte, fragten mich immer wieder, ob ich nicht endlich wieder mit dieser Beschäftigung anfangen wollte. Also meldete ich mich für einen vierwöchigen Töpferkursus an. Mit einem Monat war auch mein Freund einverstanden. Und dann geschah etwas Merkwürdiges: Am ersten Tag traf ich mich in der Pause mit meinem Freund zum Brunch. Ich war so entspannt und glücklich, dass er zu mir sagte: „Du solltest wirklich öfter töpfern." Und da beschloss ich, zumindest etwas weniger Zeit mit dem Töpfern zu verbringen als früher, um mehr Zeit für meinen Freund zu haben.

Nehmen Sie sich Zeit zum Spielen und genießen Sie den Moment. Es ist egal, was Sie tun – lesen, wandern, malen, tanzen, Basketball spielen, kochen. Wichtig ist, dass es Ihnen

Spaß macht. Mein Klient Anton war z. B. ein hervorragender Fußballer, hatte das Training jedoch aus Zeitgründen aufgegeben. Ich forderte ihn auf, sich die Zeit für das Fußballspielen zu nehmen, da es für ihn eine Quelle der Vitalität und der Lebensfreude darstellte. Also arbeitete er etwas weniger in seinem Nebenjob und spielte in dieser Zeit wieder Fußball. Und merkwürdigerweise erlebte sein eigenes Unternehmen, in dem er hauptberuflich arbeitete, einen plötzlichen Aufschwung. Er musste also nicht härter arbeiten, um mehr Geld zu verdienen, sondern mehr spielen. Wenn Sie erfolgreich sein wollen, müssen Sie spielen. Denn Flow-Erlebnisse versorgen Sie nicht nur mit Energie, sondern sie dienen auch der Befriedigung Ihrer persönlichen Bedürfnisse.

Kapitel 99

Alles zu haben ist erst der Anfang

Viele werden gerufen, doch nur wenige folgen dem Ruf.

Oliver Herford

An diesem Punkt des Coaching-Programms haben Sie alles – Liebe, Geld, Möglichkeiten, Zeit und Gesundheit. Was kommt jetzt? Sie sind den meisten Menschen, die ihr Leben lang kämpfen, um ihre Ziele wenigstens teilweise zu verwirklichen, bereits einen großen Schritt voraus. Doch im Verlauf des Coaching-Programms haben Sie erkannt, dass Sie die meisten Dinge, die Sie sich früher wünschten, gar nicht mehr wollen – insbesondere wenn Sie Ihre persönlichen Bedürfnisse erkannt und Wege zu deren Befriedigung gefunden haben und Ihr Leben an den Zielen orientieren, die Ihnen wirklich wichtig sind. Ihnen ist klar, dass all das Ihnen eigentlich nichts bedeutet. Das macht das Leben schon wesentlich leichter. Warum sollten Sie Ihre Energie damit verschwenden, Dingen hinterherzulaufen, die Sie gar nicht mehr wollen, wenn Sie sie erhalten? Genau! Schließlich habe ich Ihnen erklärt, dass Sie alles bekommen, was Sie sich wünschen. Und das ist eine Tatsache. Aber jetzt wollen Sie das alles gar nicht mehr. Ausgetrickst! Wichtig ist nur, dass Sie nicht länger Sklave Ihrer Wünsche und Träume sind. Sie haben die freie Wahl. Sie können Ihr Leben so leben, wie Sie es gerne möchten. Und so soll es auch sein. Die meisten Menschen verlieren nur den Weg aus den Augen und glauben irgendwann, sie wollten etwas ganz anderes.

Als mir bewusst wurde, dass auch ich die finanzielle Unabhängigkeit erlangen und alle Schritte in diesem Coaching-Programm innerhalb weniger Jahre nachvollziehen kann, war ich vollkommen überrascht. Schließlich handelte es sich dabei um das, was ich in meinem Leben erreichen wollte. Ich hatte mir nie auch nur einen Gedanken darüber gemacht, was ich unternehmen wollte, wenn ich an diesem Ziel angekommen war. Finanzielle Unabhängigkeit und ein Leben, in dem ich nur das tun musste, was mir gefiel, schien mir mehr als genug. Heute ist mir allerdings klar, dass das nur der Anfang ist – die Basis für ein glückliches und erfülltes Leben.

Die zehn Teil dieses Buches sind die Schlüssel zum Erfolg. Und wahrer Erfolg liegt darin, sein Leben so zu leben, wie es einem gefällt. Die Welt steht Ihnen offen. Sie können tun, wozu immer Sie Lust haben. Welches Erbe möchten Sie der Welt hinterlassen? Wie sollen Ihre Mitmenschen sich an Sie erinnern? Was möchten Sie der Welt schenken? Jetzt sind Sie bereit für den nächsten großen Schritt, einen weiteren Wandel in Ihrem Leben – denn nur so können Sie ein erfülltes Leben führen. Sie sind hier, um zu dienen. Wie Sie das tun, bleibt Ihnen überlassen.

Kapitel 100

Feiern Sie Ihren Erfolg

Wir sollten uns eine kurze Phase des Jubels gönnen.
Winston Churchill zum Ende des 2. Weltkriegs

Jetzt ist es Zeit für Jubel. Feiern Sie Ihr neues Leben. Sie haben viel erreicht. Schreiben Sie alle Errungenschaften auf: Veränderungen, neue Freunde und Bekannte, neue Aktivitäten, Ihr schönes Haus usw. Sonnen Sie sich in Ihrem Erfolg. Klopfen Sie sich selbst auf die Schulter und beglückwünschen Sie sich zu Ihrer Leistung. Je mehr Sie Ihren Erfolg begrüßen, desto mehr Erfolg werden Sie auch künftig haben. Ist das Leben nicht herrlich?

Nur die wenigsten Menschen nehmen sich die Zeit, um sich ein wenig auf ihren Lorbeeren auszuruhen. Ursache für dieses Verhalten ist unsere strenge Arbeitsmoral. Wir fühlen uns schuldig, wenn wir einen Moment innehalten und unseren Erfolg feiern. Die Liebe zu uns selbst birgt nach Meinung der meisten Menschen die Gefahr, dass wir arrogant, egoistisch und überheblich werden. Das ist jedoch ein Irrglaube. Die Ursache für Arroganz, Egoismus und Überheblichkeit ist mangelnde Selbstliebe. Arrogante, überhebliche oder egoistische Menschen verstecken hinter diesen Eigenschaften lediglich ihre tief verwurzelte Unsicherheit und ihre unbefriedigten Bedürfnisse. Wir können uns selbst gar nicht zu sehr lieben. Je mehr wir uns selbst lieben, desto mehr können wir auch andere lieben. So einfach ist das. Also feiern Sie sich selbst! Geben Sie eine Party und laden Sie Ihre Freunde dazu ein.

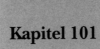

Kapitel 101

Sie sind großartig!

> *Unsere größte Furcht gilt nicht unserer Unzulänglichkeit.*
> *Unsere größte Furcht gilt unserer unermesslichen Stärke.*
> *Es ist unser Licht, nicht unsere Dunkelheit, was uns am meisten erschreckt.*
> *Wir fragen uns selbst: Wer bin ich, dass ich brillant, umwerfend talentiert und herrlich sein will?*
> *Wer bist du, dass du all das nicht sein willst?*
> *Du bist ein Kind Gottes.*
> *Deine gespielte Schwäche dient der Welt nicht.*
> *Es liegt nichts Erleuchtetes darin, dich klein zu machen, damit andere sich in deiner Nähe nicht unsicher fühlen.*
> *Wir wurden geboren, um Zeugnis abzulegen, für den Ruhm Gottes, der auch in uns ist.*
> *Er ist nicht nur in einigen von uns, er ist in uns allen.*
> *Und wenn wir unser eigenes Licht erstrahlen lassen, geben wir anderen unbewusst die Erlaubnis, dasselbe zu tun.*
> *Sobald wir uns von unserer eigenen Angst befreit haben, wird unsere Gegenwart automatisch auch andere befreien.*
>
> Marianne Williamson, *Rückkehr zur Liebe*

Schon seit Jahren erklären zahlreiche Autoren wie z. B. Napoleon Hill, Autor von *Denke nach und werde reich*, dass der Weg zum Erfolg über die Macht der Gedanken führt. Doch die meisten Menschen waren bislang skeptisch und blieben bei ihrer Überzeugung, Gedanken seien wirkungslos. Neueste wissenschaftliche Studien belegen jedoch, dass unsere Gedanken tatsächlich äußerst mächtig sind.

Auch Wissenschaftler sind sich mittlerweile der Tatsache bewusst, dass Gedanken elektrische Signale aussenden. So hat der Neurobiologe Niels Birbaumer von der Universität Tübingen ein spezielles Biofeedbackprogramm entwickelt, das Schwerstgelähmten über den Computer die Möglichkeit zur Kommunikation bietet. Das so genannte „Thought Translation Device" übersetzt Gedanken in Signale an die Umwelt. So können die Patienten unabhängig von der Muskulatur allein mit ihren Gehirnströmen Buchstaben auswählen und Wörter schreiben. Zu diesem Zweck platzieren Birbaumer und sein Team Elektroden am Kopf der Patienten. Diese Elektroden erfassen die Hirnströme und übertragen sie an einen Elektroenzephalographen (EEG). Nach stundenlangem Training sind die Patienten schließlich in der Lage, ihre Hirnströme zu kontrollieren, und können Worte nur durch ihre Gedanken auf einen Bildschirm übertragen. In ihrem nächsten

Projekt wollen die Forscher versuchen die Gedanken quasi aus der Luft zu „greifen". Gedanken sind also nicht nur real und messbar, sondern interagieren möglicherweise auch mit der Umwelt.

Selbst wenn Ihnen die Resultate dieses Coaching-Programms magisch erscheinen – es ist keine Magie. Durch dieses Programm werden Ihre Gedanken lediglich klarer, mächtiger und lebendiger. Die meisten Menschen senden nur schwache und zudem widersprüchliche Gedanken aus. Das geschieht z. B., wenn sie denken: „Ich will dieses Unternehmen leiten." und im nächsten Gedankengang hinzufügen: „Das ist unmöglich. Wer bin ich denn? Der Aufgabe bin ich doch gar nicht gewachsen." Jetzt da Sie wissen, wie mächtig Ihre Gedanken sind, sind Ihnen wahrscheinlich auch die Auswirkungen negativer Gedanken bewusst. Mit negativen Gedanken brauchen Sie keine Feinde mehr. Wie wäre es, wenn Sie künftig nur noch den Gedanken zulassen, dass Sie brillant, hinreißend und talentiert genug für eine Veränderung sind? Unsere Gedanken sind unsere Realität.

Nachdem Sie dieses Coaching-Programm abgeschlossen haben, haben Sie Ihr Leben so organisiert, dass Sie nur noch selten schlechte Tage oder negative Gedanken haben. Wenn Sie auf Wolke sieben schweben und mit sich und der Welt zufrieden sind, haben negative Gedanken kaum eine Chance. Sind wir jedoch mit unserem Beruf oder unserer Beziehung unzufrieden, nützt es uns wenig, wenn uns jemand erklärt, wir sollten positiv denken. In diesem Fall müssen wir zuerst die Quelle für unsere Unzufriedenheit beseitigen. Und genau hier beginnt das Coaching-Programm. Das erklärt auch, warum unsere Wünsche sich realisieren, wenn wir sie täglich fünfzehnmal niederschreiben. Denn wir senden immer wieder dieselben positiven Signale aus, und zwar so lange, bis unser Ziel erreicht ist. Firmenchefs sind in der Regel auch von ihren Führungsqualitäten überzeugt.

Ich habe Ihnen nun alle Tipps und Ratschläge gegeben, die Sie benötigen, um brillant, hinreißend, kompetent und einfach großartig zu sein. Der Rest ist Ihre Aufgabe.

Ich würde mich freuen, von Ihren Fortschritten und Erfahrungen auf dem Weg zum Erfolg zu hören. Schreiben Sie einfach an Talane Coaching Company, P.O. Box 1080, New York, NY 10156 (und legen Sie bitte einen frankierten Rückumschlag bei) oder schicken Sie mir eine E-Mail an talane@talane.com. Ich freue mich auf Ihre Nachricht. Vielen Dank!

Anhang A

Ist Coaching das Richtige für Sie?

		Ja	Nein
1.	Ich habe genug Zeit, die ich in mich investieren kann.	☐	☐
2.	Ich halte mein Wort, sowohl mir selbst als auch anderen gegenüber.	☐	☐
3.	Zwischen dem, was ich bin, und dem, was ich sein will, besteht ein großer Unterschied.	☐	☐
4.	Ich bin bereit und fähig, die erforderlichen Schritte zu unternehmen.	☐	☐
5.	Ich bin bereit, alle Verhaltensweisen, durch die ich meinen Erfolg sabotiere, aufzugeben.	☐	☐
6.	Ich bin bereit, neue Konzepte auszuprobieren, auch dann, wenn ich nicht sicher bin, ob sie funktionieren.	☐	☐
7.	Ich habe die Unterstützung, die für eine grundlegende Veränderung meines Lebens erforderlich ist.	☐	☐
8.	Coaching ist das geeignete Mittel, um meine Ziele zu erreichen (im Gegensatz zu einer Therapie, einer medizinischen Behandlung oder einer Selbsthilfegruppe).	☐	☐
9.	Ich allein trage die Verantwortung für mein Leben und alle Entscheidungen, die ich treffe.	☐	☐

Wenn Sie nicht mindestens zwei dieser Fragen mit „Ja" beantwortet haben, ist Coaching für Sie vielleicht nicht das Richtige. Sobald Sie sich mit den zugrunde liegenden Problemen auseinander setzen, können Sie jedoch auch mit dem Coaching beginnen. (Einige meiner Klienten machen neben dem Coaching auch eine Therapie. Besprechen Sie diese Möglichkeit gegebenenfalls mit einem Therapeuten.)

Anhang B

Wie finde ich den richtigen Coach?

Einer der häufigsten Fehler der Menschen liegt darin, dass sie glauben, dass unsere begrenzte Wahrnehmungsfähigkeit auch die Grenze dessen ist, was wir erfahren können.

C. W. Leadbeater

Vielleicht sind Sie nach der Lektüre dieses Buches zu dem Schluss gekommen, dass Sie einige Bereiche Ihres Lebens verbessern möchten. Es dauert wirklich nicht ewig, Ihre Ziele zu verwirklichen. Es lohnt sich. Also fangen Sie noch heute an. Sie können für diesen Prozess auch die Hilfe von einem Coach in Anspruch nehmen. So wie es mit einem persönlichen Trainer leichter fällt, sich fit zu halten, so ist es auch mit einem persönlichen Coach einfacher, sein Leben zu verändern. Er ist in der Regel auch sehr viel objektiver als Freunde und Verwandte.

Suchen Sie sich einen Coach, der über eine qualifizierte Ausbildung und somit über die grundlegenden Techniken und das erforderliche Fachwissen verfügt. Beim Gespräch mit ihm sollten Sie das Gefühl haben, dass Sie diesem Menschen alles anvertrauen können. Können Sie ihm vertrauen? Respektieren Sie ihn? Haben Sie das Gefühl, er hört Ihnen zu und versteht, was Sie ihm sagen wollen? Lassen Sie sich nicht von einem guten Freund oder einem Familienmitglied coachen. Ihren Coach können Sie feuern, Ihren Onkel nicht. Hat Ihr Coach die Erfahrung, die Fähigkeiten und die Qualifikation, die Ihnen wichtig sind? Setzen Sie sich mit seinen Klienten in Verbindung. Wollen Sie sich in einem bestimmten Lebensbereich weiterentwickeln? Dann suchen Sie sich einen Coach, der sich auf das entsprechende Fachgebiet spezialisiert hat.

Ihr Coach muss nicht unbedingt in Ihrer Nähe leben. Viele Coachs beraten Sie auch gerne per Telefon. Meine Klienten sind über den gesamten Erdball verstreut und die meisten von ihnen habe ich noch nie gesehen. Das Coaching ist trotzdem erfolgreich.

In den ersten Sitzungen wird in der Regel über die aktuelle Lebenssituation des Klienten und über seine Ziele gesprochen. Bitten Sie Ihren Coach, Sie im weiteren Verlauf des Programms zu unterstützen, Sie zu fordern und Ihnen neue Wege aufzuzeigen. Sofern Sie bei der Arbeit mit Ihrem Coach nicht die gewünschten Resultate erzielen, erklären Sie ihm, was Sie von ihm erwarten. Sollten Sie auch dann keine Fortschritte machen, wechseln Sie den Coach.

Wann immer Sie sich in Ihrem Leben überfordert oder einer Sache nicht gewachsen fühlen, nehmen Sie Hilfe in Anspruch. Wenn Sie Probleme mit dem Computer haben, bitten Sie einen Computerexperten um Hilfe. Wenn Sie Ihre Ziele verwirklichen wollen, wenden Sie sich an einen Coach.

Informationen über Coachs in Deutschland finden Sie auf der Website der Internationalen Coach Federation Deutschland unter www.coachfederation.de. Die Internetseite des Coach University Coach Referral Service lautet www. coachu.com.

Alle in dieser Datenbank aufgelisteten Coachs haben ihre Ausbildung an der Coach University bereits abgeschlossen oder befinden sich noch in der Ausbildung. Man kann hier auch Coachs in Deutschland ausfindig machen. Außerdem bei:

ECA European Coaching Association e.V.
Kreuzstraße 24
40210 Düsseldorf

Anhang C

Wie werde ich Coach?

Nehmen Sie doch einmal an dem vierwöchigen Gratisprogramm der Coach University, der Coach TeleClass, teil und stellen Sie fest, ob es Ihnen zusagt. Die Ausbildung erfolgt durch äußerst effektive interaktive Teleseminare, sodass Interessierte aus der ganzen Welt an der Coach University studieren können. Die Ausbildung macht sehr viel Spaß und stellt eine echte Herausforderung dar. Das Studium dauert in der Regel zwei Jahre. Nach der Ausbildung haben die Absolventen die Möglichkeit, an einem Mentoring-Programm teilzunehmen und Hilfe und Unterstützung von erfahrenen Kollegen in Anspruch zu nehmen. Informationen unter www.coachu.com und www.coachreferral.com.

Nach Ausbildungsmöglichkeiten in Deutschland können Sie suchen unter: www.coachfederation.de und www.Coaching-report.de.

Anhang D

Lesenswerte Bücher und weitere Hinweise

In diesem Anhang finden Sie Hinweise zu hilfreichen Büchern, Kassetten, Menschen und Organisationen. Die Bücher in englischer Sprache können Sie direkt unter www.lifecoach.com online bestellen.

I. Steigern Sie Ihre natürliche Energie

Buchtipps

Die sieben geistigen Gesetze des Erfolgs von Deepak Chopra. München: Heyne Verlag, 1997. Ein Leitfaden zur Verwirklichung der persönlichen Ziele.

You Cant't Afford the Luxury of a Negative Thought: A Book for People with Any Life-Threatening Illness – Including Life von Peter McWilliams. Los Angeles, California: Prelude Press, 1988. Ein hervorragendes Buch für Pessimisten. Lesen Sie dieses Buch, bevor Sie an einer lebensgefährlichen Krankheit erkranken.

At a Journal Workshop: Writing to Access the Power of the Unconscious and Evoke Creative Ability von Ira Progoff. New York: G. P. Putnam's Sons, 1975. Tagebuch-Schreiben kann mehr sein als das chronologische Aufzeichnen von Alltagsereignissen. Der Autor sieht in dem „intensiven Tagebuch" einen Weg, dem eigenen Lebensplan auf die Spur zu kommen. Auch wenn Sie tatsächlich Ihre Lebensgeschichte niederschreiben wollen, kann dieses Buch Ihnen helfen.

Sonstiges

Lösen Sie unbewusste Blockaden, die Sie am Erfolg hindern, durch eine für Sie geeignete alternative Therapieform auf. Informationen über alternative Therapien, Heilpraktiker und deren Fachgebiete erhalten Sie beim Verband Deutscher Heilpraktiker e.V.

Verband Deutscher Heilpraktiker e.V.
Ernst-Grote-Straße 13
30916 Isernhagen
E-Mail: heilpraktiker-vdh@t-online.de

II. Schaffen Sie Ordnung

Buchtipps

Clutter Control: Putting Your Home on a Diet von Jeff Campbell. New York: Dell, 1992. Eines der besten Bücher zum Thema „Organisation". Dieser leicht verständliche und praktische Ratgeber hat sogar schon hart gesottenen Sammlern wie mir geholfen.

In Einfachheit leben. 100 Schritte zu mehr Lebensfreude von Elaine St. James. München: Goldmann, 1998. Dieses Buch umfasst zahlreiche Tipps für mehr Einfachheit und Lebensfreude.

Sage Nein ohne Skrupel von Manuel J. Smith. Landsberg am Lech: mvg, 8. Auflage 1999. Wenn Sie immer wieder Ja sagen, obwohl Sie eigentlich Nein meinen, wird dieses Buch Ihnen helfen, Ihr Dasein als Fußabtreter endgültig zu beenden.

Heilige Ort erschaffen mit Feng Shui. Ein Anleitungsbuch von Karen Kingston. München: Econ, 2000. Feng Shui ist ein alte fernöstliche Kunst zur Harmonisierung und Optimierung des Energieflusses in unserer Umgebung. Dieser leicht verständliche Leitfaden zeigt Ihnen, wie Sie Ihr Umfeld mithilfe von Feng Shui harmonisieren können.

Feng Shui

Informationen über Feng-Shui-Berater und zum Thema „Feng Shui" erhalten Sie hier:

Feng Shui & Geomantie Berufsverband
Friedrich-Kirchhoff-Straße 7d
55130 Mainz
E-Mail: fengshuibv@aol.com
Internet:www.fengshui-verband.de

Organisation

Sie haben Probleme, Ihr Büro, Ihren Haushalt oder auch Ihr Leben zu organisieren? Tipps und Hinweise zu Selbsthilfegruppen finden Sie unter:

www.messies-selbsthilfe.de
Messies-Hannover
c/o **KIBIS-KISS**
Bödekerstraße 85
30161 Hannover
Tel. + Fax: 05 11/88 01 57
E-Mail: messies@aol.com

Entrümpeln

Setzen Sie sich mit einem Entrümpelungsunternehmen in Ihrer Umgebung in Verbindung oder bestellen Sie den Sperrmüll.

Zahlreiche Wohlfahrtsorganisationen holen gut erhaltene Möbelstücke und Geräte auch kostenlos bei Ihnen zu Hause ab.

Verkauf

Auf der größten und beliebtesten Website für Online-Auktionen werden täglich bis zu 80.000 neue Artikel angeboten. Mehr als die Hälfte der angebotenen Artikel werden verkauft: *www.ebay.de*

Hier können Sie kostenlos Kleinanzeigen ins Internet stellen und die Dinge, von denen Sie sich trennen wollen, zum Verkauf anbieten: *www.dhd.de*

Haushalt

Sie haben keine Lust, sich um den Haushalt zu kümmern? Suchen Sie sich eine Putzfrau. Gehen Sie die Stellengesuche in der Zeitung durch oder geben Sie eine entsprechende Anzeige auf.

Ernährung

Sie haben weder Zeit noch Lust zum Kochen? Setzen Sie sich mit einem Lieferservice in Verbindung und lassen Sie sich Ihre Mahlzeiten regelmäßig ins Haus liefern.

III. Lassen Sie Ihr Geld für sich arbeiten

Buchtipps

Der reichste Mann von Babylon von George S. Clason. Zürich: Oesch Verlag, 1998. Wenn Sie Probleme damit haben, 20 Prozent Ihres Einkommens zu sparen, lassen Sie sich von dieser kleinen Parabel inspirieren.

Your Money or Your Life: Transforming Your Relationship with Money and Achieving Financial Independence von Joe Dominguez und Vicki Robin. New York: Penguin Books, 1993 oder *Geld oder Leben* von Hannecke van Veen und Rob van Eeden. Landsberg am Lech: mvg, 1997. Ein wunderbarer Ratgeber, der Ihnen zeigt, wie viel Geld Sie ausgeben und was Ihre Anschaffungen Sie *wirklich* kosten. Die Autoren berücksichtigen bei der Kalkulation nicht nur die Arbeitszeit, sondern auch die Zeit für die Vorbereitung und den Weg zur Arbeit. Sie erfahren, wie Sie sich möglichst früh aus dem Berufsleben zurückziehen können, ohne dass Ihr Lebensstil darunter leidet.

The Instant Millionaire: A Tale of Wisdom and Wealth von Mark Fisher. San Rafael, Kalifornien: New World Library, 1990. Wenn Sie sich einfach nicht vorstellen können, jemals finanziell unabhängig zu sein, wird dieses Buch Ihnen helfen, Ihre Sichtweise zu verändern. Es erklärt in kurzer und leicht verständlicher Form die Erfolgsprinzipien, die finanziellen Wohlstand und ein erfolgreiches Leben für uns alle erreichbar machen.

So macht man Milliarden von J. Paul Getty. Wien, München: Verlag Fritz Molden. Geld zu haben ist nicht genug; der Umgang mit Milliarden will gelernt sein. Getty erklärt die Grundlagen für das Leben als Milliardär.

Denke nach und werde reich von Napoleon Hill. München: Ariston Verlag, 2000. Hill erklärt den Zusammenhang zwischen unseren Gedanken und dem Erfolg. Wir müssen uns die Verwirklichung unserer Ziele zunächst gedanklich vorstellen, denn unsere Gedanken sind unglaublich mächtig.

Börsenerfolg ist (k)ein Zufall von Burton G. Malkiel. München, FinanzBuch Verlag, 1999. Ein hervorragender Ratgeber, mit dem Sie eine langfristige, auf Ihre persönlichen Ziele und Ihr Einkommen angepasste Investitionsstrategie entwickeln können. Malkiel erläutert den Unterschied zwischen verschiedenen Versicherungsformen und bietet einen Leitfaden für kluge Investitionen.

How to Get Out of Debt, Stay Out of Debt and Live Prosperously von Jerrold Mundis. New York: Bantam Books, 1990. Ein hervorragender und leicht verständlicher Ratgeber für alle, die mit Schulden zu kämpfen haben. Der Autor erklärt, wie Sie Schritt für Schritt Ihre Schulden abtragen können. Je mehr Sie sich an den in dem Buch bereitgestellten Plan halten, desto eher sind Sie schuldenfrei.

Kreativ Reichtum schaffen von Sanaya Roman und Duane Packer. München: Goldmann, 1993. Wenn Sie Gefallen an esoterischer Literatur haben, ist dieses Buch genau das Richtige für Sie. Es enthält zahlreiche Affirmationen, Übungen und Meditationen, die Ihnen auf Ihrem Weg zum Reichtum helfen werden.

Reichtum kann man lernen. Was Millionäre schon als Kinder wussten von Robert T. Kiyosaki und Sheron Lechter. Landsberg am Lech: mvg, 2. Auflage 2001. Der US-Bestseller in deutscher Erstausgabe! Hier erfahren Sie, wie Sie nicht länger der Sklave Ihres Geldes sind, sondern wie Sie finanziell unabhängig werden.

Money Magnetism: How to Attract What You Need When You Need It von Donald J. Walters. Kalifornien: Crystal Clarity Publishers, 1992. Mir haben Walters Ansichten über die Mechanismen der Anziehungskraft sehr gefallen. Die starke christliche Orientierung des Autors ist vielleicht nicht jedermanns Sache.

Schuldenberatung

Die Bundesarbeitsgemeinschaft Schuldnerberatung e.V. ist eine unabhängige Organisation, die mit allen für die Schuldnerberatung wichtigen Institutionen kooperiert und Privatpersonen und Familien im Falle von Überschuldung berät.

Bundesarbeitsgemeinschaft Schuldnerberatung e.V.
Wilhelmstraße 11
34117 Kassel
E-Mail: bag-schuldnerberatung@t-online.de
Internet: www.bag-schuldnerberatung.de

Die WSB Schuldenberatung bietet sofortige Hilfe für überschuldete Personen. Die Beratung ist jedoch nicht kostenlos.

WSB Schuldnerberatung
Internet: www.schuldenberatung.net

Die Caritas bietet kostenlose Schuldenberatung in allen Regionen Deutschlands.

Deutscher Caritasverband
Karlstraße 40
79104 Freiburg
Internet: www.caritas.de

Auch die lokalen Sozialämter bieten Schuldenberatungsstellen für überschuldete Privatpersonen an.

IV. Nehmen Sie sich Zeit, auch wenn Sie keine haben

Buchtipp

Speed Cleaning von Jeff Campbell und dem Clean Team Staff. New York: Dell, 1987. In diesem Buch wird ein einfaches und leicht nachvollziehbares System vorgestellt, mit dem Sie Ihren Haushalt in Rekordzeit in Ordnung bringen können.

Assist U

Das amerikanische Unternehmen Assist U (Internet: www.assistu.com) hat sich auf die Bereitstellung virtueller Assistenten für verschiedene Dienstleistungen auf dem amerikanischen Markt spezialisiert.

Wenn Sie für bestimmte Aufgaben keine Zeit mehr haben und über zu wenig Platz für Personal verfügen, können Sie aber auch in Deutschland zahlreiche Arbeitsbereiche wie z. B. die Buchführung an entsprechende Online-Agenturen übergeben.

V. Knüpfen Sie hilfreiche Beziehungen

Buchtipps

Dienstags bei Morrie von Mitch Albom. München: Goldmann Verlag, 1999. Ein wunderbares Buch, das den Leser erkennen lässt, worauf es im Leben wirklich ankommt.
   Power Networking: 55 Secrets for Personal & Professional Succes von Donna Fisher und Sandy Vilas. Austin: Mountain Harbour Publications, 1991. Ein hervorragender Ratgeber, der Ihnen zeigt, wie Sie dauerhafte und hilfreiche Beziehungen knüpfen können.
   Die Kunst des Liebens von Erich Fromm. München: Econ-Verlag, 2000. Fromm erläutert alle Spielarten der Liebe. Der Leser erfährt, worauf es dabei ankommt.
   How Not to Stay Single von Nina Tucker. New York: Crowne, 1996. Oder auch *Nie mehr Single* von Sharyn Wolf. München: dtv, 1998. Wunderbare Ratgeber für alle, die Probleme bei der Partnersuche haben.

Big Friends for Youngsters

Ziel des Projekts „Big Friends for Youngsters" ist es, Jugendliche zwischen zehn und 16 Jahren mit Erwachsenen in Kontakt zu bringen, die ihnen freundschaftlich begegnen und mit Rat und Tat zur Seite stehen. Am Ausbau eines deutschlandweiten Netzwerks wird noch gearbeitet. Wenn es Ihnen in Ihrem Leben an Liebe mangelt und Sie Kinder mögen, könnte dieses oder ein ähnliches Projekt in Ihrer näheren Umgebung genau das Richtige für Sie sein. Internet: www.biffy.de

VI. Machen Sie die Arbeit, die Sie lieben

Buchtipps

Das Geheimnis des Flow. Das Glück des Augenblicks erleben von Wolfgang Plakos. Landsberg am Lech: mvg, 2001. Das zutiefst befriedigende Gefühl, wenn man in seiner Tätigkeit vollkommen aufgeht, das Zeitgefühl verliert und ungeahnte Leistungen vollbringt, kann man gezielt herbeiführen. Lesen Sie, wie!
   Flow: Das Geheimnis des Glücks von Milhaly Csikszentmilhalyi. Stuttgart: Klett, 1998. Eine faszinierende Studie über den Glückszustand „Flow" – der Zustand, in dem man selbstvergessen in eine Tätigkeit versunken ist und alles um einen herum verblasst.
   Anweisungen für den Koch: Lebensentwurf eines Zen-Meisters von Bernard Glassman und Rick Fields. Im Leben ist es wie beim Kochen: Wir haben alle Zutaten zur Hand, wir müssen sie nur richtig auswählen und zubereiten. Wenn Sie die Arbeit an einem persönlichen Projekt immer wieder aufschieben, wird dieses Buch Sie motivieren.

Mission Statement. Vom Lebenstraum zum Traumleben von Laurie Beth Jones. Wien: Signum Verlag, 1998. Ein Leitfaden, der Ihnen hilft, Ihr Lebensziel kurz und prägnant zu formulieren. Mithilfe dieses „Mission Statements" lassen sich die Herausforderungen des Lebens meistern und Ziele verwirklichen.

Zu Gast in Klöstern von Erhard Gorys. München: dtv, 2000. Ziehen Sie sich einmal für eine Weile in die Ruhe und Abgeschiedenheit eines Klosters zurück. In diesem Buch finden Sie zahlreiche Adressen und Informationen zu Klöstern und religiösen Häusern in Deutschland, Österreich und der Schweiz.

Moleküle der Gefühle von Candace B. Pert. Hamburg: Rowohlt Verlag, 1999. Eine faszinierende Studie über die molekularen Zusammenhänge zwischen unseren Gefühlen und unserer Gesundheit.

VII. Arbeiten Sie effektiver, nicht härter

Buchtipps

Take Yourself to the Top: The Secrets of America's #1 Career Coach von Laura Berman Fortgang. New York: Warner Books, 1998. In diesem Buch erklärt meine Kollegin Laura Berman Fortgang, wie Sie berufliche Probleme lösen und Ihre Karriere vorantreiben können.

Stell Dir vor. Kreativ visualisieren von Shakti Gawain. Hamburg: Rowohlt Verlag, 1998. Shakti Gawain erklärt, wie Sie durch Visualisierung, Meditation und Affirmation Ihre Ziele verwirklichen können.

Do What You Are: Discover the Perfect Career for You Through the Secrets of Personality Type von Paul D. Tieger und Barbara Barron-Tieger. Boston: Little Brown and Company, 1992. Die Autoren erläutern, wie Sie mithilfe des Myers-Briggs-Typenindikators Ihre persönlichen Präferenzen erkennen. Dieses Buch wird Ihnen helfen, sich Ihrer Stärken bewusst zu werden und diese zu perfektionieren.

Der kreative Kick von Roger von Oech. Paderborn: Junfermann, 1994. Ein ungewöhnliches und inspirierendes Buch zum Thema „Kreativität".

VIII. Kommunikation – überzeugend, charmant und mit Niveau

Buchtipps

You Can Negotiate Anything von Herb Cohen. New York: Bantam Books, 1980. Ein zeitloses und inspirierendes Buch, in dem der Autor anschaulich erklärt, dass man wirklich über alles verhandeln kann.

IX. Pflegen Sie Ihren wichtigsten Aktivposten

Buchtipps

A Natural History of the Senses von Diane Ackerman. New York: Vintage Books, 1991. Die deutsche Ausgabe *Die schöne Macht der Sinne. Eine Kulturgeschichte* ist leider vergriffen. Sofern Sie die Offenheit für die täglichen, sinnlichen Freuden des Alltags verloren haben, ist dieses Buch genau das Richtige für Sie.

4 Blutgruppen, 4 Strategien für ein gesundes Leben von Dr. Peter J. D'Adamo. München: Piper, 2001. Ein äußerst lehrreiches Buch zum Thema „Ernährung". Der Autor gibt auf die Blutgruppen abgestimmte Tipps.

Streicheleinheit Essen. Das Verwöhnbuch für Frauen von Victoria Moran. Waldthausen: Natura Verlag, 1997. Die Autorin erklärt, wie Frauen sich mit gesunder Kost verwöhnen können.

Shelter for the Spirit: Create Your Own Haven in a Hectic World von Victoria Moran. New York: HarperCollins, 1997. In diesem Ratgeber erfahren Sie, wie Sie aus Ihren eigenen vier Wänden einen Ort der Ruhe und Erholung machen können.

Living A Beautiful Life: 500 Ways to Add Elegance, Order, Beauty, and Joy to Every Day of Your Life von Alexandra Stoddard. New York: Avon Books, 1986. Dieses Buch gibt wertvolle Tipps, wie Sie Ihre Lebensqualität ohne große Kosten erheblich verbessern können.

Sonstiges

Bestellen Sie online Blumengrüße und machen Sie sich und anderen eine Freude: www.fleurop.de.

Hier erhalten Sie Informationen über Physio- oder Massagetherapeuten in Ihrer Umgebung:

Verband Physikalische Therapie (VPT)
Bundesgeschäftsstelle
Postfach 72 27 65
22069 Hamburg
E-Mail: Bundesgeschaeftsstelle@vpt-online.de
Internet: www.vpt-online.de

Hier erhalten Sie Informationen zu Imageberatern in Ihrer Umgebung:

Verband der Imageberater Deutschland e.V. (VDI)
Mansteinstraße 56
20253 Hamburg

E-Mail: info@vid.lifestyle.de
Internet: www.vid.lifestyle.de

Hier erhalten Sie Informationen zu Farb- und Stilberatern in Ihrer Umgebung:

Interessenverband Deutscher Farb- und Stilberater e.V.
Wilhelm-Hauff-Straße 28
86161 Augsburg

X. Müheloser Erfolg

Buchtipps

Das Tao des Sports von Chungliang Al Huang und Jerry Lynch. Freiburg: Hermann Bauer, 1995. Der Tai-Chi-Experte Chungliang Al Huang und der Sportpsychologe Jerry Lynch erläutern die Prinzipien des Erfolgs. Dieses Buch wird Ihnen dabei helfen, nicht ausschließlich ans Gewinnen zu denken und Ihre Ziele mühelos zu erreichen.

Meditationen. Eine Auswahl aus den Schriften von J. Krishnamurti. Zürich: Diogenes, 1998. Das Buch enthält inspirierende Meditationen, die dem Leser neue Lebensperspektiven eröffnen.

Der längere Atem. Die fünf Prinzipien für langfristigen Erfolg im Leben von George Leonard. München: Ludwig, 1998. Der Autor erläutert die fünf Prinzipien für den Erfolg. Ich habe aus diesem Buch in erster Linie gelernt, dass ein Stillstand, ein so genanntes Plateau, nicht unbedingt bedeutet, dass ich keine Fortschritte mache, sondern einfach so lange durchhalten muss, bis ich die nächste Stufe erreiche.

The Portable Coach: 28 Surefire Strategies for Business and Personal Success von Thomas J. Leonard. New York: Scribner, 1998. Leonard, Gründer der Coach University, erklärt hier die Grundlagen des Coaching. Das Buch enthält zahlreiche Checklisten, die auch von professionellen Coachs verwendet werden. Ein hervorragendes Buch für alle, die sich für dieses Thema interessieren.

Über die Autorin

Talane Miedaner zählt weltweit zu den populärsten Coachs und hat bereits mehreren Hundert Klienten zu Reichtum, Erfolg und Glück verholfen. Über ihre Arbeit wurde in zahlreichen Zeitschriften, von *Newsweek* bis *Men's Fitness*, sowie in verschiedenen Fernseh- und Radioprogrammen berichtet. Als Eigentümerin und Gründerin der Talane Coaching Company hat sie es sich zum Ziel gesetzt, Menschen bei der Umstrukturierung ihres Lebens und der Verwirklichung ihrer Ziele zu unterstützen. Zu den Kunden der Talane Coaching Company zählen Manager, Staatsbeamte, Unternehmer und Firmeninhaber aus aller Welt. Das Coaching erfolgt persönlich, über das Internet oder per

Telefon. Talane Miedaner hält Seminare auf nationaler und internationaler Ebene ab und ist als Dozentin an der Coach University tätig, an der sie ihre Ausbildung absolviert hat. Sie ist Mitglied der International Coach Federation und Inhaberin des MCC (Master Coach Certificate). Talane Miedaner hat neben diesem Buch auch das Video *Irresistible Attraction: A Way of Life* sowie ein Arbeitsbuch für das Coaching veröffentlicht.

Talane Coaching Company

Die Talane Coaching Company arbeitet mit modernster Coaching-Technologie und hoch qualifizierten Coaches. Wenn Sie endlich das Leben führen wollen, von dem Sie immer geträumt haben, wird Ihr persönlicher Coach der Talane Coaching Company Sie bei der Gestaltung dieses Lebens unterstützen. Das Angebot der Talane Coaching Company umfasst:

- ▼ Individuelles Coaching
- ▼ Coaching in Gruppen
- ▼ Coaching für Unternehmen und Unternehmensberatung
- ▼ Schulungen und Seminare für Unternehmen
- ▼ Speziell auf die Bedürfnisse Ihrer Organisation zugeschnittene Quartiere und Seminare
- ▼ Vierwöchige Online-Seminare (TeleClass) über international zugängliche Konferenzschaltungen

„Talanes Coaching-Tipp der Woche" können Sie unter der Internet-Adresse subscribe@talane.com oder über die Website der Talane Coach Company (www.talane.com) abonnieren. Für die Teilnahme an einer Gratisstunde des TeleClass-Programms „Coach Yourself to Success" melden Sie sich bitte direkt über die Website der Talane Coaching Company an. Kostenloses Online-Informationsmaterial können Sie unter der E-Mail-Adresse brochure@talane.com bestellen.

Wenn Sie Unterstützung bei der Anwendung der 101 Coaching-Tipps benötigen, können Sie an dem vierwöchigen TeleClass-Programm „Coach Yourself to Success" teilnehmen. Die Kurse werden von einem Master Coach der Talane Coaching Company geleitet. Melden Sie sich telefonisch unter der Nummer (212) 683-2595 an, per E-Mail unter der Adresse coachyourselftosuccess@talane.com oder über die Website der Talane Coaching Company.

Weitere Informationen erhalten Sie unter folgender Adresse:

Talane Coaching Company
P.O. Box 1080
New York, NY 10156
(212) 683-2595 oder (888) 4-TALANE
E-Mail: talane@talane.com

Stichwortverzeichnis

Ziffern

4-Schritte-Kommunikationsmodell 34ff., 41, 192
4-Schritte-Modell 66

A

Abend
 –, „heiliger" 115
 –, idealer 47
Abhängigkeit 26f.
Abschalten, richtig 226
Ändern, Mitmenschen 204
Anerkennung 201
Angewohnheit(en), schlechte 28f.
Angst/Ängste 181, 241f.
Ansprüche, an sich selbst 42f.
Arbeit
 –, ganze 109f.
 –, in der Hälfte der Zeit 104f.
 –, perfekte 167
Arbeiten
 –, effektiver 166
 –, gründlich 109
Ärger 39
Ärgernisse, lästige 24f.
Aufgabe(n)
 –, persönliche 142
 –, ungeliebte 168
Auszeit, berufliche 161f.
Automatisierung 61

B

Bedürfnis(se) 76
 –, befriedigen 126f., 238
 –, Befriedigung 237
 –, emotionale 118
 ––, befriedigen 123
 —, pers nliche 125
 ––, Befriedigung 245
 –, unbefriedigte(s) emotionale 77, 123
 –, unerfüllte emotionale 81
Bedürftigkeit, verringern 237
Beraterstab 134f.
Beruf, idealer 143
Berufswunsch 147
Beschwerde(n) 196f.
Besitz, weniger 54
Beziehungen
 –, bestehende, verbessern 119
 –, hilfreiche, langfristige 118
 –, sich lösen aus alten 66
 –, starke und hilfreiche 138
Bitten 125, 127f.
Blickwinkel, anderer 160
Blockaden 181
Botschaften, subtile 184f.

C

Collage, für die berufliche Karriere 144

D

Dankbarkeit 139
Dankeschön 138
Delegieren(s)
  –, Aufgaben 166f., 169
  –, Geheimnisse des (guten) 169f.
Denken, positiv 235

E

Egoismus 220
  –, eine gesunde Portion 221
Einfluss, vergrößern 22
Einklang, mit den natürlichen Gesetzen
  leben im 151
Einkommen, verbessern 83ff.
Energie(-) 26f., 38
  –, steigern 22
  -löcher, stopfen 27
  -potenzial, erhöhen 22
  -verschwendung 39
Entspannen 239
Entwicklung, Wunsch nach 223
Erfolg 38
  –, feiern 247
  –, Schlüssel zum 246

F

Familie, eigene 129
Feng Shui 67ff.
Fernsehen 100f.
Finanzen, in Ordnung bringen 78
Finanzpolster 87
Flow(-)
  -Ereignisse 151
  -Erlebnis(se) 100, 244f.
Fluss, der Energie 152
Fort- und Weiterbildung 222, 224
Freude(n)
  –, täglich eine 46
  –, des Lebens, die kleinen 46
Freundschaft, buhlen um die 132

G

Gedanken
  –, mächtige 248
  –, negative 157, 235f.
    ––, Auswirkungen 249
  –, schweifen lassen 176
  –, verändern 232
Gegenwart, perfekte 60
Gehaltserhöhung 83f.
Geld(-) 72ff.
  -diät 81f.
  -löcher 77
Gemeinschaft 133
Geschenke 136f., 202
Gesellschaft, konsumorientierte 81
Gewohnheit(en)
  –, bessere/gute 28f.
  –, gesunde 31
Grenze(n)
  –, abstecken 40
  –, ausweiten 33
  –, setzen/ziehen 32, 36ff., 40, 42, 192
  –, überschreiten 33, 35f.
Grundbedürfnisse, emotionale 124

H

Hausarbeit 57f.
Hilfe, in Anspruch nehmen 59

I

Initiative, ergreifen 177
Intuition 156f., 163

J

Ja-Sager, chronische 63

K

Klage(n) 196f.
Klatsch 191
Kleidung 210f.
Kommunikation 190
 -, Fähigkeit zur 205
 -, Hilfsmittel für die 206
Kompliment(e) 201f.
 -, Annehmen 202
Konzentrieren, sich auf eine Aufgabe 107
Körper
 -, perfekter 213
 -, Spiegel der Persönlichkeit 213
Kosten, weitere, für Besitz 75
Kritik 119, 198
 -, verzichten auf 200

L

Leben(s-)
 -, ideales 143ff., 147
 -aufgabe 142, 158
 -einstellung, positive 44
 -weg, persönlicher 159
 -ziele, sich konzentrieren auf 99
Lehrmeister, das Leben als 184
Luxus 218f.

M

Makel, lästiger 213
Massagen, regelmäßige 214f.
Meditationstechniken 176
Menschen
 -, diskrete 192
 -, neue, kennen lernen 66
Morgen, idealer 47
Motivation, fehlende 113
Murphys Gesetz 92f., 184

N

Nebenbeschäftigung 85
Nein sagen 63f.
Netzwerk, aus speziellen Freunden 132
Neugier 222f.
Nörgler, chronische 197
Notgroschen 86

O

Optimismus 45
Ordnung, schaffen 53
Organisation 61f.
Organisieren, das Leben neu 98

P

Partner, Gespräche mit dem 130
Perspektive 159
Priorität, oberste 105
Probleme, finanzielle 77
Projekt
 -, für das Berufsleben 154
 -, für das Privatleben 154
 -, persönliches 154f.
Pünktlichkeit, eigene Auffassung von 103

R

Rat(schläge) 134f., 198
Rationalisieren 55
Raum/Platz, sich schaffen 50ff.
Reagieren, unmittelbar auf die Umwelt 108
Realität, persönliche 231
Risiken, auf sich nehmen 242
Risikopotenzial, erhöhen 243
Rituale, zehn tägliche 28

S

Sammler 53
Schieben, auf die lange Bank 110f., 113f.
Schulden(-) 79f.
 -beratungsstelle 80
Selbst(-)
 -sabotage 230
 -vertrauen 38

Sollte(-)
　-Liste 31
　-Ziel 30
Sparen 82, 88f.
Spiel, mit der finanziellen Unabhängigkeit 90
Spielen 244
Stärken
　-, konzentrieren auf die eigenen 167
　-, Perfektion von 168
　-, persönliche 154
Stresspegel 118, 166
Süchte 26f.
Systematisierung 61

T

Tag
　-, freier 225
　-, idealer 145
Talent/Fähigkeit, einzigartige(s) 149f.
Tätigkeiten, ungeliebte 152
Telefon, Nutzen 186f.
Terminzusagen, Zurückhaltung bei 172
To-do-Liste 166, 173ff., 233
Trägheit, überwinden 216
Tratsch 191
Traumberuf 156

U

Überzeugung 233f.
Umgebung, eine persönliche Note verleihen 212
Unabhängigkeit 89
　-, finanzielle 88, 91
　-, Prinzip der 118
Unannehmlichkeiten 23, 26
Unerfreuliches, mitteilen 199
Unterstützung 134f., 138f.

V

Veränderung(en) 179
　-, drastische 181ff.

Verbundenheit, Gefühl der 133
Vereinfachen, das Leben 55f., 61
Verhaltensmustern, ausbrechen aus üblichen 183
Verschwendung 88
Versicherungen 92
Verspätung 102
Versprechungen, terminliche 171
Verwöhnen, sich selbst 208f.
Verwöhnideen 227
Verzeihen
　-, anderen 121f.
　-, sich (selbst) 119f., 122
Vogel-Strauß-Technik 112
Vorschlag 196
　-, konstruktiver 197

W

Wachstum, Wunsch nach 223
Wehren, sich 38
Werte, persönliche 147
Wertvorstellungen, persönliche 146
Woche, ideale 145
Wunsch(-), Wünsche 75f., 234
　-, Verwirklichung 237
　-denken 233

Z

Zeit(-) 97ff., 109
　-, zu wenig 96
　-druck 104
　-mangel 109, 112
　-puffer 102f., 171
　-verschwendung 102
Ziel(e)
　-, falsches 113
　-, überholte 31
Zögern 108, 111ff.
　-, kreatives 113
Zuhören, richtiges 194
Zuhörer, gute(r) 194f.

Folgen Sie Ihrer Berufung!

Plagen Sie sich auch – wie so viele Menschen – mit einem ungeliebten Job herum? Das zehrt an Ihren Kräften und frustriert Sie? Kein Wunder! Denn nur wer sein (Arbeits-)Leben in Einklang mit seinen Talenten, Leidenschaften und Werten führt, erlangt mehr Zufriedenheit, Glück und Erfüllung und damit sind auch Erschöpfung und Niedergeschlagenheit passé.

Wenn Sie einfach nicht wissen, was Sie lieber tun würden, hilft Ihnen dieses Buch. Anhand einfacher Übungen und zahlreicher inspirierender Fallbeispiele zeigen die Autoren Ihnen, wie Sie Ihre eigene Berufung finden, sich Ihre Träume erfüllen und echte Befriedigung erfahren.

ca. 208 Seiten,
gebunden mit Schutzumschlag
ISBN 3-478-73360-X

Jetzt bei Ihrem Buchhändler!

www.mvg-verlag.de
Postfach 50 06 32
80976 München

Das persönliche Glück finden

Auf der Suche nach dem großen Glück begegnen uns die verschiedensten Versprechen. Doch dieses Buch wirft Licht ins Dunkel: Mit den neuesten Erkenntnissen der Positiven Psychologie zeigt es anschaulich und auch mal mit einem Augenzwinkern, wie man das Glück in sein Leben zieht. Denn das Wichtigste wussten Sie bereits: Das Glück muss von innen kommen. Und mit den Big Five des Glücks finden Sie es auch: Geborgenheit, Bindung, Persönlichkeit, Kompetenz und Selbstwertgefühl. Dann klappt's auch mit dem Leben, das sich zu leben lohnt!

Siegfried Brockert
Verführung zum Glück

Anleitung für ein Leben, das sich zu leben lohnt

ca. 240 Seiten, gebunden mit Schutzumschlag
ISBN 3-478-73340-5

Jetzt bei Ihrem Buchhändler!

www.mvg-verlag.de
Postfach 50 06 32
80976 München